本书编委会

（按姓氏笔画排列）

主　审　何　霖

顾　问　周大林

主　编　胡怡东

副主编　刘智炜　周振宇　席　雷　黄光楚　童彬彬

编　委　孙师林　邱　捷　邹　团　沈　赞　柯仔群　黄　飞
　　　　彭康存　温彦华

编　者　王保磊　唐世亮　黄光楚　温彦华（第一部分第一节）
　　　　王　旭　方　亮　孙师林　邹　团　沈　赞　周振宇
　　　　赵伟明　唐世亮　黄光楚　童彬彬　温彦华　赖连春
　　　　黎均汉（第一部分第二节）
　　　　王　琦　朱国琦　刘智炜　邱　捷　张学敏　胡怡东
　　　　席　雷（第一部分第三节）
　　　　王　旭　何　毅　沈　赞　周振宇　黄　飞　黄光楚
　　　　童彬彬　温彦华　谢炜强（第一部分第四节）
　　　　王　琦　刘智炜　沈　赞　张亿林　张学敏　周振宇
　　　　胡怡东　柯仔群　侯　磊（第一部分第五节）
　　　　王　琦　刘智炜　邱　捷　张学敏　陈耘杰　胡怡东
　　　　席　雷　彭康存（第二部分）
　　　　王　琦　刘智炜　张学敏　胡怡东　席　雷（第三部分）

主审◎何 霖

顾问◎周大林

城市轨道交通运营线路
土建结构维修技术研究与应用

CHENGSHI GUIDAO JIAOTONG YUNYING XIANLU
TUJIAN JIEGOU WEIXIU JISHU YANJIU YU YINGYONG

主编◎胡怡东

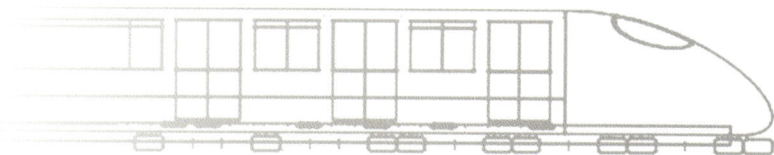

暨南大学出版社
JINAN UNIVERSITY PRESS

中国·广州

图书在版编目（CIP）数据

城市轨道交通运营线路土建结构维修技术研究与应用/胡怡东主编. —广州：暨南大学出版社，2018.12
ISBN 978 - 7 - 5668 - 2002 - 0

Ⅰ. ①城…　Ⅱ. ①胡…　Ⅲ. ①城市铁路—轨道交通—铁路线路—土木工程　Ⅳ. ①U239. 5

中国版本图书馆 CIP 数据核字 (2016) 第 281293 号

城市轨道交通运营线路土建结构维修技术研究与应用
CHENGSHI GUIDAO JIAOTONG YUNYING XIANLU TUJIAN JIEGOU WEIXIU JISHU YANJIU YU YINGYONG
主　编：胡怡东

- -

出 版 人：徐义雄
责任编辑：武艳飞
责任校对：邓丽藤
责任印制：汤慧君　　周一丹

出版发行：暨南大学出版社（510630）
电　　话：总编室（8620）85221601
　　　　　营销部（8620）85225284　85228291　85228292（邮购）
传　　真：(8620) 85221583（办公室）　85223774（营销部）
网　　址：http://www.jnupress.com
排　　版：广州市天河星辰文化发展部照排中心
印　　刷：深圳市新联美术印刷有限公司
开　　本：850mm×1168mm　1/16
印　　张：11.75
字　　数：320 千
版　　次：2018 年 12 月第 1 版
印　　次：2018 年 12 月第 1 次
定　　价：68.00 元

序

从 20 世纪 50 年代我国开始筹备地铁建设至今，城市轨道交通建设已经历了 50 多年的发展历程。随着我国经济的快速发展，城市综合规模的迅速扩大，城市化进程的不断加快，城市轨道交通在满足人民美好生活需要、优化城市结构布局、缓解城市交通拥堵、促进社会经济发展等方面的作用愈发突出。从某种程度上说，城市轨道交通的运行水平决定着城市公共交通的服务质量，城市轨道交通的安全运行影响着城市社会与经济系统的持续稳定发展。特别是在当前城市轨道交通由"大"到"强"，从"高速"转向"高质"发展的黄金时期，推动城市轨道交通线网运营品质的提升具有重要的现实意义。

作为一名城市轨道交通行业的运营管理者，我见证了该行业的蓬勃发展，参与了轨道交通的建设与运营设备设施的维护管理，与众多土建结构运营维护人员一起，成功预防、处理了各类土建结构设备设施故障，为城市轨道交通安全运营和创新发展贡献了绵薄之力。跃迁之时，当思智勇之策；攻坚之际，最需磅礴之力。超大的客流强度，高密度的运输组织，对轨道交通设备设施提出了更高的质量标准和更严的维修养护要求，也对管理和技术人员提出了更强、更精、更细的判断与处理要求。

明镜鉴形，往事鉴心。随着轨道交通运营中各类土建故障的不断显现，出版这样一本以维修案例、技术应用为主题的书籍，恰逢其时。该书基于现场故障的真实处理过程，为读者剖析一个个翔实深刻的典型案例，从每一个问题的分析、技术的运用等，无不凝聚着一线技术管理者们的智慧结晶和辛勤汗水，不仅具有针对性、实用性，而且充分体现了其独有的参考与研究价值。

真诚地希望本书，能为广大城市轨道交通结构维护从业者提供思路和参考，并未雨绸缪，预防同类问题的发生，有效保障城市轨道交通安全平稳运营，更好地服务城市发展、服务市民生活，共同为行业的高质量发展，为交通强国目标的顺利实现做出新的更大的贡献！

广州地铁集团有限公司总经理

2018 年 11 月

前　言

　　自 1971 年北京地铁一号线开通以来，中国城市轨道交通迅猛发展。据行业机构统计，截至 2018 年初，中国大陆地区共 34 个城市开通运营城市轨道交通，共计 165 条线路，运营线路总长度超过 5 000 公里。此外，我国有 62 个城市的城轨线网规划获批（含地方政府批复的 18 个城市），规划线路总长度超过 7 300 公里。随着城市轨道交通在公共交通运输系统中发挥的作用越来越大，其运营安全日益成为社会关注的焦点。其中，土建结构及其附属设施作为地铁安全运行的基础，其维护质量直接影响地铁运营安全。由于土建结构及其附属设施病害具有影响程度大、修复时间长等特点，尤其是在运营期间出现的此类病害，其应对处置方案一直是城市轨道交通行业研究的难题。

　　随着城市轨道交通运营里程及年限的增长，土建结构突发病害越来越多，如何安全、快速、高效实施病害处置，最大限度降低病害对运营服务造成的影响，是城市轨道交通管理者思考的重点。本书编者均为城市轨道土建专业技术人员，从事土建结构维护技术管理工作多年，成功预防和处置了多种土建结构病害，积累了丰富的理论及实践经验。同时，参考借鉴国内多个城市轨道交通土建结构维护经验，开展分类研究并提炼编写完成本书。

　　本书分为三大部分。第一部分为"土建主体结构类病害"；第二部分为"附属设施类病害"；第三部分为"外部影响类病害"。各部分分别从病害类型、成因及影响、整治方案、预防措施等方面进行了详细阐述，并通过具体案例介绍了病害整治技术的应用情况，供同行交流参考。

　　本书在编写过程中，得到了广州地铁集团有限公司各级领导的大力支持，运营事业总部党委书记周大林等公司领导高度重视土建专业养护维修技术的传承与发展，并对本书提出了很多宝贵的指导意见，对本书的顺利出版起到了重大推进作用，在此深表感谢！

　　由于编者水平有限，虽经反复推敲核证，仍难免有不妥和疏漏之处，恳请广大读者批评指正，并将发现的问题或修改意见发送至邮箱 guidaojiaotong2016@126.com，以便下次修订时完善。

编　者

2018 年 10 月

Contents 目录

第一部分

土建主体结构类病害

土建结构属于城市轨道交通运行的基础性设施。城市轨道交通中，常见土建设施有隧道、桥梁、车站建筑等，其中，隧道结构按照施工工法又可分为盾构隧道，明挖隧道（盖挖顺作法、逆作法），暗挖隧道（矿山法、新奥法），沉管隧道；桥梁按照结构类型分为简支梁桥（整孔预制、节段拼装），连续梁桥（连续梁、连续刚构桥、拱桥等）；车站建筑按照空间位置关系分为地下车站（钢筋混凝土结构）、地面车站、高架车站（钢结构及钢筋混凝土结构）。

在某城市轨道交通运营线路运营维护过程中，土建主体结构类病害主要有道床结构上拱、暗挖隧道衬砌结构破损、衬砌结构空鼓、结构裂缝、结构异常变形等。常见原因为建设时期施工质量缺陷、后期列车振动以及水文地质条件变化等综合因素。根据结构病害发生的时间、位置的不同，同一类病害应急处置方式也不尽相同，本部分将结合土建结构既有案例进行研究探讨。

第一节　道床结构病害

整体道床作为地铁轨道结构的重要组成部分，具备整体性好、稳定、耐久、轨道维修量少等优点，已广泛使用在我国地铁建设中。但是在地铁运营过程中列车长期振动、水文地质条件和施工质量等多种因素的影响下，整体道床会逐步表现出各种病害，这些道床病害不仅会缩短隧道结构的使用寿命，而且将增加养护成本，给列车的正常运行带来不利，病害严重的道床地段甚至会危及列车的运行安全。

一、常见道床结构病害类型

在地铁运营维护过程中，常见的整体道床结构病害主要有：①道床与水沟挡堰接缝处翻浆；②道床伸缩缝处出现渗水、翻浆；③轨枕与道床接缝处出现翻浆；④道床上拱；⑤道床混凝土破损、道床空腔、道床下沉等。

二、道床结构病害成因及影响

1. 地下水的侵蚀

地下水是造成隧道各种病害发生的主要诱导因素之一，也是造成道床结构病害的重要原因。地下水通过隧道结构的施工缝隙渗入隧道及道床底部，在道床薄弱部位的缝隙中流动，不断侵蚀混凝土中的钙质成分，导致道床混凝土性能下降、缝隙变大，严重情况时易造成整体道床底部或回填层局部出现空腔，在列车动荷载作用下引发道床开裂下沉。对埋深较大的隧道，地下水渗入道床底部且不能及时排出而形成水压，易造成道床上拱。

2. 施工质量差异

（1）浇筑道床结构时存在基底积水，不及时清理会影响混凝土强度，易造成结构之间的剥离并导致基底翻浆，影响道床的稳定性。

（2）轨枕与整体道床、整体道床与回填层、回填层与结构底板之间的新旧混凝土结合面施工处理不当，容易形成缝隙，在其他因素作用下可能导致缝隙扩大、渗水等，从而逐步发展成道床剥离等病害。

（3）排水沟施工质量差，易造成水沟破损、道床与两侧水沟接缝处产生裂缝，水从破损、裂缝处不断渗入道床底部，导致道床混凝土钙质流失，强度下降。

3. 列车振动影响

由于长期受列车动荷载作用，使道床上下振动而形成抽吸现象，造成通过水沟破损、隧道结构渗水进入道床底部的水流在道床与隧道结构底板之间的缝隙中反复侵蚀，导致混凝土中钙质成分不断流失，从而形成更大的裂缝、空隙。

三、道床结构病害常用整治措施

根据道床结构病害情况，道床结构病害整治措施可分为以下三类：

1. 道床翻浆、冒泥

此类整治措施针对道床结构病害相对较轻的区段，如伸缩缝、道床与水沟挡堰接缝处发生的轻微道床翻浆、冒泥情况。整治措施为：伸缩缝、水沟挡堰接缝处开槽埋设注浆孔—对槽缝进行封闭处理—注浆加固。

2. 道床上拱

道床上拱整治措施为道床上拱程度数据分析—钻孔泄压—轨道平顺调整—水沟封闭处理—整体道床注浆加固—道床锚杆加固—抽芯检测。

3. 道床空腔、道床下沉

此类病害已造成道床失稳，整治措施为道床下沉程度数据分析—破除已损坏水沟—未破损水沟的封闭处理—水沟与道床间隙封闭注浆—道床注浆加固—道床锚杆加固—道床补浆加固—道床横向裂缝注浆处理—破损水沟重置—抽芯检测。

四、预防及维护措施

从道床结构设施运营维护管理经验来看，道床结构病害的预防措施主要从设计、施工和运营维护三个阶段来体现。

1. 设计阶段

（1）在隧道施工时应重视隧道工程排水系统的完善和隧道结构的防水设计。

（2）在盾构吊出井、始发井段设计明确回填层的一次性浇筑，避免二次浇筑造成的施工缝问题。

（3）针对整体道床预留横向沟槽结构薄弱地段可采用高标号的混凝土或对该段钢筋进行加密。

2. 施工阶段

（1）整体道床施工时应检查清楚隧道底板结构是否存在裂缝渗漏，并及时封堵，消除安全隐患。

（2）加强整体道床施工过程中的质量控制，道床混凝土浇筑前隧道结构底板必须彻底清洗干净，保证无杂物、无积水。

（3）施工道床前对仰拱面充分凿毛，使新旧混凝土完全结合。

（4）混凝土浇筑过程中必须充分振捣，确保混凝土密实。

（5）严格管控现场施工环境，避免混凝土浇筑过程中掺杂施工垃圾等杂物。

3. 运营维护阶段

（1）针对运营期线路，应收集、分析建设期工程施工资料，结合现场施工质量情况，对可能存在的重大病害位置进行有针对性的监控和预防工作，主要采取专业人员现场巡视检查、监测（常规监测、加密监测、地保组织第三方监测）、周边环境调查，并对监测及各类信息进行汇总分析，及时发现和消除可能存在的隐患。

（2）在每次整治过程中，开槽或开孔后应及时完成封闭处理，避免出现二次破坏，保证道床结构的完整性。

（3）道床结构病害整治施工时，应保证道床、隧道结构沉降监测和轨道几何尺寸测量的连续性，并根据沉降监测数据和轨道几何尺寸变化情况启动相对应的预案。

五、道床结构病害整治应用案例

案例1　区间中风井道床上浮整治案例

案例 ❶ 区间中风井道床上浮整治案例

1. 事件概况

某日凌晨，运营检修人员测量轨道几何尺寸，发现地铁某区间右线中风井道床最大上拱 13mm，最大上拱位置距南端车站方向洞门 5~6m，该事件对运营造成较大影响。

2. 原因分析

2.1 工程概况

2.1.1 中风井设计概况

该区间中风井兼做盾构始发井和轨排井的主体结构（以下统称为中风井），长度为 31.8m，宽度为 20.4m（中风井平面示意图如图 1-1 所示），深 38.8m。中风井在地面以下主体结构为两跨矩形框架结构，两端接盾构圆形隧道，分为站台层、设备层；中风井中部设有风道及楼梯，地面以上设置高风亭。

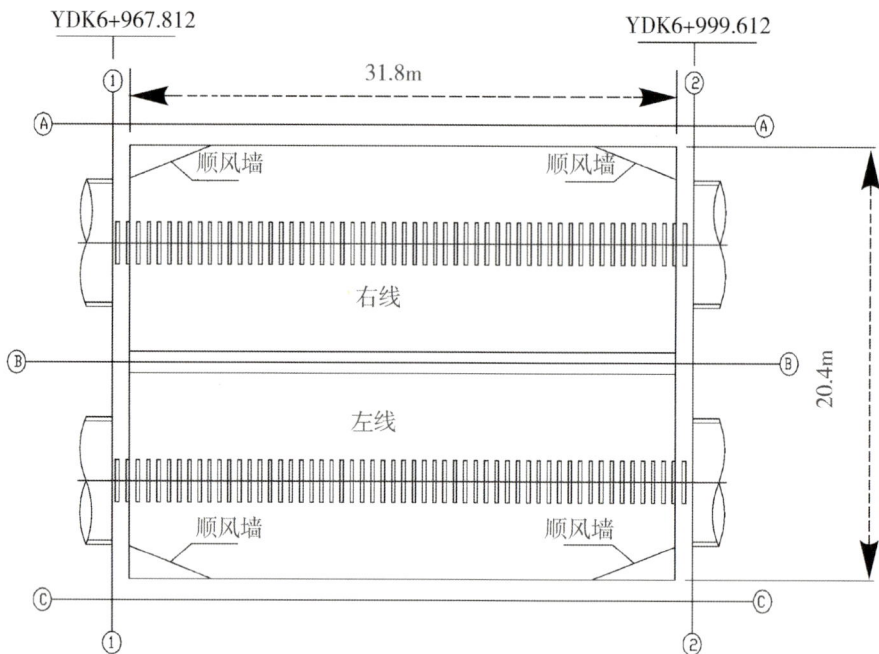

图 1-1 中风井平面示意图

2.1.2 站台层设计概况

由于中风井兼做轨排井，建设时期，土建施工单位负责施工主体结构底板，轨道施工单位完成铺轨后施工底板以上主体结构。

站台层底板结构从下到上依次为基底垫层（100mm 厚）、结构底板（1 200mm 厚）、土建回填层（540mm 厚）、轨道回填层（1 016mm 厚）、道床层（330mm 厚），侧墙施工缝在底板以上 500mm。站台层底板混凝土结构示意图如图1-2所示。

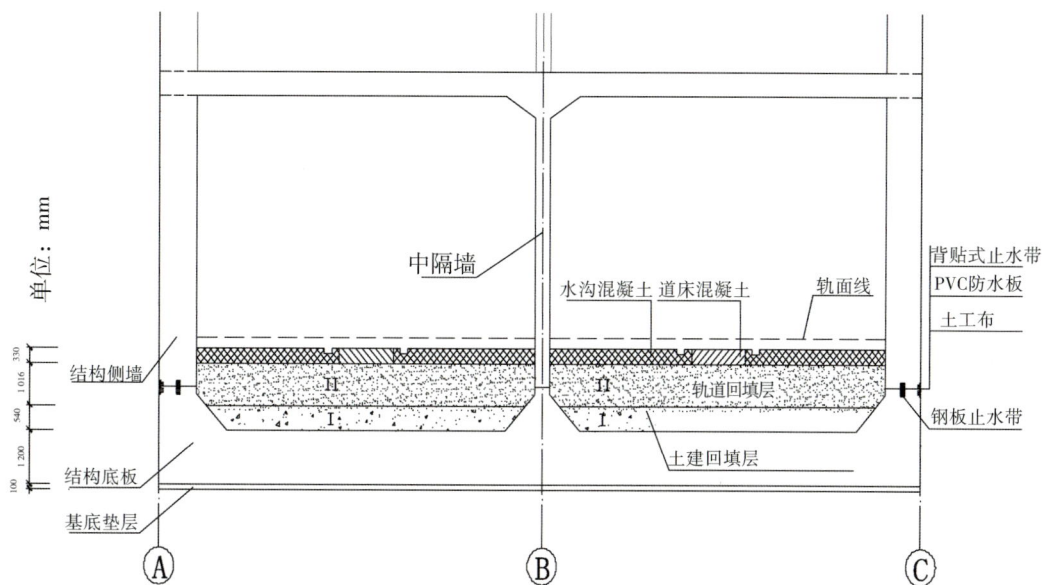

图1-2　站台层底板混凝土结构示意图

2.1.3　工程地质条件

该中风井范围内无断层通过，地质构造较简单。岩土分层有：〈1〉人工填土层，〈7z〉变质岩和花岗岩强风化带，〈8z〉变质岩和花岗岩中风化带，〈9z〉变质岩和花岗岩微风化带。中风井结构底板落于〈9z〉变质岩和花岗岩微风化带上，中风井地质简图如图1-3所示。

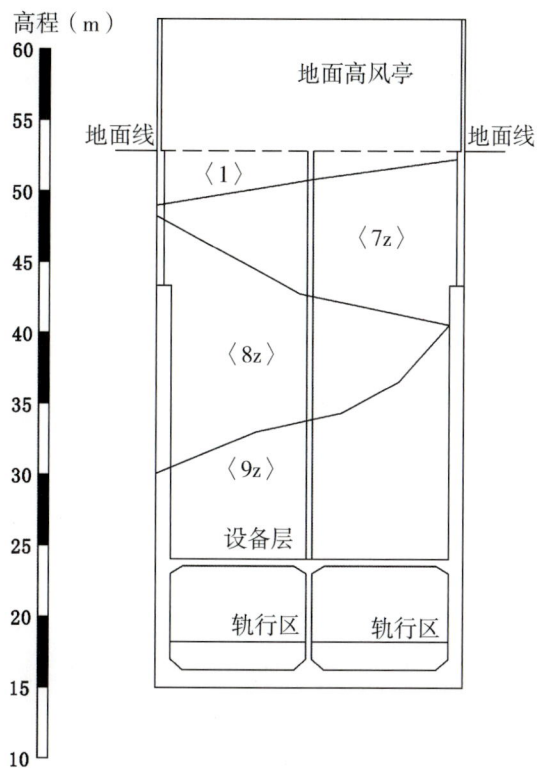

图1-3　中风井地质简图

2.1.4 水文地质条件

（1）块状基岩裂隙水：本段块状基岩裂隙小，主要赋存在花岗岩和变质岩强风化带与中风化带之中，地下水富水性不强。

（2）地下水腐蚀性：地下水对混凝土结构无腐蚀性，对钢筋混凝土结构中的钢筋及钢结构有弱腐蚀性。

（3）勘察所揭露的地下水水位埋藏较浅，稳定水位埋深为 2.60～3.60m，地下水位的变化与地下水的赋存、补给及排泄关系密切。

2.1.5 主体结构施工情况

为确保工期，总体施工顺序可按先铺轨后做主体结构的顺序，封顶施工：

（1）浇筑 C20 轨道回填素混凝土。

（2）铺轨施工道床混凝土。

（3）浇筑水沟混凝土。

（4）施工侧墙结构混凝土。

中风井结构施工顺序如图 1-4 所示。

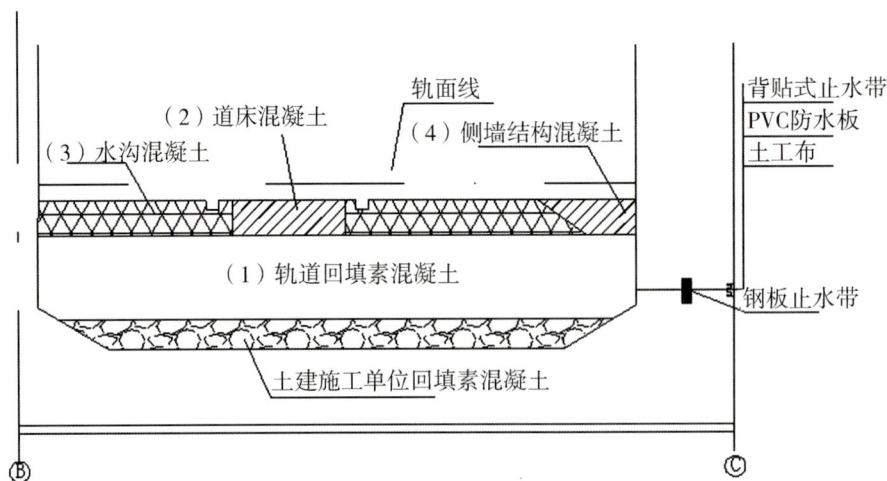

图 1-4 中风井结构施工顺序图

2.2 上浮原因分析

根据现场钻孔情况可以判定道床混凝土与回填素混凝土之间的连接面被水压破坏，在水压作用下道床混凝土发生变形，形成隆起。

对于水的来源，经现场查看和对施工过程的分析，判断水是从底板以上 500mm 的端墙、侧墙施工缝渗入，其中右线南端车站端墙施工缝渗水的可能性最大。

3. 处理措施

中风井道床上浮整治具体分三步进行：

（1）上浮临时处理，对道床水沟钻孔泄压，并对道床轨行区进行锚杆加固，防止道床在列车运行过程中产生纵向移位，确保线路正常运营。

（2）对中风井侧墙范围进行注浆堵漏。

（3）侧墙注浆完成后，对轨行区道床进行注浆固结。

4. 现场实施

4.1 临时处理

4.1.1　道床水沟泄压

根据道床上拱现场实际情况，决定采用在道床水沟内打孔泄压的方式保障运营调试的进行。泄压孔按照 2m 设置（靠近某车站端间隔为 1.5m），孔深为深入道床混凝土下 100～150mm，以达到泄水、泄压的目的。泄压孔平面布置示意图如图 1-5 所示。

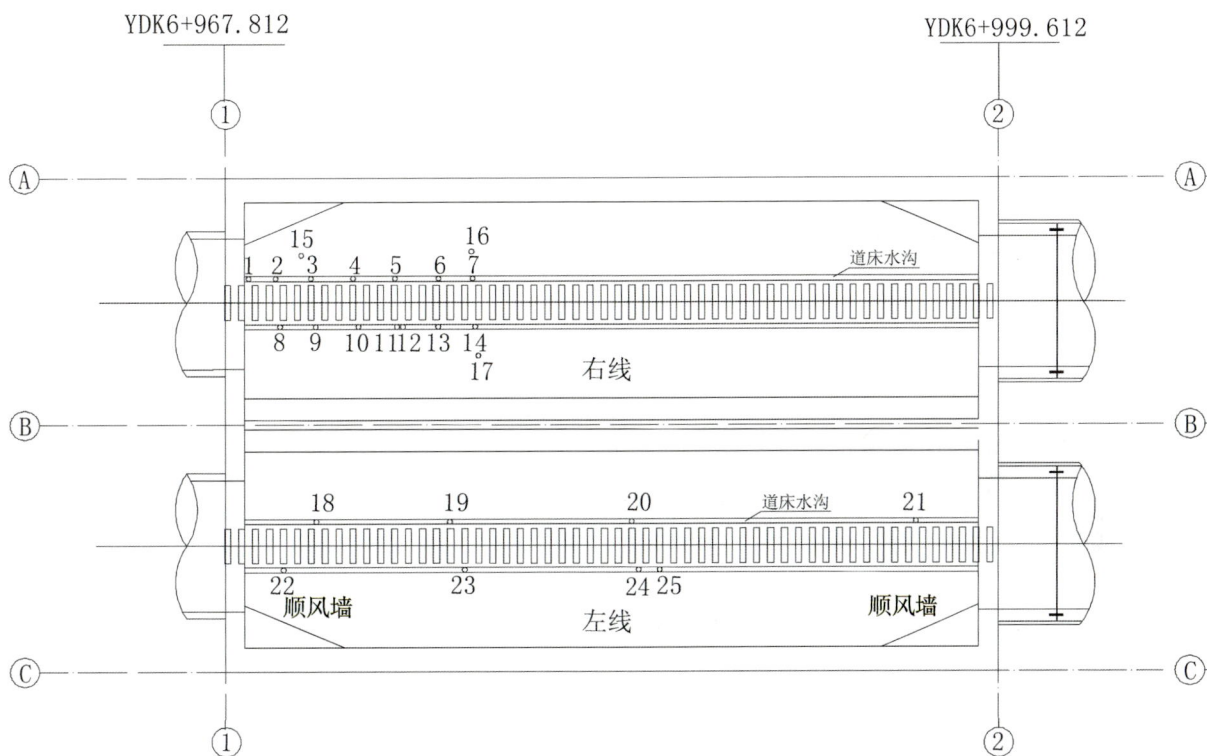

图 1-5　泄压孔平面布置示意图

4.1.2　道床锚杆加固

为确保线路的安全运营，根据实际情况，决定采用在道床内打可注浆式锚杆将道床与隧道结构层连接起来加固道床，防止道床在列车运行过程中产生纵向位移。

通过核实本工程的结构设计和前期工程的施工情况，在盾构隧道洞口内，锚杆锚入环框梁，锚杆长度为 800mm。中间部分结构分层较多，素混凝土回填标号较低，锚杆锚入结构底板回填层 100mm，锚杆长度为 1 470mm。锚杆平面成梅花形布置，每隔两根轨枕锚入一根或者两根锚杆。

施工过程：冲击钻开孔后，往孔内打入 Φ20～25mm 的可扩张式锚杆，再分两次进行无压力灌浆填满，两次都用环氧树脂注浆封孔。道床锚杆加固共计安装 Φ20～25mm 的可扩张式锚杆 30 根，其中长度为 800mm 锚杆 7 根，长度为 1 470mm 锚杆 23 根。右线锚杆平面、纵面布置示意图如图 1-6 所示。

YDK6+967.812   YDK6+999.612

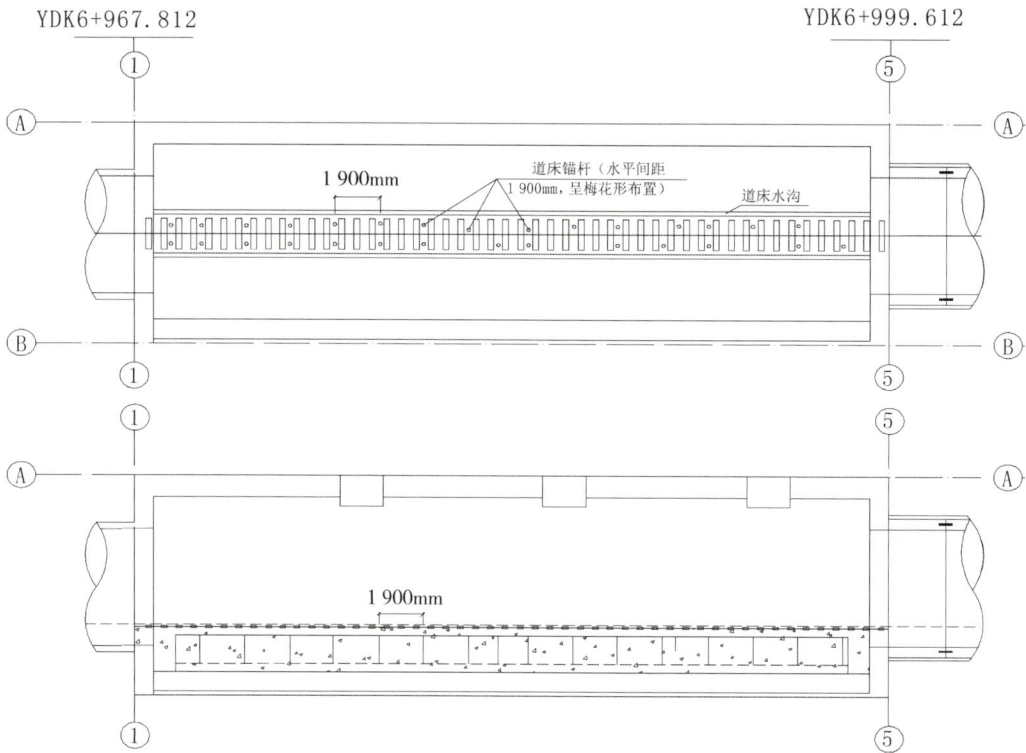

图 1-6　右线锚杆平面、纵面布置示意图

4.2　结构注浆封堵

4.2.1　注浆孔开孔情况

根据按上浮原因分析得出的结论，中风井四周侧墙外地下水通过施工缝渗入可能性最大，因此采取人工钻孔到施工缝位置进行压力注浆堵漏。堵漏时先从重点部位（端墙）开始，再堵侧墙位置。

钻孔布置：注浆孔交错布置，在距侧（端）墙 0.5~1.0m 的结构面上钻 45°左右斜孔，孔距 4~5m，斜孔长度 1.5m 左右，保证斜孔深入土建预留施工缝位置。实际施工中根据渗水情况及注浆情况调整钻孔位置，注浆孔剖面、平面布置示意图如图 1-7、图 1-8 所示。

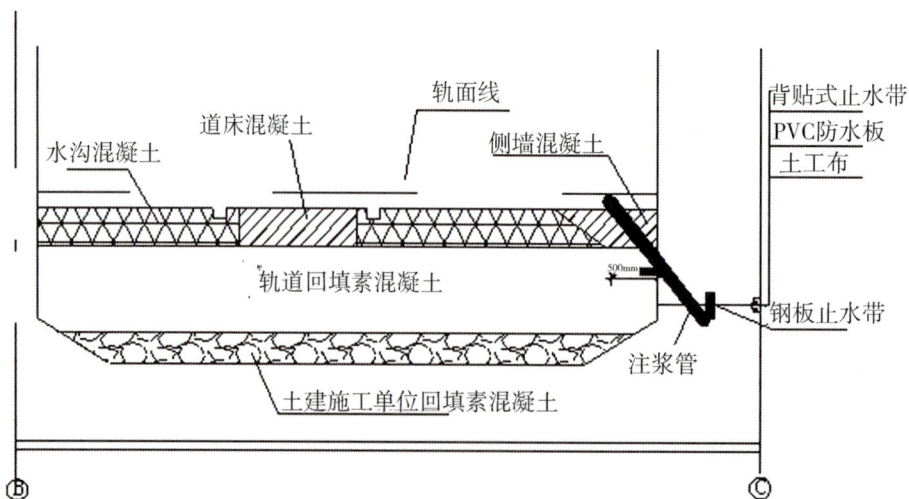

图 1-7　注浆孔剖面布置示意图

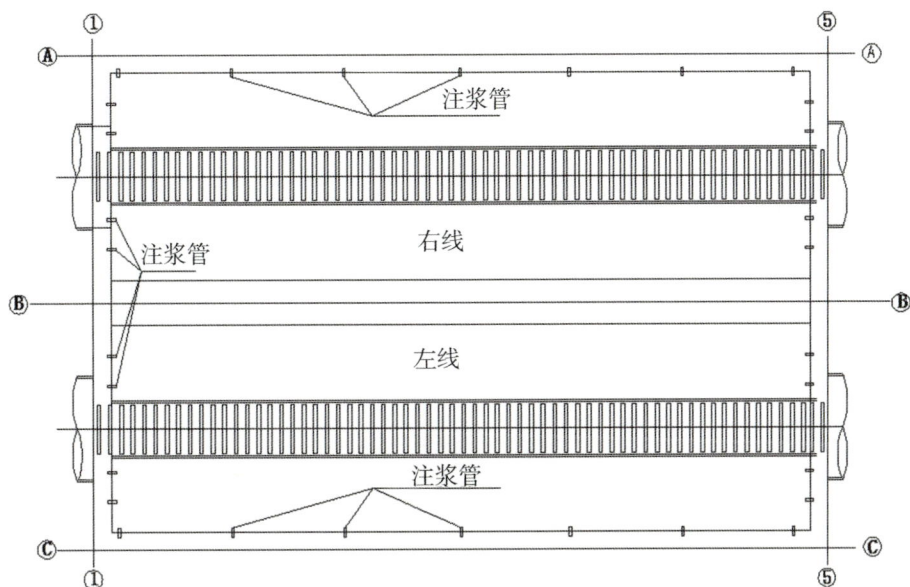

图1-8　注浆孔平面布置示意图

结构注浆封堵共施工完成注浆孔45个，其中右线30个（19个在施工过程中出水），左线15个（9个在施工过程中出水）。由于右线注浆孔施工过程中出水情况主要集中在南端，因此对该位置进行了加密钻孔，以便于进行后续重复注浆工作。注浆孔成孔情况如图1-9、图1-10所示。

16号注浆孔成孔后喷水形成的水柱

图1-9　16号注浆孔

图 1 - 10　注浆孔钻孔深度

4.2.2　注浆情况

根据上浮原因分析及现场实际情况，在开孔的同时，针对施工过程中出水和施工完成后涌水的注浆孔，计划采用无收缩高强化学水泥、改性环氧灌浆液，并分三次注浆，第一次压力控制在 0.1MPa 左右，第二次压力控制在 0.3 ~ 0.4MPa，第三次压力控制在 0.5MPa 以内，在具体实施过程中注浆压力根据现场实际情况可适当调整。

本次结构注浆封堵主要施工设备放在设备层，浆液在设备层拌制，浆液输送管道沿楼梯走道布管到轨行区；原材料采用人工沿风井楼梯搬运的方式。实际共对 15 个注浆孔进行注浆，其中右线对 10 个注浆孔进行注浆，注浆量约 14.6m³（使用水泥 216 包）；左线对 5 个注浆孔进行注浆，注浆量约 5.1m³（使用水泥 79 包）。注浆过程中严格控制压力，针对注浆过程中临近注浆孔出现的冒浆现象，应在注浆孔冒浆浆液为纯水泥浆时关闭该注浆孔，确保达到注浆饱满的效果。

4.3　道床注浆固结

结构注浆封堵完成后，在两钢轨间的道床上，施工注浆孔深入轨道回填素混凝土层 200 ~ 250mm，用早强水泥封孔埋管。

在已施工的注浆孔上安装注浆嘴，采用高压注浆机灌注改性环氧灌浆液，压力控制在 0.4MPa，如未注浆饱满，采用复合注浆法进行第二次注浆，直至夹层填充饱满，每次注浆孔注浆完成后，清除注浆嘴，恢复道床面。

道床注浆固结施工注浆孔平面布置示意图（右线）如图 1 - 11 所示。

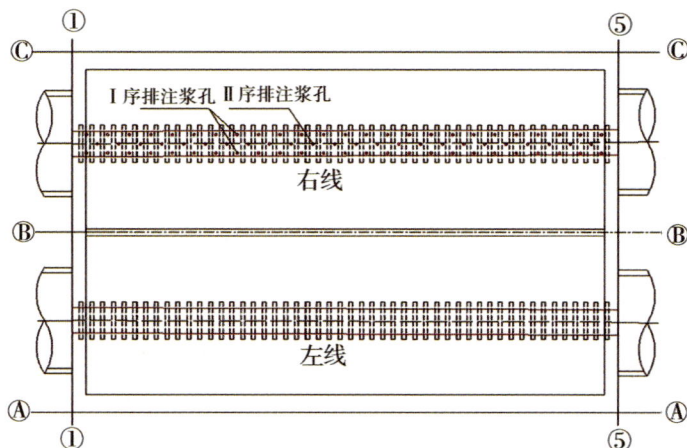

图 1-11 道床注浆固结施工注浆孔平面布置示意图（右线）

4.4 轨道监测和沉降监测

4.4.1 轨道几何尺寸监测

在结构注浆前、中、后对轨道线路几何尺寸做好监测工作，由轨道专业配合人员与施工技术人员对轨道几何尺寸共同进行全面检查、分析及确认，根据测量数据指导注浆工作的进行。

4.4.2 沉降监测

为了更好地掌握道床上浮整治范围内道床、轨道、主体结构变形的特点和规律，组织监测人员每半个月对道床上浮整治范围内的道床、轨道、主体结构进行沉降监测。其中，道床中心和两条轨面均每隔3m设置一个监测点；主体结构外墙面每隔6m设置一个监测点，监测周期和范围根据注浆实际情况可进行调整，并建立以下指标控制措施：

（1）一级预案。

启动条件：4mm≤隧道沉降<6mm（预警值的2/3），或轨道垂直沉降变形量<6mm（定期维修值，线路钢轨变化点）。

应对措施：该段启动限速，在严密监控下以列车不高于30km/h的运行速度行车。轨道、桥隧专业技术人员每天跟踪分析数据，运营结束后安排专人对隧道结构及轨道情况进行检查，并进行相应的轨道调整作业（抢修线路），并将检查整治情况及时通报。

（2）二级预案。

启动条件：6mm≤隧道沉降<10mm（预警值），或6mm（定期维修值）≤轨道垂直沉降变形量<9mm（临时补修值，线路钢轨变化点）。

应对措施：该段启动限速，在严密监控下以列车不高于15km/h的运行速度行车。相关各方举行联席紧急会议分析数据，查找原因，调整施工方案（施工工艺、顺序、时间等），安排专人每小时登乘线路，查看轨道情况。非运营期间安排专人对轨道情况进行检查，并进行相应的轨道调整作业（抢修线路），并将检查整治情况及时通报。

（3）三级预案。

启动条件：10mm（预警值）≤隧道沉降<15mm（控制值），或轨道垂直沉降变形量≥9mm（临时补修值，线路钢轨变化点）。

应对措施：应急工作组安排专人对轨道情况进行检查，并进行相应的轨道调整作业（抢修线路），并将检查整治情况及时通报。组织分析数据，查找原因，调整施工方案。

4.4.3　监测结果

（1）轨道几何尺寸：结构注浆前、中、后专业技术人员的测量结果显示，轨道几何尺寸满足线路相关规范及标准要求，未发现超限现象。

（2）沉降监测：结构注浆堵漏过程中沉降监测数据显示，本阶段沉降监测累计变化最大值 3.18mm，本阶段沉降监测当次变化最大值 -2.19mm，监测结果满足控制指标要求。

5.　小　结

（1）地下工程结构施工缝是容易出现渗漏的薄弱位置，建议设计阶段在满足相关要求的情况下尽量避免将结构施工缝设置在整体道床以下部位。从施工角度出发，应避免违反工序施工，道床以下部位隐蔽工程应严格按照防水设计要求处理，从源头上解决导致道床上浮的水源问题。

（2）从运营角度出发，现场检查人员对于发现的问题应仔细分析，须在较短的时间内对病害做出准确的判断，并按照预案及时启动应急响应，力争将运营影响降至最低。同时运营技术人员应总结类似问题的处理经验，加大对专业技术人员的培训力度，提高应急抢险过程中的关键处理技能和组织能力。

（3）在列车调试以及运营时发现的影响运营的故障，临时处理措施十分重要，按照"先通后复"的原则，临时处理措施需在最短的时间内保证安全通车。就本案例而言，最有效的方法就是对事故地段道床进行钻孔泄压，防止问题进一步扩大，对线路进行适当的顺坡处理，紧固前、后 25m 轨道地脚螺栓，调整线路几何尺寸，保障列车正常运营。

（4）本次道床上浮事件发生后，根据整治方案的要求，进行了妥当、有效的处理，并在整治过程中和整治完成后持续对本区段进行变形监测，监测数据显示无异常。道床上浮问题得到了解决，恢复了正常行车。

第二节　衬砌裂损病害

城市轨道交通隧道衬砌按工法不同，可分为以明挖法为代表的整体式模筑混凝土衬砌，和以矿山法为代表的复合式双层衬砌，以及以盾构法为代表的预制装配式衬砌。按病害表现、影响及治理方法的不同，衬砌裂损大致可分为浅表剥落型、局部溃裂型和整体裂损型。

一、衬砌裂损的原因

绝大部分隧道衬砌均为钢筋混凝土结构，由于受自然环境、工程设计、建设施工、运营管养、社会建设活动等多重因素的影响，衬砌裂损的机理一般是多重的，且具体到每一个案例均有不同，但建设施工缺陷、材料劣化、异常受力或变形被认为是导致衬砌裂损的最常见原因。

1. 建设施工缺陷

大量的隧道衬砌裂损案例均伴随着建设施工缺陷，如衬砌背后存在未填充的空腔、初支和二次衬砌间积水、衬砌厚度不足、钢筋保护层厚度不足、钢筋施工不规范等构造缺陷，以及材料级配不当、振捣不到位、养护不当导致混凝土材料内部缺陷等。

2. 材料劣化

隧道衬砌外侧埋入岩土，内侧临空，当地下水充足时，外侧补给、内侧蒸发使得衬砌混凝土中形成水的定向流动，在隧道内的高速活塞风更加速了这种流动，衬砌相当于暴露在干湿交替环境中，造成溶出性腐蚀致使混凝土致密性降低，碳化反应加速，特别是当地下水中含有过量的碳酸根离子、氯离子、硫酸根离子等腐蚀性物质时，钢筋、混凝土的腐蚀劣化将更加明显和严重。钢筋一旦锈蚀，产生的氧化物体积将膨胀数倍，导致保护层混凝土起鼓开裂，锈蚀加速进行，形成恶性循环。在既有运营城市轨道交通线路中，混凝土衬砌出现较大规模的材料劣化导致钢筋锈蚀、保护层混凝土大面积脱落的情况屡见不鲜。

3. 异常受力或变形

隧道附近过量加、卸载，地下水位变化、水土流失等导致隧道在横断面或纵断面上受力异常，从而产生相应的变形和裂损。

二、衬砌裂损的影响

衬砌裂损轻则影响观瞻，重则严重威胁行车安全和结构安全。

1. 浅表剥落型

浅表剥落型裂损一般不会影响结构安全，其最大的风险一般是隧道顶部混凝土剥落影响行车，桥隧维修人员曾在一条高时速运行的线路结构检修中发现明挖隧道顶板变形缝边缘有长 2.5m、最宽处 0.6m、最厚处达 60mm、重约 60kg 的一块混凝土呈片状浅表剥离，若在行车期间脱落，或砸中列车，或损坏轨道中间的信号环线电缆，后果不堪设想。浅表剥落型裂损影响结构耐久性和观瞻，特别是当剥落深度超过受力钢筋深度时，将使得混凝土对钢筋丧失握裹力、钢筋锈蚀，从而降低结构承载力。

2. 局部溃裂型

局部溃裂型是相对于整体裂损型而言的，主要的表现形式为矿山法隧道拱部二衬的溃裂、崩塌，结构局部抵抗岩土压力和防水的功能失效，但断面余部无明显的变形和开裂，除会造成上述浅表剥落型裂损的影响外，还将造成结构承载力下降、功能受损。

3. 整体裂损型

相对于局部溃裂型衬砌裂损，衬砌整体裂损主要表现为衬砌在整个断面表现出明显的受力变形和裂缝，或者在沿隧道走向一定长度范围内呈现规律性的变形和开裂，结构稳定性、承载力、耐久性受损，威胁行车安全和结构安全。

三、衬砌裂损病害的治理策略

地铁运营期隧道衬砌裂损病害一旦发生，受制于有限的维修施工时间、空间，通过维修完全根治病害往往非常困难，加之隧道结构作为难以更换或者无法更换的设施，在其寿命周期内劣化难以避免，隧道管养者不应当以新建隧道的验收标准作为隧道维修的标准，而应当以不影响行车、避免影响隧道内其他重要设备、保持隧道的功能满足使用要求、延缓隧道劣化为目标，开展衬砌裂损病害的治理。

对浅表剥落型，主要的治理策略是清理已经起鼓、开裂、失效的混凝土，避免脱落，用致密材料覆盖创面保护耐久性，延缓病害发展。

对局部溃裂型，主要的治理策略是进行局部加固补强或重新浇筑，保持结构的整体性和功能满足使用。

对整体裂损型，主要的治理策略是整体加固补强，保持结构稳定性。

四、预防衬砌裂损措施

预防衬砌裂损病害，须以设施全寿命周期管理的思路，从勘察设计、建设施工、运营管理三个环节着手，各有侧重。在勘察设计阶段，须结合城市规划，对可能受周边工程施工影响的地段进行充分的研究和预想，尽可能全面地探明地质水文环境中的不利因素，在工期策划、隧道防护措施上做好预防性设计。在建设施工阶段，须严格控制施工质量，避免形成工程缺陷。在运营管理阶段，须注重日常的检查、维修、检测、保护工作，做好隧道内的定期检查和记录，对轻微病害须及时研判处理。对隧道外部的高风险施工，须严格审查，制定并监督落实地铁隧道的保护措施。

五、隧道衬砌裂损整治应用案例

案例2　暗挖隧道钢筋保护层剥落掉块整治案例
案例3　暗挖隧道二衬结构破损整治案例
案例4　盾构管片裂损病害整治案例

1. 事件概况

某区间暗挖隧道，自投入试运营以来，隧道结构由于材料老化、钢筋保护层厚度不足、施工工艺不符合要求等原因，上、下行均出现了比较严重的隧道衬砌表面水泥砂浆开裂、局部衬砌混凝土松动剥落、混凝土表面露筋、渗漏水等现象。

2. 原因分析

2.1 结构设计及现场检查情况

隧道结构设计情况：该区间为暗挖隧道，隧道埋深约为14m，下行线主要在全、中风化地层穿过，上行线主要在中、微风化地层穿过。隧道防水等级为二级，初支为C20混凝土，抗渗强度为0.6MPa；二衬为300mm厚的C25模筑钢筋混凝土，二衬主筋Φ14mm，砼保护层（至钢筋中心）厚50mm；拉筋Φ8mm，环向间距500mm，纵向间距400mm，错开布置。现场检查发现隧道掉块处的钢筋保护层厚度实际范围为2.5~5cm。

隧道结构防水设计情况：二衬混凝土抗渗强度为0.8MPa；在初衬与二衬之间全断面设置1.5mm厚PVC防水板（幅宽2.05m），且防水板两侧分别铺设无纺布做保护层和缓冲层；施工时应保证初衬表面的平整。在隧道轨顶面高程处纵向通长铺设2条Φ50mm软式透水管，高于道床边沟底面400mm，纵向坡度与线路一致，但不得小于0.1%；纵向每隔45m用Φ40mm PVC排水管（排水管在内衬边设闸阀）将渗入初衬的地下水有控制地排入道床内侧边沟。

隧道监测情况：截至2011年10月，该区间最近一次沉降监测最大累计沉降值为-6.01mm，最近一次水平位移监测最大累计位移值为-2.0mm，最近一次收敛监测最大累计变化1.22mm。监测数据显示，隧道结构处于稳定状态。

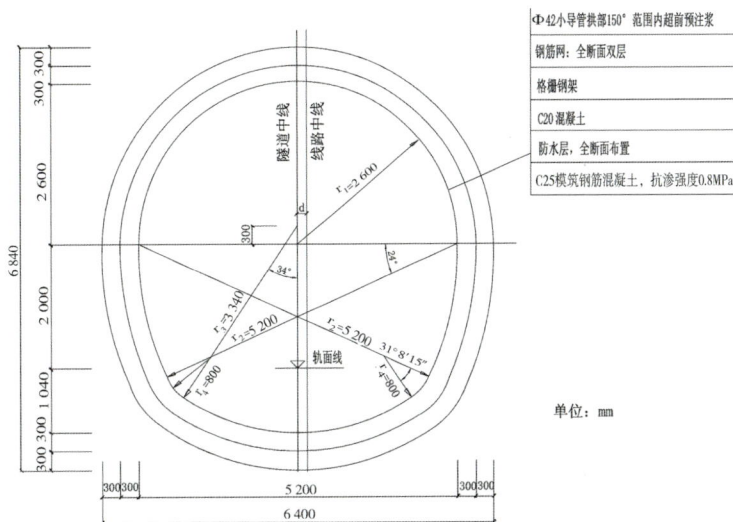

图 2-1 隧道断面设计图

现场检查情况：该区间隧道表面发生混凝土剥落、掉块事件后，经检修人员现场详细检查核实，发现该区间隧道存在大量的结构露筋修补、渗漏水修补、蜂窝麻面修补等现象，且有的部位二衬混凝土结构松散、强度不足或存在空洞。在隧道表面又涂刷了一层水泥浆，掩盖隧道修补，改善观感质量。发生松动掉落的都是隧道修补的水泥块，由于修补过的地方都被水泥浆涂刷层掩盖，且由于涂刷的水泥浆与结构黏结不牢，清理时容易发生大面积的松动脱落。

图 2-2   隧道二衬表面剥落掉块、露筋等病害照片

2.2   掉块原因

根据现场检查情况分析，造成掉块的原因如下：

（1）由于在建设期隧道二衬施工过程中，钢筋保护层不足及混凝土振捣不密实等，导致隧道结构表面出现蜂窝麻面等现象，原施工单位采用水泥砂浆进行饰面修复。在列车的持续运营震动下，饰面修复水泥块松动脱落。

（2）隧道施工完成后修补处理时所采用的材料、工艺不符合要求，导致长时间运营以后发生松动脱落。

（3）由于在建设期隧道结构渗漏水整治过程中，施工单位采用快干水泥进行了渗漏点封堵。在列车的持续运营震动下，饰面修复水泥块松动脱落。

3.   方案比选

为确保地铁长期运营安全和隧道结构安全，加固方案主要从以下三个方面考虑：

（1）对结构掉落缺损的部分回填修复完整，及时消除安全隐患。

（2）对隧道内止水堵漏，避免隧道二衬结构和结构钢筋进一步受到侵蚀，确保隧道结构安全，满足地铁运营要求。

（3）裂缝整治完成后对产生裂缝处的隧道衬砌围岩进行测量观察，以分析判断隧道衬砌是否处于安全、稳定状态。

针对上述三个处理思路，结合类似结构修补、加固的方案和案例，拟选用下面两种具体处理方案：

方案1：为防止该区间隧道以后再次出现掉块和裸露钢筋锈蚀，对隧道二衬保护层掉块、厚度不足等问题用环氧砂浆进行修复。为加强修复层黏结强度，防止修复层与结构层黏结不牢而松动脱落，在用环氧砂浆修复前，先凿除结构表面松动的混凝土、砂、石及钢筋表面的锈蚀，再涂刷界面剂，然后在结构表面安装钢丝网，涂抹环氧砂浆修复层时严格控制每次的涂抹量，并对钢丝网规格、修补层厚度、间距进行设计。该方案的实施需选择在隧道泵房内先进行修补方案试验，再对区间隧道进行全面修复。要严格按照配比进行配制，在配制的过程中，在凿槽口内涂上一层约0.2mm厚的树脂涂料。

方案2：采用芳纶纤维加固措施。对二衬表面松动的混凝土、砂、石及钢筋表面的锈蚀进行清除后，涂刷界面处理剂，然后进行芳纶纤维层的粘贴。

方案比选情况：方案1的优点为施工方法简单，机具轻便、实效，与基层之间黏结牢固，无脱层、空鼓，表面无爆灰和裂缝，易用小锤敲击的方法检查，且强度较高，适用于地铁运营作业。缺点为修复层与结构基层的黏结强度难以控制，如果施工过程质量控制不到位，时间久后容易出现修复层开裂、松动脱落。方案2的优点为技术先进，工艺简便快捷，芳纶纤维加固层与二衬基面的粘贴强度容易控制，不易发生后期脱落。但缺点是施工条件要求高，要求混凝土结构面和材料表面干净，无浮尘、锈迹、油污，且芳纶纤维布施工的质量标准高，需要较长作业时间，成本较高，且有一定的使用年限。

综上所述，经设计、施工、运营等相关单位人员会议分析讨论，决定按照方案1对掉块段的隧道采用环氧砂浆进行修复处理。

4. 现场实施

4.1　修补方案试验

修补方案制订后，施工人员首先选择在区间泵房内进行隧道修复方案试验，明确钢丝网规格、修补层厚度、间距等参数，采用环氧砂浆处理，能与原隧道结构结合效果良好。试验步骤如下：

（1）原材料准备：环氧树脂、固化剂、细骨料（中砂）。

（2）采用人工搅拌。

（3）配合比：水泥1kg、环氧0.5L、砂3kg，在泵房内二衬表面掉块位置，先清除砼表面的剥落、疏松等劣化混凝土，再用钢丝刷刷干净钢筋，最后人工加压涂抹环氧砂浆。

经过一周的时间，检查发现修补层表面无裂缝，修补层与二衬基面黏结良好、牢固，修补环氧砂浆强度满足要求。试验效果证明，该修补方案可行，可以用于隧道二衬表面的修补。

图 2 - 3　在区间泵房内做修补方案试验

4.2　现场处理

主要施工方法如下：

（1）清除隧道二衬建设期修补部位表面的剥落、疏松、蜂窝麻面、腐蚀等劣化混凝土，露出混凝土结构层，对外露钢筋进行除锈。

（2）按设计要求布置孔位，钻孔，打入膨胀螺栓。

（3）用压缩空气机、钢丝刷等彻底除去表面松散的材料和尘土，再用高压水冲洗修补基面。

（4）安装膨胀螺栓，绑扎钢丝网。在绑扎好的钢丝网构件上洒少量水，湿润已凿毛的混凝土构件表面，在原混凝土构件表面上涂刷界面处理剂。

（5）人工加压涂抹环氧砂浆，分两次涂抹，第一次将钢丝网与待加固段混凝土表面的空隙抹实，第二次抹至设计需要的厚度。尽量避免反复压抹，同时要避免新浇筑的复合砂浆与原构件表面的空洞以确保施工质量。

图 2 - 4　清理二衬表面松散的砂浆修补层和钢筋锈蚀层　　　　图 2 - 5　清理后涂刷界面处理剂

图 2 - 6　涂抹环氧砂浆修补层

图 2 - 7　对隧道结构顶部修补处进行检查验收

5. 小 结

按照修补方案，耗时半年，对该区间建设期曾用水泥砂浆修补过的，有掉块露筋的部位进行了全面的检查、清理和修复。采用环氧砂浆修复处理全部完成后，技术人员与施工人员等共同对修复部位进行了检查验收。经检查，修复层与原隧道混凝土二衬结构层结合效果好，现场逐一对隧道掉块处理位置采取锤击检查，确认掉块处的环氧砂浆密实，不存在空鼓现象。

通过对隧道结构二衬表面剥落掉块、钢筋外露、锈蚀等病害的全面修复处理，有效消除了危及行车安全的隐患，修复了结构病害。此方案在经济性、适用性和安全可靠性等方面满足运营隧道的施工条件和实际情况，修复后的隧道结构满足结构安全和正常行车要求，此方案的成功实施对类似隧道结构病害的处理具有指导与借鉴意义。

案例 ③ 暗挖隧道二衬结构破损整治案例

1．事件概况

某日运营期间，列车司机发现某暗挖区间行车方向 3 点钟位置有严重漏水，经专业人员登乘后确认该处暗挖隧道二衬结构出现裂损外鼓，影响行车安全，随即在事发地点前后各 50m 区段设置限速 5km/h，并安排人员现场蹲守观察情况，当天运营结束后进行了清理裂损混凝土、加固电缆支架等紧急处理，后续对裂损的二衬进行了修复施工。

2．原因分析

2.1　设计概况

2.1.1　隧道结构概况

该区间的原设计全部采用盾构法施工，后由于地质情况及工期的要求，部分变更为矿山法施工，矿山法施工隧道长度约 642m。

根据设计要求，该段隧道采用喷锚构筑法进行施工，为合理利用围岩的自承能力，尽量减少开挖过程中对围岩的扰动，采用人工开挖和微震爆破技术开挖，以小导管、锚杆、钢筋网、喷射砼及钢架作为主要施工支护手段，模筑钢筋砼为二次衬砌。

2.1.2　地质及水文情况

裂损位置隧道结构拱顶埋深 27.51m，洞身通过〈9H〉花岗岩微风化带，纵断面如图 3-1 所示。地下水位约为地下 2m，距裂损位置约 27.8m。地下水赋存方式分为第四系孔隙水和基岩裂隙水。第四系孔隙水主要赋存在冲洪积砂层及海陆交互砂土层中，渗透系数为 3.43~5.14m/d，透水性中等，由大气降水及地表径流补给；淤泥及淤泥质土〈2-1〉富水性极弱，为不透水层；残积土〈5H-1〉、〈5H-2〉、花岗岩全风化带〈6H〉富水性弱，为弱透水层。基岩裂隙水主要赋存于基岩强、中等风化裂隙中，渗透系数为 0.11~0.65m/d，透水性弱，由大气降水及上覆土层地下水补给。花岗岩基岩裂隙水对砼有（侵蚀性 CO_2 或 SO_4^{2-} 型）弱腐蚀性，对钢筋混凝土结构中的钢筋有弱腐蚀性，腐蚀等级综合评价为弱。

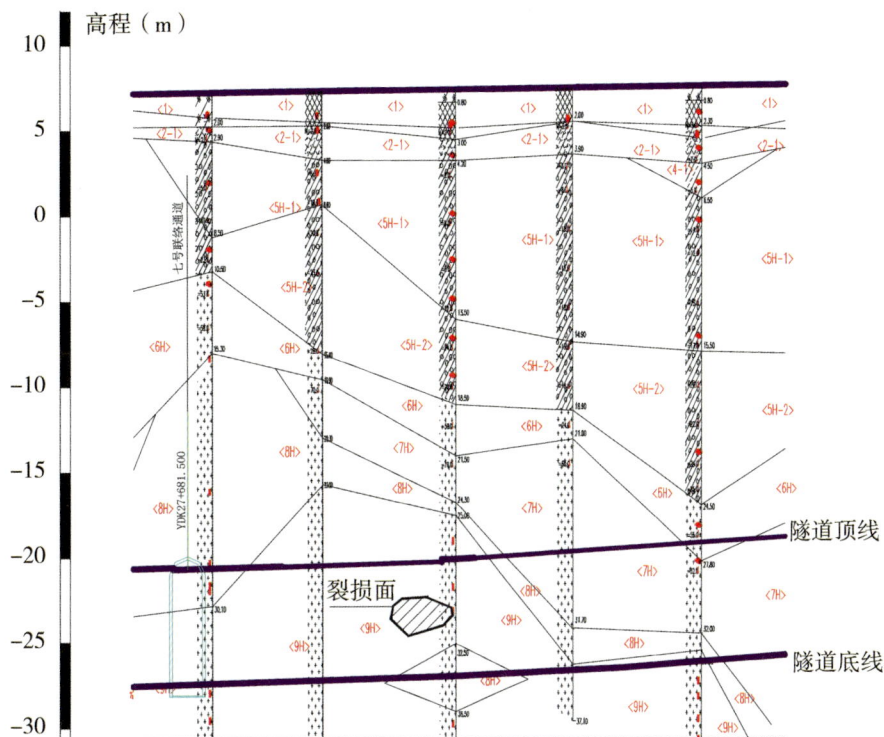

图 3 - 1　隧道纵断面图

2.1.3　结构断面形式、配筋及防水

裂损位置隧道结构断面为 A 型断面（如图 3 - 2 所示），隧道按喷锚构筑法进行设计和施工，结构采用复合式衬砌，初期采用喷混凝土、钢筋网格栅钢架组成联合支护体系，拱部设超前小导管辅助施工，初衬厚度为 300mm，混凝土强度为 C20；二次衬砌采用模筑钢筋防水混凝土，厚度为 350mm，混凝土强度为 C30。

A 型衬砌断面隧道结构二衬环向钢筋采用 Φ16@250mm（二级钢），纵向钢盘采用 Φ12@250mm（二级钢），主筋的混凝土保护层厚度迎水面为 50mm，背水面为 35mm。

结构防水等级为二级，即结构不得有漏水，结构表面可有少量偶见的湿渍。区间隧道初期支护和二次衬砌间全断面设置为 $400g/m^2$ 无纺布和厚度为 1.5mm PVC 防水板组成的防水隔离层；沿隧道纵向每隔 18～27m，在防水板内侧焊外贴式止水带（齿高 30mm），与二衬混凝土镶嵌作为防水分区措施。二次衬砌混凝土抗渗标号不小于 S8。

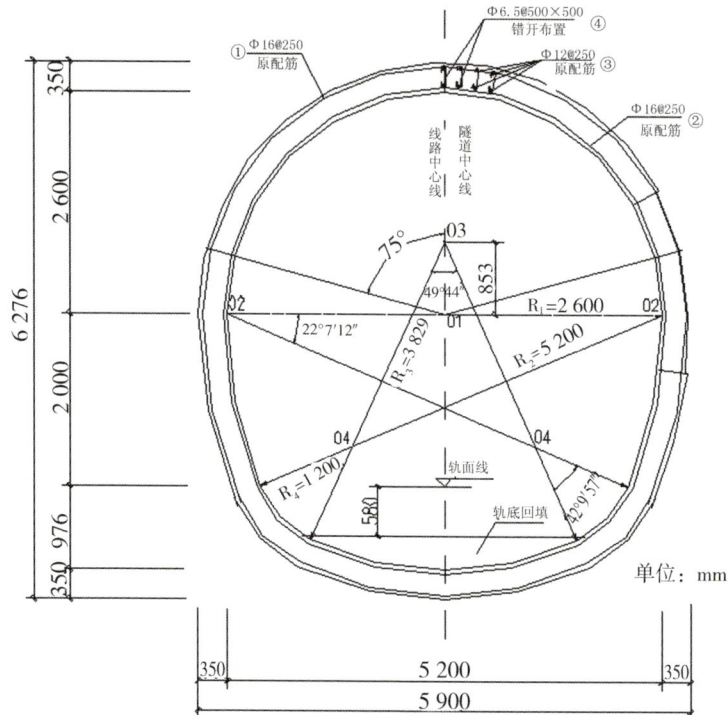

图 3 - 2　隧道横断面图

2.2　裂损情况

（1）裂损位置中心距轨面约 2.5m，裂损处混凝土已裂碎，面积约为 3m² （裂损形状及位置示意图如图 3 - 3、图 3 - 4 所示），结构有明显外鼓，固定在衬砌上的电缆架严重变形。

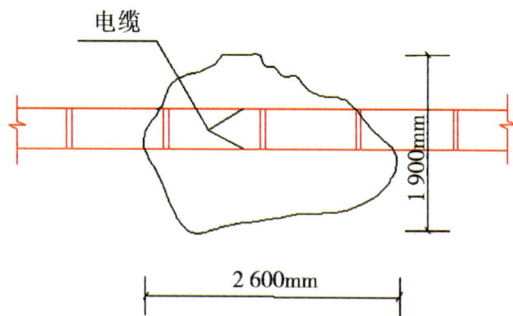

图 3 - 3　裂损形状及位置示意图

图 3 - 4　裂损位置正面图

（2）部分混凝土已剥落，钢筋露出可见的明显变形。抢修作业敲落裂损混凝土后，实测该处二衬结构厚度仅为 150mm （如图 3 - 5 所示），远不及设计厚度的 350mm，且基本没有粗骨料（如图 3 - 6 所示），铁锤能轻易敲碎，混凝土强度低。

图 3 - 5　二衬结构厚度仅 150mm

图 3 - 6　剥落的混凝土基本没有粗骨料

（3）钢筋无绑扎痕迹，并发现在环向施工缝的钢板止水带位置背水面环向钢筋是断开的，且在同一横截面上存在 300mm 范围内没有环向钢筋的情况；纵向钢筋搭接长度为 350～440mm（如图 3 - 7 所示），相当于 29～37d，裂碎范围内有三排纵向钢筋搭接在同一横截面上。

（4）敲落裂碎混凝土后，露出的 PVC 防水板向外鼓，板后水囊明显，破开水囊后水喷至线路中心环线上，随即水量慢慢变小，但泄水量稳定后水量仍然较大（如图 3 - 8 所示）。

图 3 - 7　纵向钢筋搭接长度为 350～440mm

图 3 - 8　破开水囊且泄水量稳定后情况

2.3　裂损原因

（1）二次衬砌厚度不足。隧道二衬设计厚度为 350mm，实测结构厚度明显低于设计要求，仅 150mm 至 230mm，二衬厚度达不到设计要求，是导致二衬裂损的直接原因之一。

（2）钢筋混凝土本体质量较差。混凝土保护层厚度最薄处仅为 5mm，远小于设计要求的 35mm，导致钢筋锈蚀，混凝土对钢筋失去握裹作用；裂损面混凝土中缺少粗骨料，水泥浆结团，强度较低；钢筋未见绑扎痕迹，结构承载力低。钢筋混凝土本体质量较差，是导致二衬裂损的直接原因之一。

（3）初次支护质量不佳。初支有裂损，使得地下水压直接地作用在初支与二衬之间，导致不能满足设计要求的二衬结构薄弱处发生裂损，这是导致二衬裂损的间接原因。

3. 方案比选

3.1 应急临时处理

运营结束后立即对松动混凝土进行清理（如图3-9所示），在裂损处下方排水沟位置开孔泄水泄压（两孔深约300mm，均有水排出），且在裂损位置加装钢丝网（如图3-10所示），防止松动的混凝土块掉落，而影响行车。

图3-9 临时防护处理情况

图3-10 加装钢丝网后现场情况

3.2 永久处理

永久处理主要措施是恢复二衬结构。方案一采取喷锚混凝土；方案二采取现浇微膨胀混凝土。考虑到喷锚混凝土虽然比现浇微膨胀混凝土施工速度快，但受作业空间限制，难以保证混凝土的强度全面达到设计值，因此优先选用方案二。

现浇微膨胀混凝土处理的主要内容有：

隧道二次衬砌采用C40P10微膨胀混凝土代替原C30S8混凝土结构进行补强。施工时需将破碎段混凝土凿除，周边打泄水孔，重新绑扎连接钢筋，打锚杆，插入Q345冷弯热轧普工10号钢后浇筑混凝土。采取分两段施工的方法，逐段施工，2m宽为一个施工段。

待地下水位下降后，在二衬混凝土结构凿除部位和周边打锚杆，架立型钢，绑扎钢筋，并将锚杆与型钢混凝土可靠焊接。浇筑混凝土和完好段二衬结构可靠连接，待其强度达到设计强度后进行背后注浆处理，把初衬和围岩之间以及初衬和二衬之间填充密实。

混凝土施工前预理回填注浆管，待混凝土达到设计强度后，先将二衬与初支之间的空隙回填注浆密实，再对初支背后空隙回填注浆，最后封堵泄水孔，具体处理如图3-11所示。

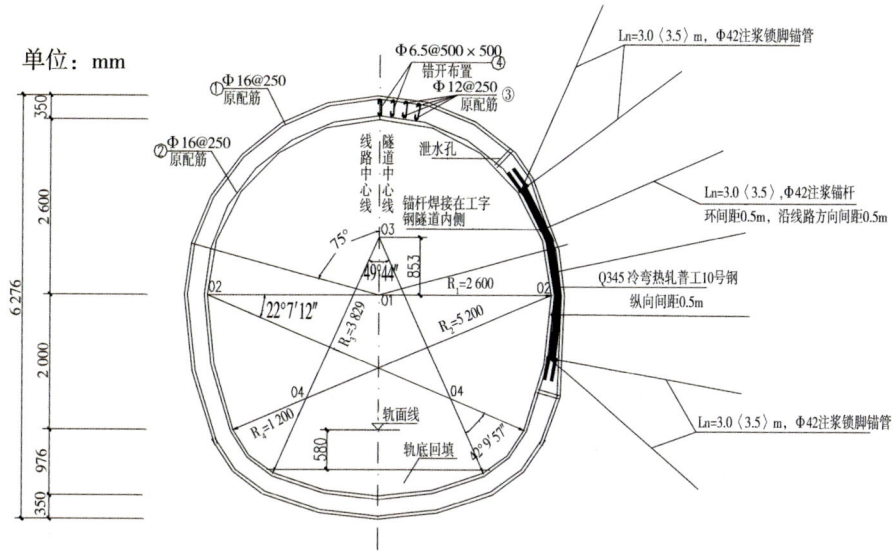

图 3-11　二衬裂损处理断面图

3.3　监控措施

（1）对裂损段隧道结构进行监测，测量结构位移、沉降、收敛及断面。

（2）对该区域暗挖隧道进行无损检测。

（3）对隧道结构进行观察，监测隧道排水情况。

4. 现场实施

4.1　泄水降压施工

对该段进行打孔泄水降压作业，然后凿除裂损混凝土。裂损处混凝土凿除处理前，首先在该处水沟上方与附近施作 3 个 Φ40mm 泄水孔进行排水泄压，使水位下降，确保裂损处无水流出。

泄水管采用 Φ32mm 注浆管进行埋设（后期用于注浆），泄水孔穿过地层 1~2m，并在管身按 50cm×50cm 呈梅花形施钻 Φ2-4mm 渗水孔，然后包一层土工布，防水细颗粒将随水排出或堵塞孔口。泄水管设有闸阀，定期将水排入道床内侧边沟。泄水管大样及设置如图 3-12、图 3-13 所示，安装泄水管后，3 个泄水孔日泄水量为 50~60m³。

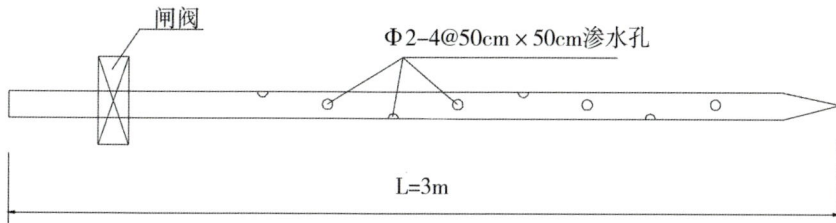

图 3-12　泄水管大样示意图

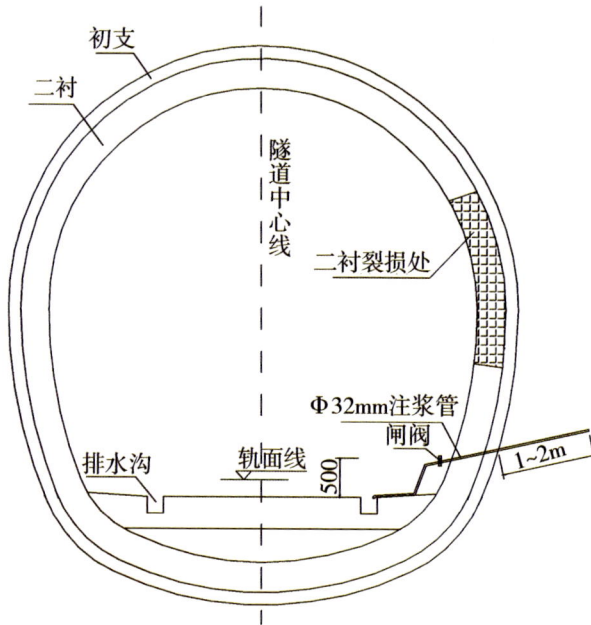

图 3 – 13　泄水管设置示意图

4.2　凿除施工

4.2.1　裂损处混凝土凿除方法

主要采用电动冲击钻分块凿除和小型空压机带风镐局部凿除结合的方式。凿除范围为现已裂损混凝土外边缘约 500mm 内，凿成标准矩形，如图 3 – 14 所示。

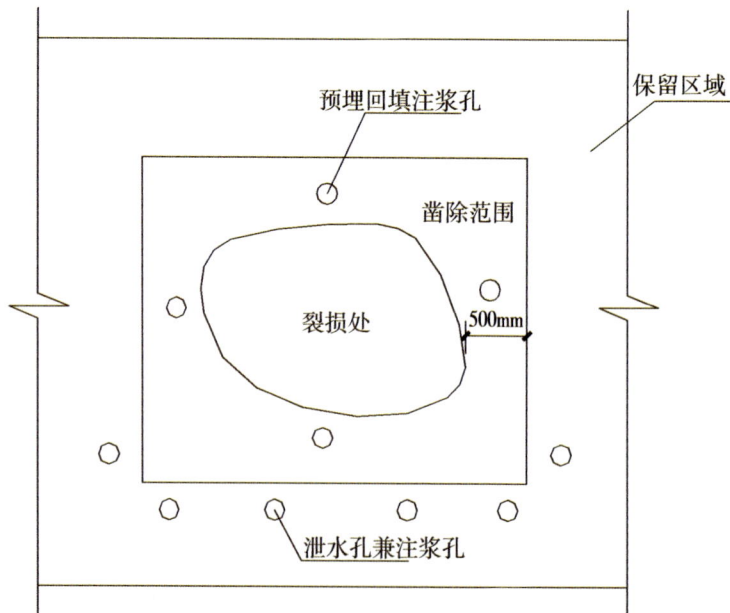

图 3 – 14　二衬裂损凿除示意图

4.2.2 清除混凝土的注意事项

（1）凿除时，原来二衬环向主筋必须保留，不能割除；为了满足混凝土凿除施工所需的空间，可将原来部分二衬水平分布钢筋割除，但需预留钢筋最小焊缝长度，接头须错开，须满足施工规范要求。应注意对防水板的保护，防止打穿、打烂防水板。

（2）松动混凝土块须全部清理干净，凿除时，须凿到与周围好混凝土形成凹凸缝的位置，便于新旧混凝土接合。新、旧混凝土接合处用清水冲洗干净，确保处于无水干燥状态。混凝土凿除完成后，施工、监理单位应共同到现场测量实际混凝土厚度，并立即反馈给设计单位，根据实际混凝土厚度进行动态设计，及时调整施工参数，确保治理后结构安全。

4.3 锚杆施工

锚杆采用Φ42注浆锚杆，环向间距为0.5m，沿线路方向间距为0.5m。〈7H〉强风化花岗岩地层锚杆长度采用3.5m，〈8H〉中风化花岗岩地层锚杆长度采用3m。在裂损处完整混凝土周边上、下方各布设2根L=3.5m，t=3.5mm的Φ42注浆锁脚锚管。

锚杆施工时采用YT－28风钻钻孔，清理孔内浮渣，然后将锚杆顶入孔内，并将孔口采用锚固剂封填密实，最后压水泥浆。

锚杆施工前，先在二衬混凝土厚度1/2处的锚杆上设置5cm×5cm止水环以加强防水。

4.4 防水施工

首先在新、旧混凝土接缝处涂刷一层水泥浆，增设遇水膨胀止水条。每一段二衬混凝土施工前，在现有防水板已开洞处理设注浆管，将防水板后的积水排出，确保混凝土浇筑后无水囊存在，布设2根Φ32mm回填注浆管，待二衬混凝土强度达到设计值（28天后）时，回填注浆以填充二衬与初支间的空隙。

对于锚杆与防水板间的接口，采取自黏性防水卷材进行收口处理，并涂刷密封胶。

4.5 型钢施工

型钢采用Q345冷弯热轧普工10号钢，焊条采用E50系列焊条。型钢应与本段竣工图断面及实际断面相结合，完成型钢混凝土保护层后，做好本部位型钢加工前模具放样，加工时必须按前模具形状与尺寸进行加工。

型钢加工采取地表预加工方式，人工从地表运至工作面进行安装。型钢上下两端焊接200mm×200mm连接板，连接板采用厚为10mm钢板加工。型钢端头采取植筋4Φ16mm，深度为250mm与连接板焊接固定。待所有的型钢安装完成，并进行净空、断面等检查合格后，将型钢与锚杆焊接牢固。型钢固定示意图如图3－15所示。

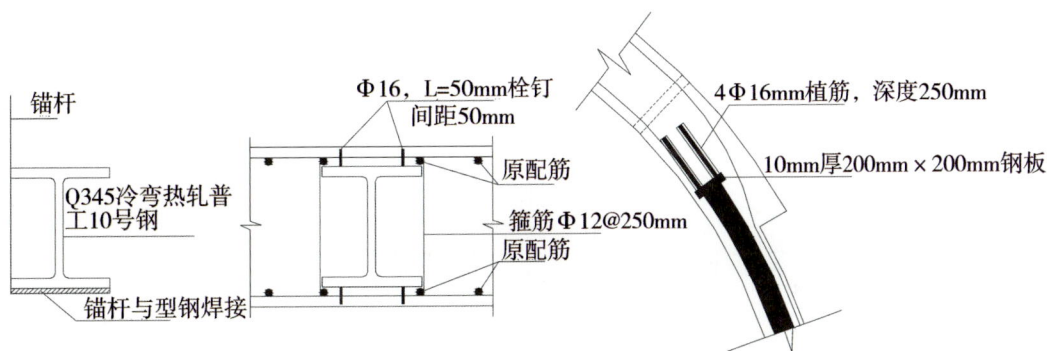

图3－15 型钢固定示意图

4.6 钢筋施工

首先对原有钢筋进行除锈处理，除锈后对水平钢筋分布筋进行焊接。

钢筋实地量取单根长度，地表下料并做好标记，人工运输到工作面，并一次性安装成型。在地表采用原设计钢筋的直径、规格进行焊接，并按原设计间距布置拉钩，与主筋绑扎牢固。焊缝需饱满，将焊渣清除干净，焊接质量需符合要求。

安放型钢前将纵向连接筋断开，型钢安放好后，用 Φ12@250mm 将型钢焊接连接，并与原纵向钢筋焊接。

4.7 模板施工

模板施工按混凝土浇筑分区，分 4 次依次进行，分别采用 M12 膨胀螺栓将模板固定在混凝土边墙上，每块模板不少于 2 个固定点。

模板采用尺寸为 1 500mm×200mm×55mm 的厚钢模板，在洞内进行组装。在没有完整二衬混凝土处设置内拉杆来固定模板，将加固模板所用的内拉杆与二衬主筋焊接牢固。在裂损外圈完好的二衬混凝土处打设 M12 膨胀螺栓来固定木模板，防止混凝土浇筑时模板发生位移。

每次进行混凝土浇筑时，在裂损的最高的模板外设置一个 500mm×400mm 混凝土浇筑窗口，同时用作捣固混凝土。混凝土浇筑完成后及时用模板封口处理。模板插销和 U 形卡上齐、卡紧，保证模板拼装平整、严密、不漏浆、无错台。

4.8 混凝土施工

二衬爆裂面修复面积约为 4m×2m，分四幅进行修复，分区如图 3－16 所示。为保证混凝土施工质量，混凝土配置标准应在设计的基础上提高一个标号，按 C40P10 微膨胀混凝土进行拌制，混凝土搅拌时严格按混凝土配合比和设计要求进行配制，混凝土施工前新、旧混凝土应涂刷一层水泥浆。

考虑衬砌维修地点距离车辆检修基地较远，混凝土通过轨道工程车运输耗时长、不确定因素多，而在最近的车站只能通过人工从地面出入口搬运的方式，故衬砌修复所需混凝土需采用现拌方式。在监理见证下，每浇筑一幅留取 6 个混凝土抗渗试件和 3 个混凝土强度试件，置于旁边联络通道内做同条件养护。裂损处混凝土浇筑方量共约 3.6m³，每次混凝土施工 0.9m³，每幅衬砌均为一次性浇筑完成。混凝土捣固采用插入式振动棒作业，浇筑过程中按要求振捣混凝土，保证混凝土的密实。

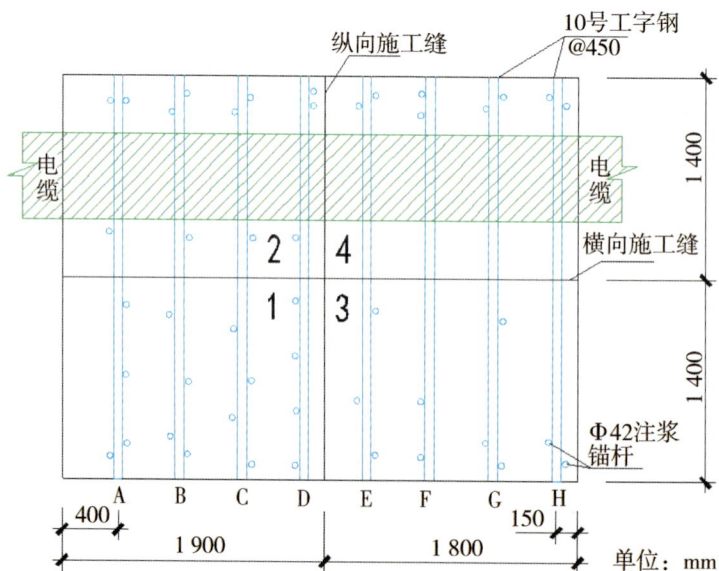

图 3－16　二衬修复立面分区及工字钢、锚杆布置示意图

4.9　回填注浆施工

采用电动注浆泵对施工缝预埋的注浆管以及裂损修补面下方的预留泄水孔进行注浆，回填注浆材料为纯水泥浆，选用425普通硅酸盐水泥，水灰比为1∶1。为防止注浆压力过大而导致二衬混凝土开裂，注浆压力控制在0.3～0.5MPa，注浆速度控制在5～15L/min。

回填注浆的施工工艺流程主要包括以下七个环节：注浆管加工→钻孔预埋注浆管→清理管口、检查→做注浆准备→连接管路→拌浆→注浆，回填注浆的最终注浆量按水泥干重计，约为0.5t。

5.　结构变形监测

为及时掌握二衬裂损位置及其附近隧道的变形情况，确保注浆不对隧道造成二次破坏，在险情发生后立即启动隧道加密自动化变形监测，一直持续到衬砌修补施工完成，监测数据每天由工程师核对发布。本次监测使用徕卡TCA2003型自动全站仪，测角精度为0.5″，测距精度为1mm＋1ppm。

5.1　监测内容

监测范围以裂损病害点为中心，两侧各延伸约50m，共布设17个监测断面，其中裂损病害点两侧6米范围内，每1m布设1个监测断面。每个断面埋设5个小棱镜，其中在道床埋设2个，在拱顶、两侧拱腰各埋设1个。监测内容包含垂直位移（沉降）、水平位移、收敛，监测频率为每天1次。

5.2　变形监测数据及分析

该区段监测工作从2012年2月起，到2013年4月结束，累计连续监测14个月，经监测垂直位移累计（从2012年2月22日开始，下同）变化最大值为沉降3.72mm，衬砌裂损部位附近7m范围内垂直位移累计最大值为沉降3.36mm；水平位移累计变化最大值为向南偏移2.82mm；收敛变形累计变化最大值为伸长3.43mm，属于拱腰—拱腰测线。

经分析，监测期间所有指标单次变化未超过±2mm，累计变化未超过±4mm，小于控制值±10mm，可判断该段隧道结构整体是稳定的，修补面及附近产生的微量变形与衬砌裂损修补面长期泄水降压有关。

6.　小　结

本次运营暗挖隧道二衬混凝土裂损修复施工，均在客运结束后的凌晨进行，每次作业有效施工时间不足4个小时，受空间和运输条件限制，一些建设期的中大型机械也无法使用，施工前后持续8个月，进展较为艰难。经过修复，形成了长3.7m、高2.8m的混凝土二衬修复面（如图3-17所示），原裂损衬砌部位得到了加强，行车安全隐患得以消除。

图 3-17　混凝土二衬修复面

（1）修复后衬砌防水能力较弱，有必要保持泄水。

现浇微膨胀混凝土的结构强度能满足设计要求，但由于此地段地下水压较大（实测达 0.26MPa），被破坏的原防水层修复难度大，仅依靠混凝土自防水难以满足设计要求，特别是新、旧混凝土接缝等防水薄弱位置，虽然反复进行过注浆处理，但施工缝渗漏水仍容易复发，对混凝土耐久不利。经专家讨论，有必要保持修复面的泄水，但需要控制泄水压力在 0.2MPa 以下。故二衬修复完成后，在裂损修补面下方保留了 1 个泄水孔并安装阀门和压力表，为平衡地下水的流失和防止修复面渗漏，控制泄水压力在 0.15MPa 左右，经过观察，修补面渗漏水基本停止，经过长期观测，地面无明显变形，达到了预期效果。

（2）加强暗挖隧道建设期施工质量控制。

该暗挖隧道二衬裂损病害，建设期多种施工质量问题集中存在是根本原因。暗挖隧道与盾构隧道、明挖隧道相比，施工作业环境较差，须严格控制隐蔽工程质量使其符合设计要求。在验收前，须严格对混凝土强度、钢筋保护层厚度、衬砌厚度、衬砌内部缺陷等关乎结构安全的参数进行检测，存在缺陷的，应当在线路开通前完成整改。

（3）运营阶段须对既有缺陷隧道做重点管理。

运营阶段须排查建设档案，对建设期即存在缺陷的隧道建立台账，重点跟踪和检查，必要时须采取地质雷达检测、变形监测、预防性泄水等手段，并积极督促施工单位整改。

案例 ④ 盾构管片裂损病害整治案例

1. 事件概况

运营维修人员发现某盾构区间下行线隧道顶部 10 点至 12 点处管片纵向裂缝较多，个别管片上裂缝达 10 条。大多数裂缝贯穿整块管片，最大裂缝宽度约 0.56mm。上行线在 12 点至 15 点处管片大多数有纵向裂缝，裂缝部位大致与下行线呈镜像分布，最大裂缝宽度约 0.5mm。上行裂缝 185 条，下行裂缝 173 条，共计 358 条。同时有裂缝出现部位的管片出现大小不均等的掉块，约有 20 环管片出现共约 29 处掉块。掉块最长约 55cm，部分掉块管片出现露筋、露螺栓现象。根据隧道椭圆度监测情况，上行隧道椭圆度最大值为 27.39‰，椭圆度超过 25‰ 的有 8 环；下行隧道椭圆度最大值为 35.83‰，椭圆度超过 25‰ 的有 21 环。

图 4-1　管片开裂掉块

图 4-2 管片裂缝

2. 事件原因

经调查，该区段隧道外部有上盖物业基坑开挖施工。该项目施工过程中大量抽水，造成地铁隧道周边水土流失，进而引起隧道结构偏压、变形，最终出现隧道结构开裂、掉块问题。以下从该建筑项目与地铁位置关系、隧道周边地质以及现场检查情况三方面进行分析。

2.1　建筑项目与地铁设施的位置关系

该区间隧道埋深 7.5~8.25m，隧道结构边线距基坑围护结构最近距离约 5.7m，隧道管片掉块与开裂位置分布在该建筑项目相邻的 80m 范围内。隧道与建筑项目位置关系如图 4-3 所示。

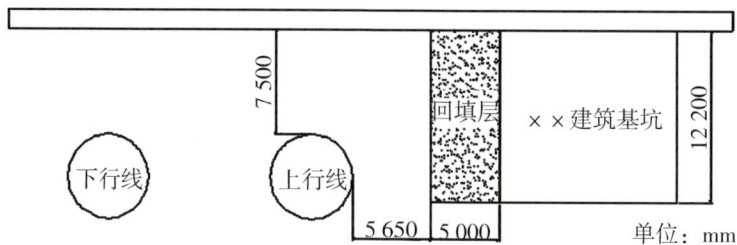

图 4 - 3   隧道与建筑项目位置关系图

另外，该建筑项目开挖基坑与地铁车站主体结构紧邻，位置示意图如图 4 - 4 所示。

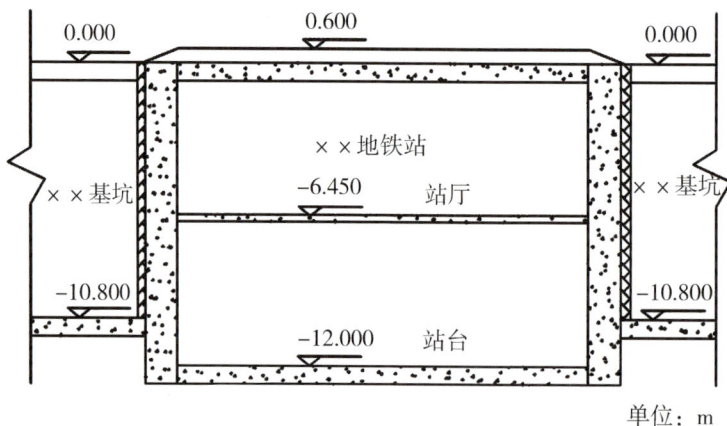

图 4 - 4   建筑项目与地铁车站位置关系示意图

2.2   隧道管片开裂掉块区段隧道地质情况

上行线地质情况为：隧道洞身范围内主要为粉质砂层，厚度为 9 ~ 12m；粉质砂层上部为杂填土，厚度为 0.5 ~ 3m；隧道洞身以下为强风化岩层。隧道埋深较浅，地质总体状况较差，地下水较丰富。如图 4 - 5 所示。

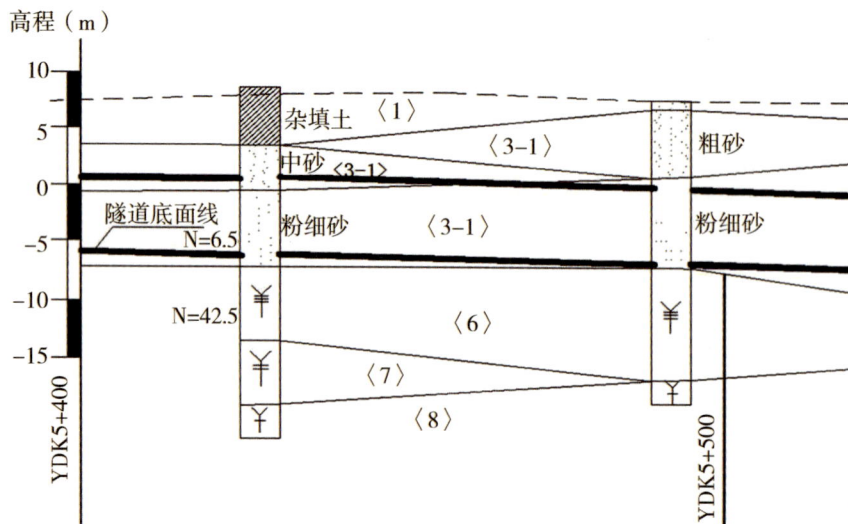

图 4 - 5   区间上行线地质剖面图

下行线地质情况为：隧道洞身范围内主要为粉质砂层，厚度为 8～11m；粉质砂层上部为杂填土，厚度 2.5m，部分下部夹有淤泥质土；隧道洞身以下为强风化岩层。隧道埋深较浅，地质总体状况较差，地下水较丰富。如图 4－6 所示。

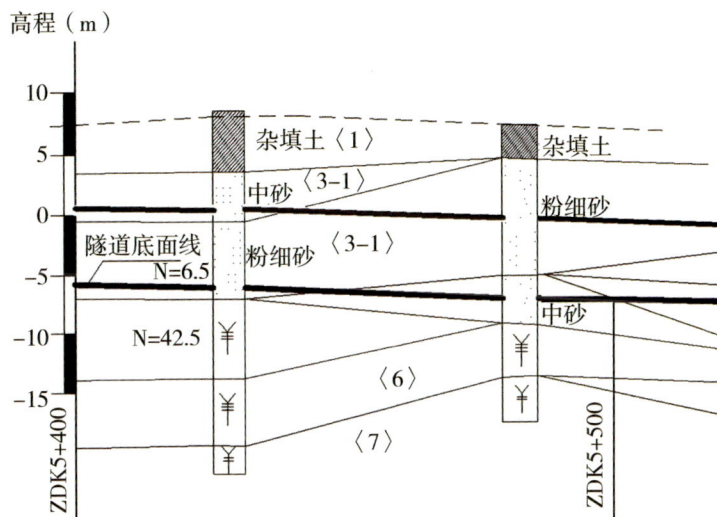

图 4－6　区间下行线地质剖面图

2.3　现场检查情况

该建筑项目与地铁车站主体结构连接，由于商业发展需要，需与地铁站开通洞门连接。两主体结构的连接间隙约 30cm，通过对该建筑项目地下室进行检查，发现连接间隙出现较大流水，最大流水量为 565m³/d，最小流水量为 300m³/d，洞门水流量测量如图 4－7 所示。并且在该建筑地下连续墙内外布设了 9 个水位孔，每日早、中、晚三次进行测量，测得水位深度为 8～9m，基坑周边水土流失严重。

图 4－7　洞门水流量测量图

3. 处理方案

根据事件原因分析，针对基坑地下大量抽水导致隧道周边水土流失的问题，在隧道外进行地面土体加固处理，并对基坑与车站相连的洞门进行止水处理；针对隧道内已经产生的管片裂缝、掉块、椭变问题，在隧道内进行裂缝、掉块的修复，粘贴芳纶纤维布，并对隧道结构增设加固措施。

3.1 隧道外处理方案

3.1.1 地面土体加固处理

该隧道边设有厚为 800mm、深约为 17m 的地下连续墙。墙体在强风化粉砂岩范围内 1.2 ~ 1.5m。地铁车站主体结构与地连墙端头位 1.0 ~ 2.0m，采用 5 排旋喷桩支护。旋喷桩深约 8.0m。该建筑的地下主体结构墙体，深约 10.0m，地下连续墙与地铁站地下主体结构连接间距最宽约为 12.0m，最窄约为 3.0m，采用回填土。该区段在施工中曾采用支撑放坡，进行结构顶板施工，后回填土。目前该建筑内测得的最大出水量约为 565m³/d。为控制盾构隧道病害的发展，需对地连墙与该建筑地下主体结构间进行充填、控水稳定处理。处理步骤如下：

（1）确定钻孔孔位，孔距为 1.5 ~ 1.8m，排距为 2.0m，孔径为 Φ56mm，钻孔深至地连墙下 1.0m 处土体段，钻孔时严格控制用水，尽可能采用干钻成孔。旋喷桩布置图如图 4 - 8 所示。

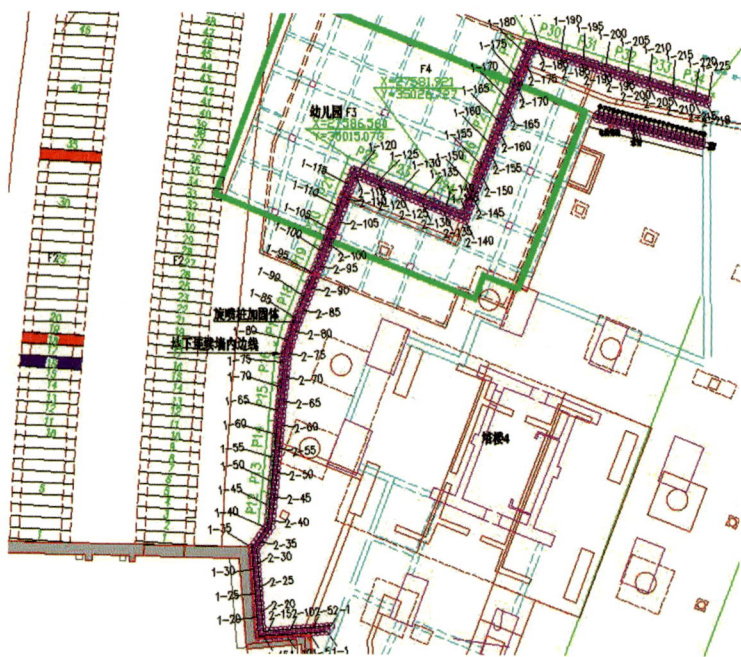

图 4 - 8　旋喷桩布置图

（2）采用自上而下分段施灌，施灌段长：第一段（地面）为 3.0m，第二段为 5.0m，第三段为 5.0m，第四段为 5.0m。

（3）采用稳定性水泥浆（性能如表 4 - 1 所示）施灌，施灌压力：第一段为 0.2MPa，第二段为 0.3 ~ 0.4MPa，第三段为 0.4 ~ 0.5MPa，第四段为 0.5 ~ 0.6MPa，待达到压力值后，结束注浆。

（4）待凝后，进行效果检查：在两孔间隔位抽取岩芯，进行压水试验，透水率为 5Lu。

表 4 – 1 稳定性水泥浆液的物理及力学性能表

（水：水泥 = 0.6 ~ 1 : 1）

项目	析水率（%）	漏斗黏度（s）	流变参数值		凝胶时间		结石强度（MPa）		结石湿容重（g/cm³）	结石干容重（g/cm³）	备注
			Ton/m	N（cp）	初凝	终凝	7天	8天			
指标	1.80	26.7	0.75	12.3	11：31	14：24	11.1	16.5	1.82	1.31	未加早强剂

3.1.2 地铁车站与建筑项目地下商场开洞门止水处理

地铁车站与建筑项目楼盘地下主体结构连接，根据商业发展需要，需与地铁站开通洞门连接，两个主体结构的连接间隙约为 30cm，由于流水量大，已严重影响连接位盾构隧道的安全使用，需对开洞门位进行长久的封水处理。处理步骤如下：

（1）搭设施工脚手架，清理嵌于主体结构内的厚泡沫板。

（2）沿空隙位中线钻孔，孔径 Φ32 ~ 42mm，孔深 1m，孔距 35 ~ 40cm。

（3）采用早强水泥埋设灌浆管，要求封闭密实。

（4）采用灌浆泵对结构间隙进行水泥砂浆（1：2.5 水泥砂浆）回填封水，灌浆压力为 0.2 ~ 0.3MPa，进行重复灌浆，直至填充饱满。

（5）待凝后凿除原封闭早强水泥，涂刷改性环氧界面剂后披上厚 3cm 水泥砂浆，中间预留为 2cm（宽）×2cm（深）的槽口。

（6）对槽口内涂刷改性环氧界面剂后，嵌入 2cm 厚的单组份聚氨酯嵌缝膏，要求压贴密实、平整。

（7）沿两结构间隙两侧连接缝钻孔，孔径 1.0cm，孔距 35cm，孔深 35 ~ 40cm，采用早强水泥埋管。

（8）进行环氧注浆，压力为 0.5 ~ 0.6MPa，以提高砂浆与主体结构砼的黏结封闭能力。

（9）安装不锈钢接水槽如图 4 – 9 所示，按 3‰ 找坡，采用铁压条压贴三元乙丙胶条 2 ~ 3 条（厚 1.2mm，宽 50mm，铁压条厚 30mm，宽 40mm），上膨胀螺丝固定（10 ~ 12mm），采用改性环氧界面剂涂刷压条和嵌缝膏封边。

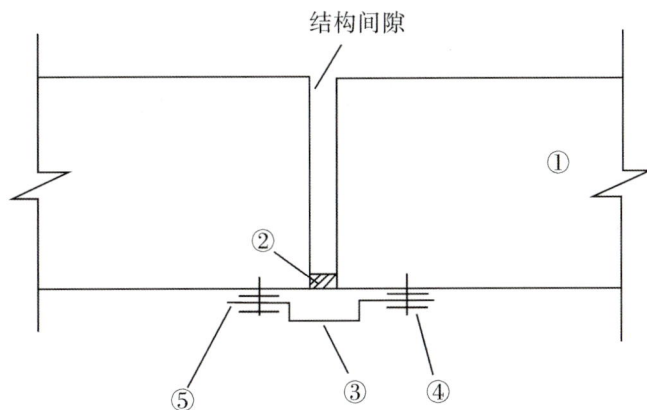

图 4 – 9 间隙止水处理示意图

注：①原砼结构。

②嵌入 2cm 厚的单组份聚氨酯嵌缝膏。

③不锈钢接水槽。

④压贴三元乙丙胶条 2 ~ 3 条（厚 1.2mm，宽 50mm）。

⑤涂刷改性环氧界面剂后，嵌缝膏封边处理。

3.2　隧道内处理方案

该区段隧道已经处于严重损伤状态，为了保证地铁的运营和乘客生命财产安全，必须对其进行加固处理，通过研究主要有以下两步加固处理措施：

第一步：隧道内管片修复，粘贴芳纶纤维布加固。

第二步：隧道内增设钢板作为隧道结构加强措施。

比选方案：隧道内增设钢拱架作为隧道结构加强措施。

根据该区段隧道病害范围段的监测数据，评估单位通过对该段隧道的受力计算分析，给出了结论和建议。结论认为该区段盾构隧道病害部分结构安全接近临界状态，裂缝宽度为 $0.31\text{mm} \leqslant w < 0.38\text{mm}$ 的管片受力钢筋已超过其强度设计值；裂缝宽度 $w \geqslant 0.38\text{mm}$ 的管片受力钢筋已屈服，椭圆度较大（$\geqslant 25‰$）的管片环的环向接头螺栓已屈服，建议对其裂缝宽度 $w \geqslant 0.31\text{mm}$ 的管片环采取加固措施，$w \geqslant 0.38\text{mm}$ 的管片环采用结构加固处理等措施。

3.2.1　管片崩块破损修复方案

（1）对管片崩块缺陷部位进行除尘处理，要求无浮尘、无颗粒。

（2）在崩块位置钻孔，固定不锈钢膨胀螺栓，崩块位置植入 2 条以上的不锈钢膨胀螺栓，需挂设钢丝网。

（3）对缺陷部位涂刷改性环氧界面剂，要求涂刷均匀、不露白。

（4）嵌入改性环氧砂浆，要求平整、密实、无空鼓，环氧砂浆固化时间不大于 1.5h。

（5）待环氧砂浆胶结凝固后，湿抹表面并进行抹光处理。

（6）饰面修复。

3.2.2　管片裂缝修复方案

（1）宽度 < 0.2mm 的裂缝处理。

①清洗砼基面，要求清理干净、无浮尘。

②对裂缝面涂刷改性环氧浆材做封闭处理。

（2）宽度 ≥ 0.2mm 的裂缝处理。

①沿裂缝钻孔，孔深 10～15cm，孔径 1.0cm，孔距 30cm。

②采用大力胶封闭缝面并埋封灌浆管，要求压贴紧密。

③沿缝涂刷改性环氧界面剂，要求涂刷均匀，采用早强水泥埋管，压填紧密。

④依孔序进行改性环氧注浆，施灌压力 0.6～0.8MPa，要求进行二次或多次重复灌浆，以确保注浆效果。

⑤如在改性环氧注浆中发现施灌不起压时，改用水灰比为 0.6～1∶1 的稳定性水泥浆进行施灌（如表 4 - 2 所示），施灌压力 0.1～0.2MPa，达到压力值后，改用改性环氧浆液进行复合灌浆。

表 4 - 2　稳定性水泥浆液的物理及力学性能表

（水∶水泥 = 0.6～1∶1）

项目	析水率（%）	漏斗黏度（s）	流变参数值		凝胶时间		结石强度（MPa）		结石湿容重（g/cm³）	结石干容重（g/cm³）	备注
			Ton/m	N（cp）	初凝	终凝	7 天	8 天			
指标	1.80	26.7	0.75	12.3	11∶31	14∶24	11.1	16.5	1.82	1.31	未加早强剂

⑥由于裂缝集中在隧道顶拱位，距接触网仅约 20cm 距离，施工前应先将接触网用彩条布或橡胶包裹封闭，充分做好保护措施后，方能进行施工，以确保接触网的安全性。

⑦如有漏水裂缝则采用嵌缝钻孔灌浆处理，即采用冲击钻打凿缝面后用改性环氧界面剂涂面后嵌入早强水泥，灌浆完毕清除注浆管及早强水泥，采用聚合物胶泥封面找平。

3.2.3　芳纶纤维布加固施工方案

在对隧道管片破损及裂缝处理完成后，依设计要求进行芳纶纤维布的粘贴，粘贴范围为：

上行线：破损病害段79m，粘贴顶拱长度3.1m，宽1.2m。

下行线：破损病害段83m，粘贴顶拱长度3.1m，宽1.2m。

（1）施工材料。

依设计要求，粘贴芳纶纤维布选用的胶黏剂为爱牢达双组份环氧胶黏剂 XD4734（A）、XD4345（B）。芳纶纤维布材料规格415g/m²，厚0.286mm。

其性能如表4-3、表4-4所示：

表4-3　芳纶纤维布性能指标

名称	项目						
	厚度（mm）	重量（g/m²）	宽度规格（cm）	抗拉强度（MPa）	弹性模量（MPa）	伸长率（%）	备注
设计指标	0.286			≥2 000	≥1.1×10^{10}	≥1.8	
杜邦 KEVLAR²	0.286	415	30	2 100	120GPa	≥1.8	

表4-4　爱牢达双组份环氧胶黏剂 XD4734（A）与 XD4345（B）性能指标

名称	项目							
	正拉黏结强度（MPa）	抗拉强度（MPa）	抗弯强度（MPa）	抗剪强度（MPa）	拉伸强度（MPa）	拉伸模量（MPa）	伸长率（%）	备注
设计指标	≥2.74	≥30	≥40	≥10				80℃高温下不衰减
XD4734 检测数据	4.2	46.5	87.2	14.3				提供80℃高温下不衰减证明
说明					70（23℃），24（60℃）	4×10^3（23℃），2.5×10^3（60℃）	3	60℃安全搬卸强度的固化时间3h，2.5h可操作时间（直径5~10cm）

注：（1）双组份A（环氧主剂）：B（固化剂）混合比例为3:1。
　　（2）垂直面流挂性，5cm原胶体不流挂。

（2）施工技术要求。

①采用打磨机对要求粘贴的管片砼表面进行打磨，要求除尘、除垢、除油、除污，表面平整，打磨后用干净毛刷对表面做除浮尘处理（露出原砼基面，清理与粘贴第二天进行）。

②依室内试验，施工处于冬季，由于粘贴胶黏剂对温度的固化时间敏感，打磨清扫干净的表面后，采用暖风机烘热［胶黏剂 XD4734（A）60℃粘贴后可搬卸时间为1.5h（固化时间）］。在对基面烘热的同时，采用磅秤称量胶黏剂。

③胶黏剂配比A组份（环氧主剂）：B组份（固化剂）为3:1，先称量A组份，后称量B组份，由B组份缓慢加入A组份，充分搅拌均匀后，进行涂刷。

④涂刷前应对粘贴面进行定位并裁减好芳纶纤维布，裁布时应充分考虑到布的搭接用料。

⑤采用灰刀将胶黏剂均匀涂布于管片已处理的基面上，并刮匀，胶料不能太厚（以免影响粘贴时间而产生掉块），要求均匀、不露白。

⑥采用灰刀将胶黏剂均匀涂刷于芳纶纤维布上，再刮匀，胶料不能太厚（以免影响粘贴时间而产生掉块），要求均匀、不露白。

⑦待胶面手指触摸干时将已涂刷的芳纶纤维布粘贴在已涂刷胶黏剂完毕的管片基面上，要求固定一边沿着划定线方向铺贴，边铺、边压、边排气，采用大灰刀或铁压刮均排气后再用滚压刀压贴紧密，要求平整，芳纶纤维布不能弯折，转角处应找平，圆弧半径应不小于20mm。

⑧芳纶纤维布邻边采用对边拼接。

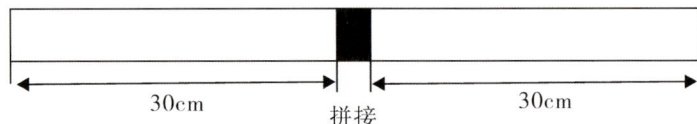

图4-10 芳纶纤维布邻边拼接方式

⑨由于施工位置在地铁运营隧道管片上，如施工当晚不能一次性完成一整块管片芳纶纤维布的粘贴时，当晚不再进行粘贴施工。

⑩施工时如遇接触网支座时，则断开芳纶纤维布；支座至当环管片拼缝段不用粘贴芳纶纤维布。

⑪粘贴芳纶纤维布如遇监测收敛钩时则划破芳纶纤维布，保留收敛钩。

⑫冬季施工应充分考虑温度对胶黏剂的流挂黏滞时间。

3.3 钢板加固方案及与钢拱架方案对比

依据管片裂缝宽度大于0.31mm或椭圆度超过25‰的统计标准，上、下行线需钢板加固的管片共有45环，其中，上行线18环，下行线27环。

3.3.1 钢板加固方案

钢板加固工程设计方案为在隧道内增设钢板作为隧道结构加强措施。钢板拼接成环，包括两个牛腿、两个侧板、一个顶板。两个牛腿之间采用刚拉条连接，钢板与隧道管片之间注刚性环氧树脂填充。钢板加固效果图如图4-11所示：

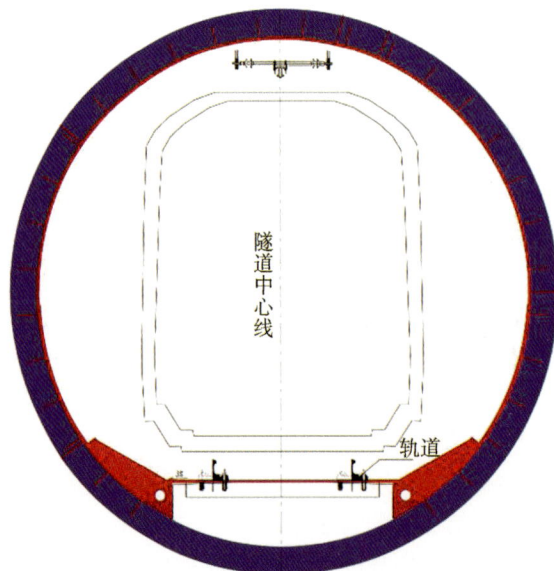

图4-11 钢板加固效果图

工程材料及拼装要求：

（1）钢板材料：Q345 钢材，规格为 20mm；焊条采用 E50 系列焊条。

（2）螺栓：锚入混凝土管片中的螺栓 M16 应采用适用于开裂混凝土的特种螺栓。

（3）刚性环氧树脂粘贴剂：干混凝土黏合强度为 $6.0N/mm^2$；湿混凝土黏合强度为 $3.6N/mm^2$；抗压强度不小于 90MPa；抗拉强度不小于 60MPa；断裂延伸率小于 10%；黏度（25℃）为 $75MPa \cdot s$。要求刚性环氧树脂浆液凝固后无收缩，对管片与钢板间缝隙达到良好的填充，无空鼓。

加固施工步骤：

（1）断面测量、场地准备以及加固环上设备调查，如图 4-12 所示。

（2）钢板加工及洞外模拟试拼装，如图 4-13 所示。

（3）凿除道床水沟处砼结构，如图 4-14 所示。

（4）在需拆除电缆支架两侧增设加强钢支架拆除电缆支架且当日恢复电缆，如图 4-15 所示。

（5）两侧对称施工钢牛腿，用螺栓锚固，如图 4-16 所示。

（6）两侧对称施工侧壁钢板、封顶块钢板，并在钢板壁后压注刚性环氧树脂填充，如图 4-17 所示。

（7）恢复道床及电缆支架，架设监测点，如图 4-18 所示。

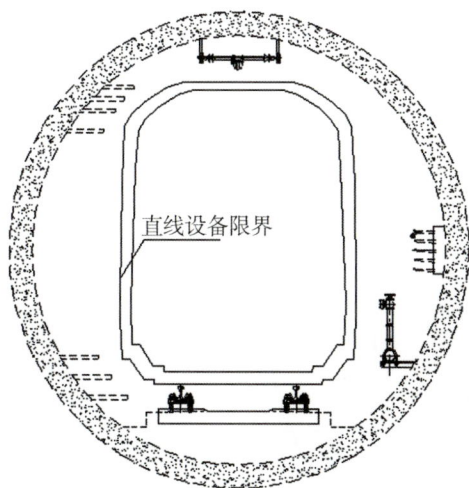

图4-12 断面测量、场地准备以及加固环上设备调查

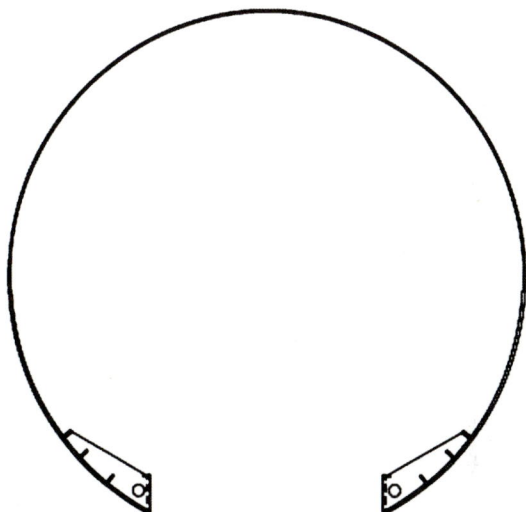

图4-13 钢板加工及洞外模拟试拼装

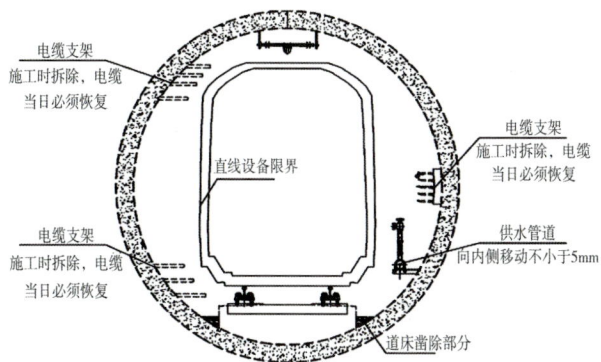

图4-14 凿除道床水沟处砼结构

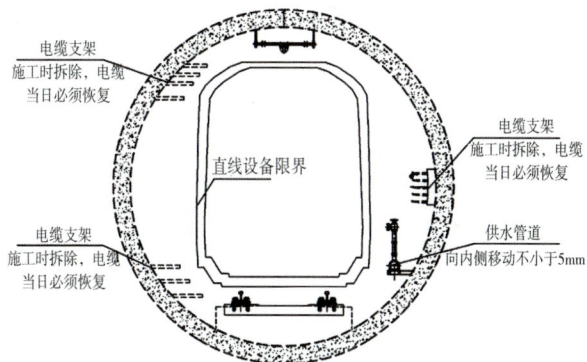

图4-15 在需拆除电缆支架两侧增设加强钢支架拆除电缆支架且当日恢复电缆

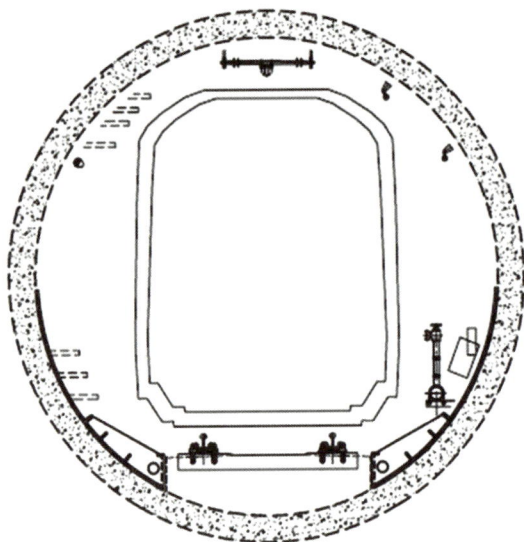

图 4-16 两侧对称施工钢牛腿，用螺栓锚固

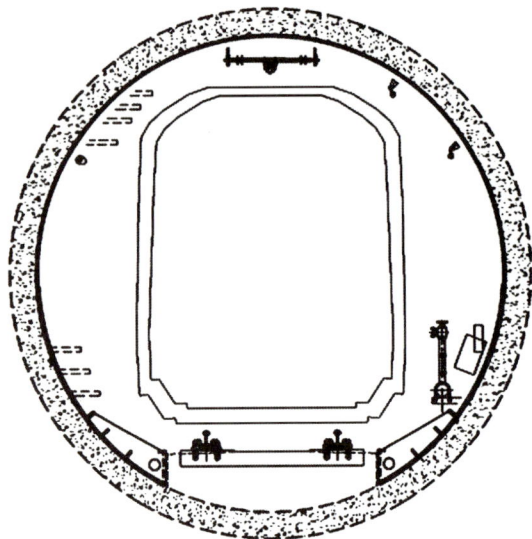

图 4-17 两侧对称施工侧壁钢板、封顶块钢板，并在钢板壁后压注刚性环氧树脂填充

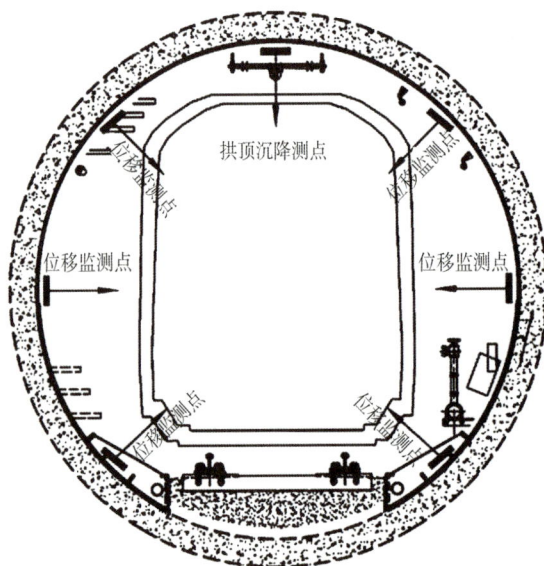

图 4-18 恢复道床及电缆支架，架设监测点

3.3.2 钢拱架方案

钢拱架加固方式与钢板加固方式相同，不同之处在于钢拱架与钢板的结构特征，情况如下。

工程材料及拼装要求：

（1）钢板材料：Q345 钢材，规格为 14mm 和 20mm。

（2）螺栓：M26 以上为高强螺栓，锚入混凝土管片中的螺栓 M24 应采用适用于开裂混凝土特种螺栓。

（3）刚性环氧树脂粘贴剂：干混凝土黏合强度为 6.0N/mm^2；湿混凝土黏合强度为 3.6N/mm^2；抗压强度不小于 90MPa；抗拉强度不小于 60MPa；断裂延伸率小于 10%；黏度（25℃）75MPa·s。要求环氧树脂注浆凝固后无收缩，对管片与钢板间缝隙达到良好的填充，无空鼓。

加固施工步骤：

（1）断面测量、场地准备以及加固环上设备调查，如图 4-19 所示。

（2）钢拱架加工及洞外模拟试拼装，如图4-20所示。

（3）凿除道床处砼结构，如图4-21所示。

（4）在需拆除电缆支架两侧增设加强钢支架，拆除电缆支架且当日恢复电缆，如图4-22所示。

（5）两侧对称施工钢拱架、封顶，如图4-23所示。

（6）在钢拱架及管片上布设监测点，如图4-24所示。

（7）恢复道床及电缆支架，如图4-25所示。

（8）根据监测结果，确定是否注浆加固。

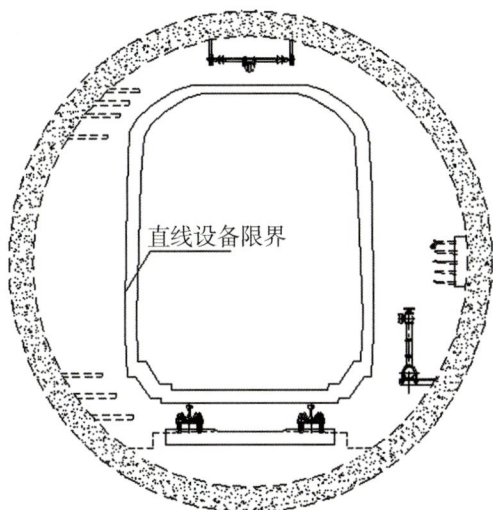

图4-19　断面测量、场地准备以及加固环上设备调查

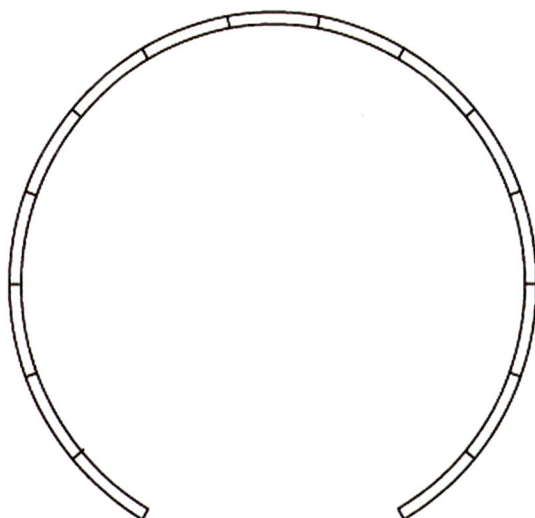

图4-20　钢拱架加工及洞外模拟试拼装

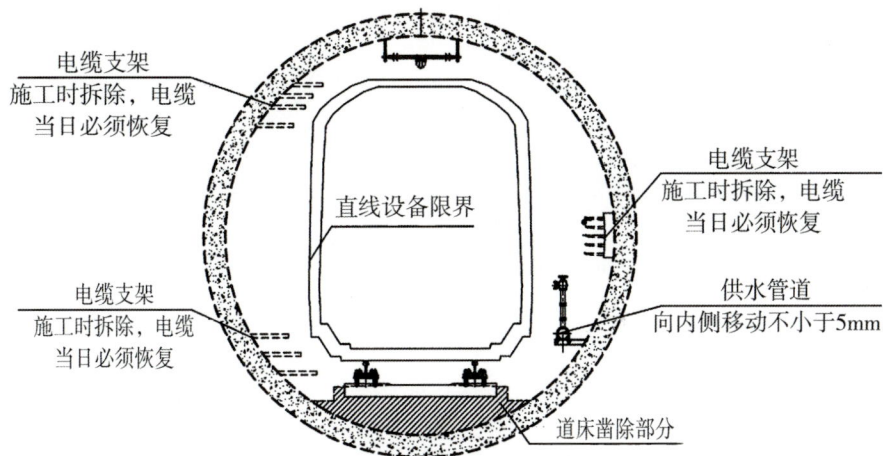

图4-21　凿除道床处砼结构

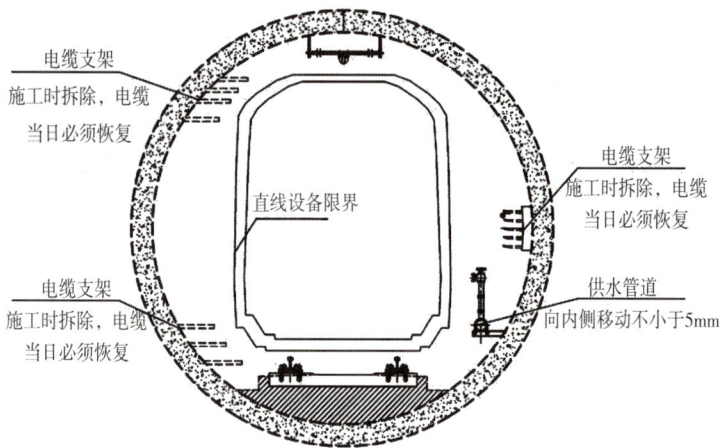

图 4 - 22　在需拆除电缆支架两侧增设加强钢支架，
拆除电缆支架且当日恢复电缆

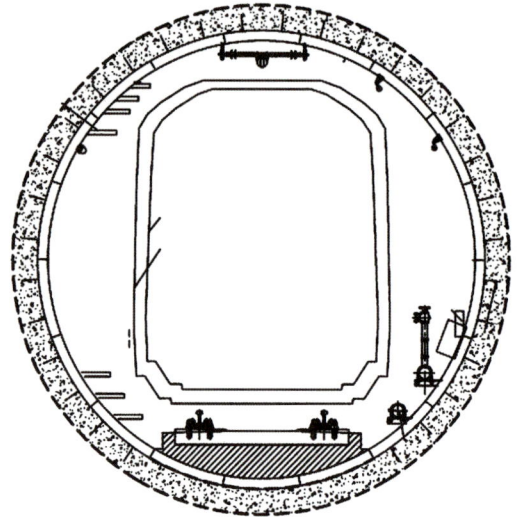

图 4 - 23　两侧对称施工钢拱架、封顶

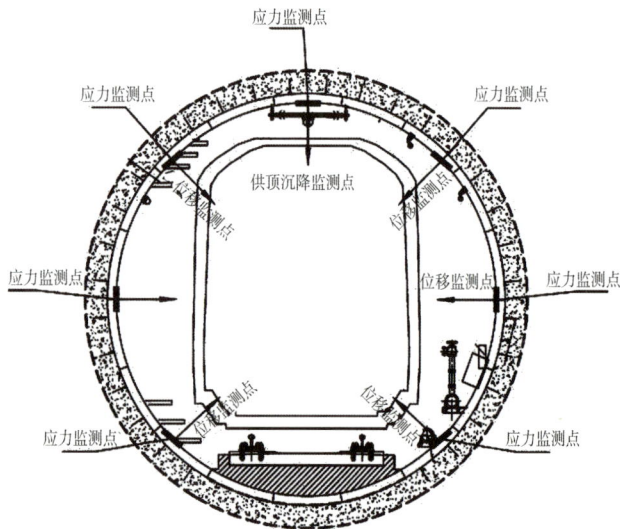

图 4 - 24　在钢拱架及管片上布设监测点

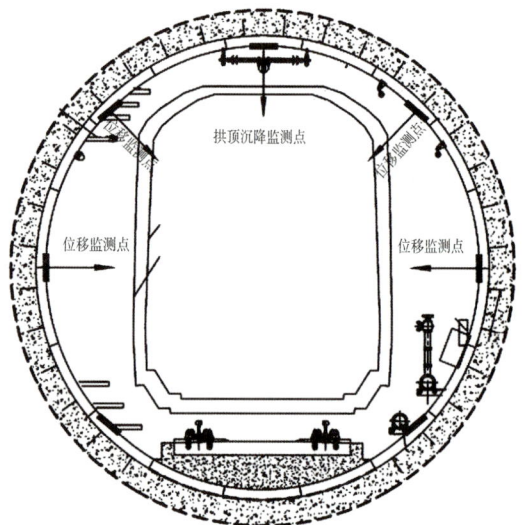

图 4 - 25　恢复道床及电缆支架

3.3.3　方案对比分析

（1）钢拱架内径与外径差为100mm，钢板内径与外径差为20mm，钢拱架厚度远大于钢板厚度，占用更多隧道净空。

（2）钢拱架间采用高强螺栓连接，然后焊接钢拱架间的钢肋板，钢拱架与管片接触面积小于钢板与管片受力面积，钢板受力较为均匀，力的传递较分散，整体稳定性较好。

（3）目前，国内隧道尚未使用钢拱架加固的先例，而采用钢板加固的隧道已有不少，钢板加固的施工技术较为成熟。

综合以上三点，经过决策，我们决定采用钢板加固方案进行处理。

4. 钢板加固现场实施

4.1 钢板加固施工主要流程

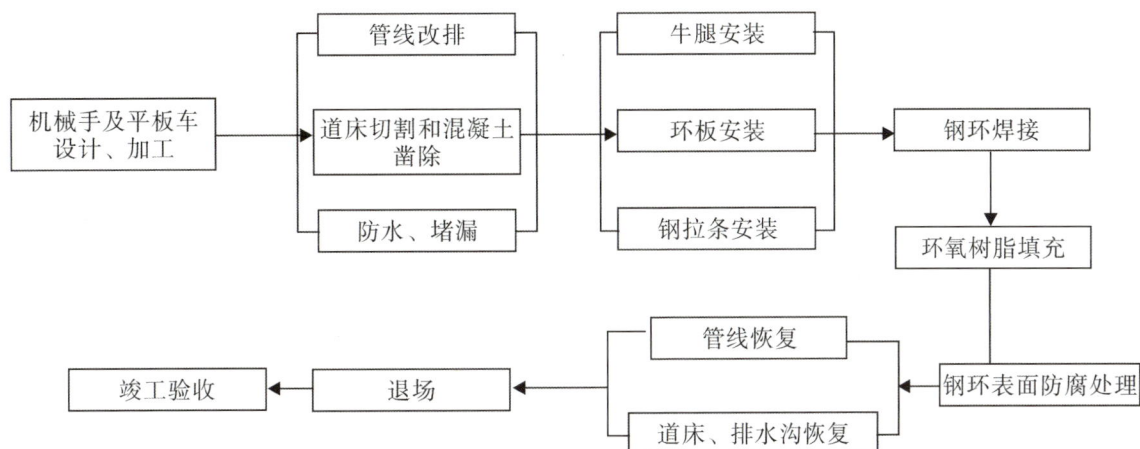

```
机械手及平板车          管线改排              牛腿安装
设计、加工      →     道床切割和混凝土   →   环板安装      →   钢环焊接
                      凿除                  钢拉条安装          ↓
                      防水、堵漏                              环氧树脂填充
                                                               ↓
竣工验收   ←   退场   ←   管线恢复                          钢环表面防腐处理
                          道床、排水沟恢复   ←────────────────┘
```

图 4 - 26　钢板加固施工主要流程图

4.1.1 机械手及平板车设计、加工工作

图 4 - 27　机械手及平板车设计、加工现场

4.1.2 隧道内管线改排工作

施工前将施工范围内有影响的管线（主要包括接触网、变电控制器、通信电缆、信号电缆、机电照明电缆、消防、环境监控等专业的管线）进行临时改排，以具备安装钢环的条件，在施工完成后进行恢复。

（1）弱电侧电缆及设备的迁改。

弱电侧设备包括通信电缆、光缆、漏缆，信号电缆、PIDS 设备箱、接触网杂散电流收集装置等；按照设计要求，钢板加固前，将民用通信漏缆、寻呼漏缆用漏缆吊夹拆除，迁移到下方电缆支架上；将电缆支架 4、5 层的信号电缆迁移到电缆支架的 2、3 层，与通信线缆暂时绑扎在一起；将有影响的 PIDS 设备箱、接触网杂散电流收集装置临时迁移到相邻管片上。

（2）强电侧电缆及设备的迁改。

强电侧设备包括 33KV 电压、变电控制器、机电照明电缆、隧道电源等；按照设计要求将支架 4、5 层上的电缆迁移到支架的 2、3 层上，将机电照明电缆迁移到支架上，同时保证距隧道壁有 150mm 的钢板加固空间；待钢板加固后原位恢复；对于强电侧设备有影响的电源箱进行临时拆除，待钢板加固后进行原位恢复。

（3）接触网的迁改。

接触网的迁改包括架空地线的架设、腕臂定位的迁移、馈线绝缘子的迁移、接触网的调整等。在改造范围内，架设一条架空地线，新架设地线与隧道壁保证 150mm 的间距；对于有影响的腕臂定位迁移到下一环，同时对施工区域内的接触网进行调整，以达到设计要求；对于有影响的馈线绝缘子迁移到无钢板的隧道壁上；对于新加固的钢板进行防迷流安装。另外，为保证以后接触网柔改刚工程的顺利进行，在钢板加固后，加固区域内进行刚性接触网的预安装。

4.1.3　道床的切割和混凝土凿除工作

对道床切割、混凝土凿除等质量控制，道床切割、混凝土凿除等工作在管片预处理和管线改排过程中穿插完成，道床切割前要求施工单位先弹线后切割，以确保切割位置准确。

图 4-28　道床的切割

图 4-29　混凝土的凿除

4.1.4　管片防水、堵漏工作

要求施工单位对管片（包括钢环安装位置和前后节点环）进行环、纵缝封堵和缝内注浆预处理（采用环氧树脂），用手动砂轮机对施工范围内管片的环、纵缝预先进行除尘处理，保证环氧树脂与管片黏结牢固，使管片与钢板形成一个整体受力体。

图4-30　环、纵缝封堵和缝内注浆

4.1.5　钢环的放样、加工、制作以及安装工作

钢环共分为5块，底部两块牛腿和上部三块环板。对于钢环分块情况需考虑安装现场的实际情况，焊接位置要尽量避开管线支架、接触网。同时，保证放样的精确度、注浆孔的预留与管片注浆口吻合。现场安装前复核钢板几何尺寸，每块钢环安装后需进行全面的检查，主要检查管片与钢环之间的间隙、牛腿与道床之间的间隙、钢环与管片连接的螺栓个数及锚固深度、钢环居中的偏差、焊缝的饱满程度等。对于现场已安装的钢环，全面检查符合设计及相关要求后方能进入下一道工序。

在钢环安装过程中，发现有个别的钢环顶板在安装过程中有超长的现象。经分析、讨论后得出顶板超长的主要原因是安装侧板及牛腿过程时产生施工误差的累计效应。为减少安装误差，在安装钢环的前一晚，均须重新复核其尺寸及注浆孔的预留是否符合现场实际安装情况的要求，如有需要修正的必须在场外工棚内修割好才运到现场安装，不允许在施工现场进行切割修正。

图4-31　钢环安装

4.1.6　钢拉条安装工作

钢拉条的安装在牛腿支架并在侧板、顶板施工完成后进行，并按设计要求焊接 2 条钢拉条。全部安装完成后进行钢圈支撑成环的焊接，未安装钢拉条的钢圈不得提前进行环氧树脂的压注工作。

4.1.7　钢环与管片之间间隙的环氧树脂填充工作

钢环与管片之间的间隙采用环氧树脂压注填充，包括环氧胶泥封边和环氧压注。环氧压注过程中，压注压力严格按设计要求控制在 0.1~0.2MPa 范围内，压注顺序要求从下往上，待上一个注浆孔位冒出浆液为止方可移至下一注浆孔位进行压注。

图 4-32　钢环壁后环氧树脂压注

4.1.8　钢环表面防腐处理工作

在涂刷防腐漆之前，要求施工单位将钢板表面防腐漆存在空鼓的位置割掉，并用手动砂轮机将钢板表面打磨干净。

4.1.9　道床、排水沟和管线恢复工作

钢板牛腿排水孔底部和道床积水沟均采用 C30 细石混凝土进行恢复，水泥∶砂∶碎石 =378∶734∶1 014，水灰比为 0.47。在施工过程中注意控制道床积水沟的坡度，排水顺畅，恢复管线。

4.2　现场监测

为了能随时掌握隧道内外部整治过程中地面建筑物沉降、地下水位变化、隧道变形、钢板受力情况，从而指导施工。在隧道整治过程中对地表及上方建筑物沉降、地面加固区地下水位、芳纶纤维布与地铁连接处出水量、隧道断面变形、裂缝宽度、管片环缝宽度及管片环缝错台高差、结构收敛、钢板环应力、钢板环拱顶沉降等项目进行监测。

在施工过程中和施工完成后，隧道各监测数据稳定、各专业设备设施的运行状况良好。

5.　小　结

5.1　施工重难点小结

本工程是在隧道运营期间实施的，施工过程中各单位、各专业交叉作业，需协调的工作多，施工难

度高，且作业时间短、要求高。如何在保障地铁安全运营的同时确保工程的安全可控是该工程成败与否的关键，这也给项目的管理工作带来了很大困难。

为此，施工期间桥隧、接触网、轨道、变电、环控、通信、信号等安排专业技术人员全程跟踪配合。实施期间每周定期召开监测例会和不定期召开专题协调会议，对已出现问题和预想将会存在的疑难点及时协调解决，并对挂地线方式进行优化，采用"移动挂地线"方式，解决单次作业时间短的问题。同时，主办部门现场配合人员每天将施工完成内容、施工安全质量情况及需要协调解决的问题形成日简报，每周汇总形成周报，每月形成月报送至相关部门，使得上级协调决策与现场实施的上传下达通路顺畅，及时纠偏，调整动态。其中可以将"移动挂地线"的方式推广至需要长时间作业的地铁运营中。

5.2　施工完成后的效果

隧道钢板加固施工顺利通过竣工验收，标志盾构管片变形开裂整治工作顺利完成，隧道恢复良好的工作状态。基于该段隧道加固工作已完毕，隧道各项监测情况稳定，现场检查结构问题无发展，开始逐步提高运行速度，首先提升至45km/h进行试运行。

针对该区段隧道大修加固处理后的特点，技术人员通过制定专门的检修规程对该区段隧道进行巡检。经三个月的试运行，隧道各监测数据稳定、各专业设备设施的运行状况良好，后该区段恢复正常的运行速度。

恢复正常运行速度以来，监测参数呈稳定状况、现场检查隧道结构问题无发展，各专业设备设施的运行状况良好，隧道恢复正常使用状态。

鉴于隧道结构受力状态复杂，为掌握隧道的实时变化状况，后续需继续对钢板进行收敛监测，按规程要求加强检查，以确保隧道运营安全。

第三节　结构裂缝病害

运营线路土建结构设施中，桥梁、隧道占据主要部分。桥梁一般指架设在江河湖海上，使车辆行人等能顺利通行的构筑物。桥梁一般由上部结构、下部结构、支座和附属构造物组成。上部结构又称桥跨结构，是跨越障碍的主要结构；下部结构包括桥台、桥墩和基础；支座为桥跨结构与桥墩或桥台的支承处所设置的传力装置；附属构造物则指桥头搭板、锥形护坡、护岸、导流工程等。桥梁按照受力特点划分，有梁式桥、拱式桥、刚架桥、悬索桥、组合体系桥（斜拉桥）五种基本类型。按承重构件受力情况，可分为梁桥、板桥、拱桥、钢结构桥、吊桥、组合体系桥（斜拉桥、悬索桥）。

隧道是指在既有的建筑或土石结构中修建的通道，地铁隧道属于供地铁列车通行的城市地下隧道。从结构类型上分类，目前国内城市轨道交通地铁隧道主要有盾构隧道、明挖隧道、暗挖隧道及沉管隧道。

一、结构裂缝病害原因分析

国内城市轨道交通管辖的桥梁、隧道结构主要采用钢筋混凝土材料建设而成。在桥梁、隧道结构设施运营维护过程中，随着运营服役时间的增长及前期设计、施工等方面的综合影响，桥梁、隧道钢筋混凝土构件局部会产生裂缝。混凝土产生裂缝的机理是混凝土中拉应力大于其抗拉强度或拉应变大于其极限拉应变。

1. 城市轨道交通桥梁中裂缝产生的原因

（1）荷载裂缝。

荷载裂缝是混凝土桥梁在静、动荷载及次应力作用下产生的裂缝，主要分为直接应力裂缝和次应力裂缝。

（2）温度变化引起裂缝。

在外界温度发生变化时，桥梁产生裂缝的一个原因是混凝土内部与外部温度变化不一致导致变形不一致而产生裂缝。另一个原因是若混凝土在变形的时候受到约束，则在结构内部产生温度应力，当温度应力大于混凝土抗拉强度时便会产生裂缝。

（3）收缩引起裂缝。

混凝土常因收缩引起裂缝。其中混凝土的塑形收缩和缩水收缩是引起混凝土体积变形的主要原因，另外还有自身收缩和碳化收缩。

（4）地基基础变形引起的裂缝。

由于基础竖向不均匀沉降或水平方向位移，使结构中产生附加应力，超出混凝土结构的抗拉能力，导致结构开裂。基础不均匀沉降的主要原因有：地质勘查精度不够、试验资料不准、地基地质差异太大、结构基础类型差别大、地基冻胀等。其中没有充分掌握地质情况就设计、施工是造成不均匀沉降的主要原因。

（5）钢筋腐蚀引起的裂缝。

由于混凝土质量较差或保护层厚度不足，混凝土保护层受二氧化碳侵蚀碳化至钢筋表面，钢筋表面氧化膜破坏后在氧气、水分的作用下发生锈蚀反应。锈蚀物的体积增大从而对周围混凝土产生膨胀应力，导致保护层混凝土开裂、剥离，沿钢筋纵向产生裂缝。

2. 隧道结构裂缝病害

根据隧道结构类型及施工工艺的不同，隧道结构裂缝产生的原因也有所不同。

（1）温度裂纹成因分析。

表面温度裂纹，多是因温差较大引起的。混凝土结构构件，特别是隧道大体积混凝土基础浇筑后，在硬化期间水泥放出大量的水化热，内部温度不断升高，使混凝土表面和内部温差较大。当温度产生非均匀的降温差时，将导致混凝土表面急剧的温度变化，产生较大的降温收缩，此时表面受内部混凝土的约束，将产生很大的拉应力，而混凝土早期抗拉强度较低，因而出现裂缝，但这种温差仅在表面处较大，离开表面就很快减弱，因此，裂缝只在接近表面较浅的范围内出现，表层以下的结构仍保持完整。

（2）施工缝裂纹成因分析。

混凝土分层或分段浇筑时，接头位置处理不好，在新旧混凝土的施工缝之间出现裂缝。在新旧混凝土接触面若未控制好每台车止水带处混凝土面线性，很容易出现不规则性裂纹，所以说在施工二衬每台车混凝土时，需事先加固好封堵面模板，以免在大体积混凝土浇筑时，由于压力较大，造成模板变形，而最终导致施工缝线性不规则，影响整体观感度。

（3）沉降缝裂纹成因分析。

由于基础竖向不均匀沉降或水平方向位移，使结构物中产生附加应力，超过结构物的抵抗能力，导致整个结构开裂。①地基不均匀沉降。地基地质差别较大，由上部荷载对地基土产生较大压力时，地基由于压缩性能不同引起不均匀沉降。②结构荷载差异太大。在地质情况较均匀的情况下，各部分基础荷载差异太大时，也可能引起不均匀沉降。③新旧砼之间引起的不均匀沉降。

二、结构裂缝病害影响

裂缝属于结构破坏的根源。当钢筋混凝土构件出现裂缝时，外部的水分、空气、有害离子等会通过裂缝渗入结构内部，造成内部钢筋锈蚀、膨胀，一定程度上影响结构耐久性及使用性。病害若得不到及时处置，进一步发展的话更可能造成结构塌陷。

三、结构裂缝病害整治措施

工程上，按照钢筋混凝土构件裂缝产生的原因，会采用不同的整治措施。

对于桥梁结构裂缝，整治方案需根据裂缝（病害）发生部位、产生原因等情况综合分析制定。通常，桥梁上部结构的加固方法主要包括增大截面法、粘贴钢板法、粘贴纤维复合材料法、体外预应力法、改变结构体系加固法等。对于基础的加固方法主要包括扩大基础加固法、增补桩基加固法和顶推调整拱桥拱脚水平位移法等。桥梁耐久性病害的修复和附属构件的维修主要包括混凝土破损修复、裂缝修补，支座和伸缩装置更换等。有时，上述方法可能结合进行。

对于隧道结构而言，结构表面裂缝或宽度较小的裂缝（小于规范允许值），通常采用表面封闭的方式进行处理，以保证其结构耐久性；裂缝宽度超过规范容许值的，通常采用注浆补强的方式进行修复。另外，对于裂缝密集，同时伴随有结构掉块的病害，常采用粘贴碳纤维、芳纶纤维布的方式进行补强修复。

四、结构裂缝病害预防措施

从土建结构设施运营维护管理经验来看，减少或避免结构产生裂缝的有效手段，主要是在设计及施工阶段，运营维护阶段主要通过日常巡视、检测等手段掌握结构的实际运行状态，做到及时发现结构缺陷，并及时采取措施避免其继续发展、恶化。

1. 设计阶段

充分考虑结构荷载、钢筋（预应力筋）配筋（分部钢筋、构造钢筋）、保护层设置及后期可能位移变形等影响因素，从根本上遏制受力不合理所产生的结构缺陷。另外，综合考虑养护维修的便利，设置必要的检修平台、防撞等设施。

2. 施工阶段

严格按照设计图纸进行施工，选用材料、工艺严格按照要求，如实做好各项工程实施记录，确保工程施工质量。

3. 运营维护阶段

需对桥梁、隧道设备进行系统性维护，以使其满足预定运行功能、状态。维护手段包含定期人工检查、定期的结构状态健康监测。其中，人工检查的项目包含结构渗漏水、水质、结构裂损等；定期的结构状态健康监测项目包含隧道沉降、水平位移、断面收敛、桥梁墩台沉降、梁体挠度、倾斜、水下基础摸探、河床断面测量等。具体建议措施如下：

（1）结构裂缝的定期检查，检查内容包含衬砌开裂情况，是否存在压溃、错台、张裂现象，并使用钢尺、比尺、折尺等工具检查记录宽度 0.3mm 以上的结构裂缝的分布、位置、走向、宽度及深度。若出现下列情况，应做出标记。一是裂缝长度大于等于 1.5m、宽度大于 0.3mm。二是对衬砌贯通裂缝或发展变化的裂缝，应分析原因。三是使用裂缝测量计、设置标点等方法对其发展变化情况进行监测，并记录各次观测结果。每隔一个月进行一次复查，当裂缝宽度达到 0.5mm 以上，压溃面积达到 1m^2 以上，掉块厚度达到 10mm 以上时应进行专项检查查明原因，及时处理。

（2）隧道、桥梁结构常规健康监测，监测项目应包含隧道沉降、隧道结构断面收敛、桥梁墩台沉降、梁体挠度，并结合土建结构特点，设置一定的监测预警值。监测项目、频率、容许值建议如下：

隧道沉降：每年 2 次，单次监测变化值 ≤ ±5mm，累计监测变化值 ≤ ±10mm。

断面收敛：每 3 年一次，单次监测变化值 ≤ ±5mm，累计监测变化值 ≤ ±10mm。

梁体挠度监测：每年 2 次。梁体不大于 30m 时，跨中竖向挠度警戒值为限值（L/2 000）的 1/5；梁体大于 30m 时，跨中竖向挠度警戒值为限值（L/1 500）的 1/5。

桥墩沉降监测：每年 2 次，累积观测数据相邻桥墩沉降差 ≤ ±15mm。

桥墩垂直测量：对高度超过 20m 的桥墩，每 2 年一次，竖直度 ≤0.3% 且墩顶偏移量 ≤20mm。

（3）定期检测项目，包含河床断面测量、水下基础摸探等。实施方式：河床断面测量：每年对跨越江河的大桥（多孔跨径总长 1 000m ≥ L ≥100m，单孔跨径 150m ≥ L_k ≥40m）及其他需了解墩台基础冲刷、河床变化、河道变迁等情况的桥梁，进行河床断面测量；测量时间为每年至少一次，原则上每年汛期结束后测量。

水下基础摸探：每 5 年对跨河大桥的深水基础（桥址处最低水位水深大于 2m）进行水下探摸。检查水下墩台在水位涨落、干湿交替变化处有无冲刷磨损、颈缩、露筋，是否受到污水、咸水或生物的腐蚀。若桥梁所处环境存在加快基础技术状况恶化的情况，如水流湍急、河床下切快、基础埋深浅、水质腐蚀强、所处河段采砂等，检查周期可定为 3 年以内。

另外，运营维护部门可积极探索、研究土建结构维护管理新型技术，引入桥梁健康监测系统、船舶超高撞桥警示监测系统、裂缝自动检测系统等，有效提高、预防结构病害的产生、发展。

五、结构裂缝病害整治应用案例

案例 5　桥墩承台开裂整治案例

案例 6　山体暗挖隧道衬砌结构裂缝整治案例

1. 事件概况

运营维修人员通过桥梁结构日常状态巡检发现，运营线路某大桥桥墩承台出现裂缝，裂缝沿桥墩四周分布且在承台顶、侧面基本连通，裂缝形态较复杂。通过测量，最大缝宽近5mm。从现场裂缝走向，初步判断裂缝已深入承台结构内部。现场情况如图5-1、图5-2、图5-3、图5-4、图5-5所示。

图5-1　承台东面裂缝分布情况

图5-2　承台西面裂缝分布情况

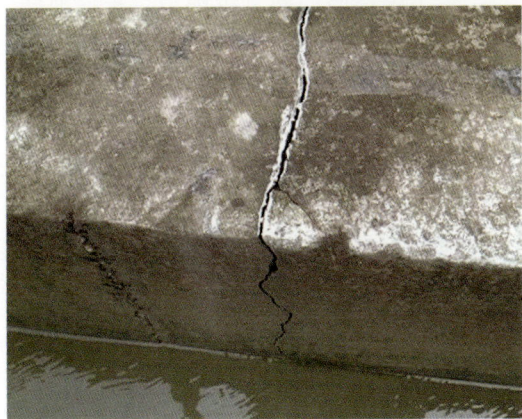

图5-3　承台表面与侧面裂缝连通

图5-4　用3mm铁丝插入裂缝内部

图 5 - 5　承台侧面裂缝情况

2. 原因分析

2.1　大桥整体情况调查、分析

2.1.1　外部环境条件

该大桥跨越国内内河高等级水道，水面宽度约为 430m，属于国内内河高等级航道，是通航净空要求为 110m×18m 的双孔通航。大桥东侧为下游，西侧为上游，来往船只较多。

该水道径流水量年内分配不均匀，汛期为 4~9 月，最大径流量一般出现在 5 月或 6 月。另外，该水道为感潮河流，潮汐类型为不规则半日潮，每天基本上有两涨两落，往复十分明显，当天潮差一般为 1.2~2.5m，年平均潮差约为 1.5m。在常水位时承台顶露出水面约 1.5m，在最低通航水位时承台底不露出水面，承台底至河床设置了水泥、沙作为外包层，使船舶不直接撞击桩身。

桥址处河床上覆层为厚度 18~23m 的淤泥，其下为中粗沙和卵石层，厚度约 12m，下伏基层岩为强—微风化的泥岩。

2.1.2　大桥桥墩设计和施工资料概述

该大桥结构形式为 70m+120m+120m+70m 的四跨一联连续刚构桥，桥长 380m，桥墩共 5 个，自北向南桥墩编号依次为 X1 号、X2 号、X3 号、X4 号和 X5 号。其中，X2 号、X3 号和 X4 号三个桥墩为水中主墩，均采用高桩承台。X2 号至 X3 号桥跨和 X3 号至 X4 号桥跨为单向单孔通航桥跨。发现 X2 号桥墩承台开裂时大桥已服役多年。

X2 号桥墩的承台设计尺寸为 13.6m×9.1m×4m，桩基础采用 6 根 Φ2.2m 的钻孔桩，按柱桩设计，嵌入厚度为 4.4m 的微风化岩。主墩墩身采用 5.7m×2.5m 板式墩面，墩高约 18m。主墩构造图如图 5-6 所示。

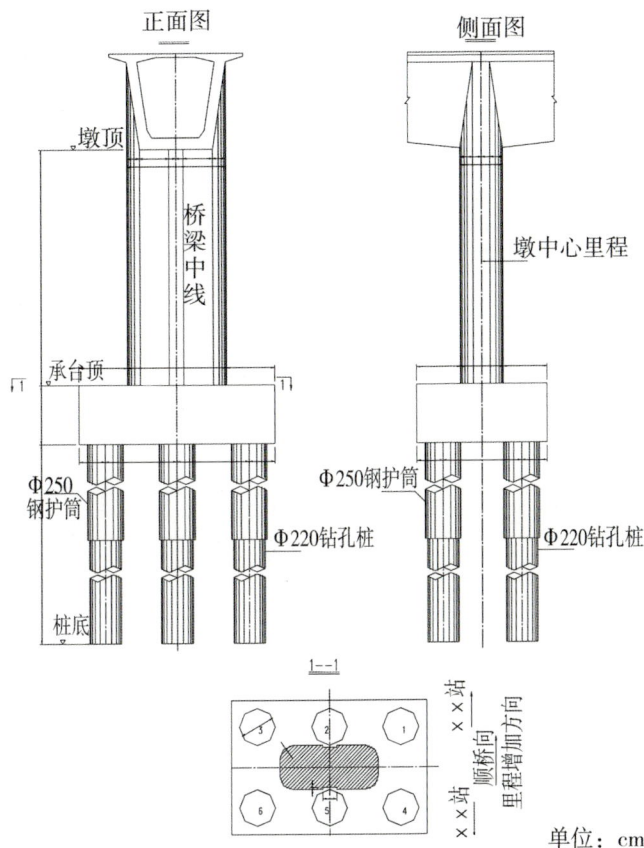

图 5-6　大桥主墩构造图

该大桥桩基设计混凝土强度等级为 C30，承台设计混凝土强度等级为 C40，墩身设计混凝土强度等级为 C40，梁体设计混凝土等级为 C50。桩基完工后其桩径、桩长和混凝土强度等指标经检测单位检测确认合格。

主墩承台钢筋设计要求为：承台底层受力钢筋为 Φ28mm，面筋为 Φ12mm，间距为 15cm，钢筋保护层厚度为 5cm。墩身受力钢筋为 Φ32mm，预埋至承台的锚固长度为 1.3m。

承台施工程序为：拼装钢吊箱→下沉钢吊箱→浇封底砼→割除钢护筒→钢筋及冷却管安装→承台砼浇筑→砼养护→钢吊箱拆除。X2 号桥墩承台在秋季进行混凝土浇筑施工，浇筑时间持续约 20h，期间因混凝土搅拌站供料运送停滞导致作业中断约 3h，在新、旧浇筑面形成施工冷缝。浇筑混凝土用量 495m³，使用 C40 商品混凝土。

从该大桥第三方检测结果来看，大桥施工质量良好，强度、竖横向刚度、校验系数等性能指标均满足设计及规范要求。

2.1.3　现场裂缝分布情况

经现场详细勘察，X2 号桥墩承台顶面分布的裂缝共 31 条，最大缝宽为 4.49mm，最大宽度值处于 1~2mm 的裂缝有 8 条，处于 2~3mm 的裂缝有 9 条，大于 4mm 的裂缝有 2 条（均位于东北角），其余小于 1mm。从分布特点上看，墩柱外围 1~2m 范围首先出现一周环状裂缝，多条放射状裂缝再以环状裂缝为起点向外延伸至承台边缘。承台东北角和西南角较为密集，且缝宽较大。裂缝分布与桩基位置无明显关联。

四个侧面共分布裂缝 31 条，其中竖向裂缝 25 条，水平裂缝 6 条。侧面竖向裂缝中有 16 条与顶面裂缝连通。侧面水平裂缝主要集中在承台顶面以下 1.7~1.8m 处，绕承台侧面一周。未与顶面裂缝连通的竖向裂缝多数以水平裂缝为起点向下延伸至承台底面。

X2 号承台裂缝分布展开图如图 5-7 所示。

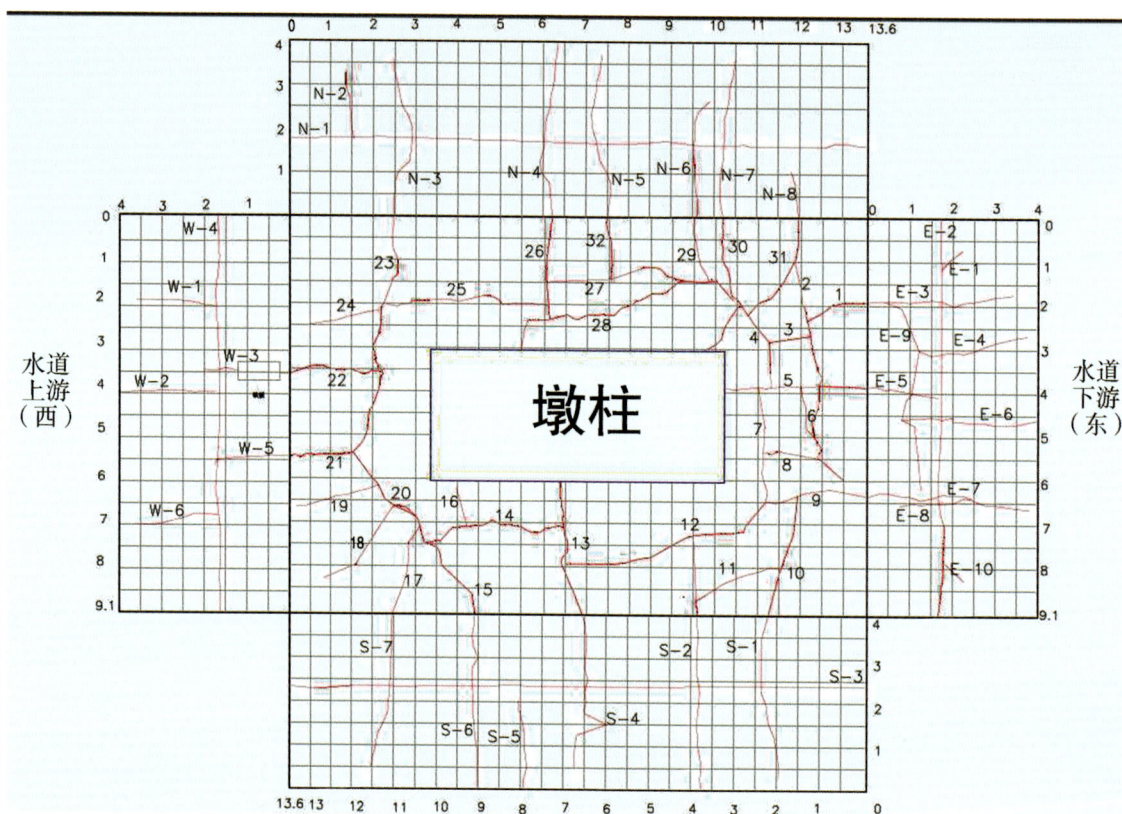

图 5 - 7　大桥 X2 号承台裂缝分布展开图

2.1.4　桥墩监测情况分析

（1）桥墩沉降观测。

大桥桥墩历年沉降监测数据如表 5 - 1 所示：

表 5 - 1　大桥桥墩历年沉降监测数据表

（单位：mm）

桥墩编号	点号	第一年		第二年		第三年		第四年		第五年		第六年		第七年	
		本次	累计	本次	累计	本次	累计	本次	累计	本次	累计	本次	累计	本次	累计
X1 号	3 - 1	1.28	1.28	0.55	1.39	1.39	2.53	1.39	3.92	0.64	4.56	1.42	5.98	−0.19	5.79
	3 - 2	−1.00	−1.00	1.41	0.65	0.65	2.06	0.65	2.71	2.46	5.17	−0.95	4.22	0.85	5.07
X2 号	4 - 1	−0.29	−0.29	−1.20	−0.64	−0.64	0.28	−0.64	−0.36	1.41	1.05	−1.53	−0.48	0.63	0.15
	4 - 2	−0.95	−0.95	−0.91	−1.45	−1.45	0.95	−1.45	−0.50	1.83	1.33	−1.57	−0.24	0.76	0.52
X3 号	5 - 1	−4.92	−4.92	0.83	−1.65	−1.65	−2.17	−1.65	−3.82	1.51	−2.31	−2.42	−4.73	0.74	−3.99
	5 - 2	−1.66	−1.66	−1.73	−2.44	−2.44	−1.83	−2.44	−2.70	1.96	−0.74	−2.83	−3.57	0.71	−2.86
X4 号	6 - 1	−5.15	−5.15	1.15	−1.39	−1.39	−1.26	−1.39	−3.22	0.98	−2.24	−2.09	−4.33	0.50	−3.83
	6 - 2	−2.06	−2.06	1.68	−2.06	−2.06	−1.69	−2.06	−3.75	1.04	−2.71	−2.42	−5.13	0.39	−4.74
X5 号	7 - 1	−0.13	−0.13	−0.21	0.76	0.76	−0.14	0.76	0.62	−0.14	0.48	0.08	0.56		
	7 - 2	0.12	0.12	−0.13	0.81	0.81	0.13	0.81	0.94	−0.14	0.80	0.16	0.96		

为便于观测，该大桥沉降监测点埋设于桥面，结合历史数据和现浇预应力连续梁的结构特点来看，该段桥面测点整体呈现夏天上浮、冬天下沉的变化特点，累计最大变化值为 +5.79mm。

（2）倾斜测量。

采用测量水平角的方法对桥墩沉降情况进行测量，X2 号桥墩的倾斜量为往大里程方向偏移 16.327mm，垂直于轨道方向偏移 1.711mm。往大里程方向倾斜率为 1.1‰，垂直于轨道方向倾斜率为 0.1‰。

2.1.5　承台抽芯取样及送检情况分析

采用钻芯法对 X2 号承台和 X4 号承台进行取芯送检和分析，X2 号承台的两个深孔芯样在距承台顶面 1.63~1.73m 深的位置发现陈旧断裂层，与 X2 号承台侧面环状水平裂缝位置基本对应，疑似为施工期间新、旧浇筑面的施工冷缝，X4 号承台的两个深孔芯样未出现类似情况。陈旧性断裂层断面、芯样断面对比及具体检测结果如图 5-8、图 5-9 和表 5-2 所示。

图 5-8　陈旧性断裂层断面　　　　　图 5-9　两种新旧断面对比

表 5-2　钻芯法检测结果

钻孔编号	孔径（mm）	孔深（m）	面筋直径（mm）	保护层厚度（cm）	混凝土抗压强度（MPa）	旧缝深度和状况	备注
X2-1	Φ101	3.55	Φ12	25	上 78.6，中 75.4，下 79.0	1.73m，水平	孔深 2.55m 处发现一根 Φ22 的钢筋，呈水平状
X2-2	Φ101	2.45	Φ12	26	上 83.9，中 85.1，下 73.7	1.65m，水平	

（续上表）

钻孔编号	孔径（mm）	孔深（m）	面筋直径（mm）	保护层厚度（cm）	混凝土抗压强度（MPa）	旧缝深度和状况	备注
X4 – 1	Φ101	2.94	Φ12	12		无	混凝土抗压强度未检测
X4 – 2	Φ101	2.83	无			无	混凝土抗压强度未检测

　　同时，对 X2 号承台顶面和侧面的部分特征裂缝进行浅层钻孔勘查，钻孔深度为 5～20cm，在钻孔的侧壁和底面均发现连通的裂缝，即裂缝深入结构内部，裂缝深度超过钢筋保护层的厚度。探孔内裂缝深入结构内部的情况如图 5-10 所示。

图 5 – 10　探孔内裂缝深入结构内部的情况

2.1.6　其他普查情况

　　普查该大桥其他桥墩、承台和梁体结构，除少量极细小的构造裂缝外，大桥主体结构未发现其他异常。

2.2　开裂病害成因分析

2.2.1　裂缝属性判断

　　钢筋混凝土构件开裂的原因有很多，但可归结为两大类：第一类，由外荷载引起的裂缝，也称为结构性裂缝、受力裂缝，其裂缝与荷载相应，预示结构承载力可能不足或存在严重问题。第二类，由变形引起的裂缝，也称非结构性裂缝，如温度变化、混凝土收缩、基础不均匀沉降等因素引起的变形。当此变形得不到满足，在结构构件内部产生自应力，自应力超过混凝土抗拉强度时，即会引起混凝土裂缝。

　　本次 X2 号承台出现的裂缝遍布整个承台顶面、侧面且部分延展至承台底部，部分特征裂缝的钻孔勘查结果也显示裂缝深入结构内部，裂缝深度超过钢筋保护层的厚度。墩柱外围 1～2m 范围首先出现一条环状裂缝，多条放射状裂缝再以环状裂缝为起点向外延伸至承台边缘，符合混凝土构件受压破坏的特性。

裂缝宽度普遍超过 1mm，最大缝宽为 4.49mm，大大超过《铁路桥涵钢筋混凝土和预应力混凝土结构设计规范》（TB 10002.3—2005）规定的在钢筋混凝土结构构件处于水位经常反复变动的条件下，无侵蚀性介质的裂缝宽度容许值为 0.2mm。

由此分析可得，本次 X2 号承台出现的裂缝属于结构性裂缝。

2.2.2　基础不均匀沉降分析

桥墩沉降观测结果表明，历年来桥墩沉降观测数据变化不大，X2 号桥墩较其他桥墩未发生局部差异沉降。参考《公路桥涵施工技术规范》（JTG/T F50—2011），文中规定："公路桥梁墩、台身的施工在竖直度或斜度上允许偏差为 0.3%H 且不大于 20mm。"X2 号桥墩的倾斜量为 16.327mm 和倾斜率为 1.1‰均未超限，桥墩未发生倾斜，可视为 X2 号桥墩基础未发生不均匀沉降。

由此分析可得，本次 X2 号承台开裂与基础不均匀沉降无关。

2.2.3　结构的实际工作与设计计算模型的差异分析

施工记录表明，桩基完工后，其混凝土强度、桩径和桩长通过检测单位的检测确认，现场测量的承台尺寸同样在施工验收标准的容许范围之内，承台混凝土强度实测值达到设计要求。

但承台顶面实测钢筋保护层厚度局部达 25cm，超设计值 5cm。根据《混凝土结构工程施工质量验收规范》（GB 50204—2002），基础受力钢筋保护层厚度的允许偏差值为 ±10mm，X2 号承台钢筋保护层厚度已超限，这容易造成面筋不能有效发挥抗拉作用而使承台表面产生构造裂缝。

由于实测裂缝深度已超过钢筋保护层厚度，X2 号承台结构的实际工作状态与设计计算模型在顶层钢筋保护层厚度上虽存在差异，但不是裂缝产生的根本原因，本次裂缝属于结构性裂缝而非表面构造裂缝。

2.2.4　基础承载力和刚度分析

经核算，由 X2 号桥墩的桩基桩长和桩径、承台尺寸、墩身尺寸和墩身钢筋锚固长度等影响承载力的设计值建立的设计计算模型，能满足设计承载力要求。

从承台抽芯检测结果来看，X2 号承台实测混凝土抗压强度达 70～80MPa，远高于设计强度 C40 混凝土 47.4MPa 的平均值（保证率取 95%，概率度系数取 1.645，标准差取 4.5）。但承台实测混凝土强度过高，承台刚度过大不利于通过形变抵消短暂过载。

X2 号承台侧面水平裂缝集中在承台顶面以下 1.7～1.8m 处，钻芯法检测结果表明两个钻孔在距承台顶面 1.63～1.73m 深的位置同样发现陈旧断裂层。施工记录表明，该断裂层很可能为浇筑过程中的中断形成的施工冷缝。承台在此高度存在结构分层，处于铰接状态的两层结构实际承载力下降但仍足以抵抗上部荷载而不至于造成脆性破坏。与此同时，承台混凝土强度远高于设计值，过大的刚度使承台在上部荷载作用下的变形得不到释放，在结构构件内部产生自应力。当此自应力超过混凝土抗拉强度时，上层承台结构自内而外在顶面和侧面产生大量裂缝，下层承台结构在侧面产生少量以水平裂缝为起点向下延伸的竖向裂缝，自应力重分布达到平衡状态后裂缝停止发展。另外，墩身与承台锚固长度不足，也会造成结构整体性较差。

综上所述，构件刚度不协调和存在施工冷缝是导致 X2 号承台开裂的原因之一。

2.2.5　温度应力分析

该大桥主墩承台长期浸于水中，承台水面以上部分受阳光直射，承台结构的水面上、下两层温差较大，温度应力较大且分布不均匀，容易引起砼结构上表面体积膨胀，下层砼结构收缩产生裂缝。加之水道潮汐每天两涨两落，干湿交替作用频繁，温度应力长期处于波动变化状态，造成表层部分的微裂缝进一步扩展。因此，桥梁温度应力也是 X2 号承台开裂的原因之一。

2.3　结论分析

综上所述，该大桥 X2 号承台裂缝产生的原因主要是由于桥梁温度应力、构件刚度不协调、墩身与承台锚固长度不足与存在施工冷缝等综合原因引起的。

3. 方案比选

该大桥承台裂缝不仅影响美观，引发公众不良的心理反应，还会破坏基础的整体性，影响结构安全，同时引起裂缝处混凝土碳化和钢筋锈蚀，影响结构的使用寿命，故有必要对 X2 号承台结构进行加固。

3.1　方案分析

钢筋混凝土结构构件加固的方法有很多，常用的有加大截面加固法、预应力加固法、外部粘钢加固法、碳纤维粘贴法和改变结构传力途径加固法等。

考虑到 X2 号承台长期浸没于河水中，对加固方法中使用的加固器具和材料的防水性、耐久性、免维护等方面有很高的性能要求，预应力加固法使用的预应力锚具、外部粘钢加固法使用的裸露钢板、碳纤维粘贴法使用的碳纤维布等材料均不适宜在水下钢筋混凝土构件上运用，最理想的加固材料是使用防水混凝土和钢筋，故本次 X2 号承台的加固优先考虑使用加大截面加固法。

加大截面加固法是一种传统的加固方法，它采用同种材料即混凝土和钢筋增加截面有效高度、扩大截面面积，从而提高构件正截面抗弯、斜截面抗剪能力和截面刚度，提高结构的承载力。它施工工艺简单、适应性强，并具有成熟的设计和施工经验。

但是，加大截面加固法有一个缺点，即加固后的建筑物净空有一定的减小。水道单向通航孔净空尺寸要求净高为 18m、净宽为 110m，大桥目前 4～5 桥跨的净高为 18m、净宽为 110.9m，X2 号承台单边仅富余 0.45m 的距离作为侧面扩大尺寸。受通航净宽限制，单一使用加大截面加固法无法达到预期的截面刚度和结构承载力，经设计计算、利弊权衡后，最终采用外部粘钢加固法以减小承台侧面的扩大尺寸，即选用加大截面加固法与外部粘钢加固法相结合的技术方案。

外部粘钢加固法是一种建筑结构工程的加固新技术，用特制的结构胶黏剂，将钢板粘贴在混凝土结构的表面，能达到加固和增强原结构强度与刚度的目的。加大截面加固法与之相结合，钢板表面外包一层钢筋混凝土层，又能对钢板起到防锈保护作用，增加其耐久性且免于维护。

3.2　加固方法简述

经计算，承台顶面的扩大尺寸取 +1.5m，侧面扩大尺寸取 +0.45m，即加固后的承台截面尺寸为 14.05m×9.55m×5.5m，材料采用 C40 无收缩混凝土、HRB400 钢筋。钢板粘贴于承台四个侧面并焊接成环，单条钢板宽 15cm，间距 25cm，材料采用 5+5 双层、Q235 钢板，粘钢胶粘贴。

为保证新、旧两部分钢筋混凝土以及混凝土与钢板共同受力并整体工作，加固方案采取凿毛、植筋、钢板黏合面糙化、表面植砂等有效技术手段，保证新、旧钢筋混凝土和钢板形成整体。主要施工工艺如图5－11所示：

承台外表面清理、凿毛 → 粘贴钢板 → 承台裂缝处理 → 承台表面植筋、植砂

养护、拆模 ← 混凝土浇筑 ← 外包层钢筋绑扎、立模

图5－11　施工工艺流程图

4. 方案实施

4.1　承台外表面清理、凿毛

图 5-12　承台外表面清理、凿毛

4.2　粘贴钢板

承台四周粘贴钢板，黏合面糙化处理，使用粘钢胶进行粘贴。

图 5-13　粘贴钢板

4.3　承台裂缝处理

承台裂缝处理：宽度<0.15mm 的裂缝做表面封闭处理；宽度≥0.15mm 的裂缝做压力灌浆处理。

图 5 - 14　裂缝封闭

4.4　承台表面植筋、植砂

承台四周新、旧混凝土结合面凿毛、植筋，表面植砂。

图 5 - 15　表面植砂

4.5　外包层钢筋绑扎、立模、浇筑、养护、拆模

（1）绑扎承台四周外包混凝土普通钢筋，立模、浇筑承台四周 0.45m 厚、4m 高的外包混凝土，养护和拆模。

（2）绑扎承台顶外包混凝土普通钢筋，立模、浇筑承台顶 1.5m 高的外包混凝土，养护和拆模。

图 5-16　立模

图 5-17　植筋和钢筋绑扎

图 5-18　养护和拆模

4.6　变形监测监控

4.6.1　施工整治前监测

在对开裂承台进行加固整治前，需对整座桥梁桥墩沉降，梁体水平位移（倾斜），开裂承台对应桥面差异沉降，裂缝（长度、宽度、深度）进行测量，以掌握桥梁的整体结构线性状态。监测的频率为每周一次，期间根据数据变化情况进行调整。另外，桥梁梁体及梁腹内部也需目视检查是否有裂缝产生。

其中，桥墩沉降监测，预警值选取为单次沉降变化值 $\geqslant \pm 2mm$，累计沉降值 $\geqslant \pm 5mm$；梁体水平位移，预警值选取为单次变化值 $\geqslant \pm 5mm$，累计沉降值 $\geqslant \pm 10mm$；桥面差异沉降，预警值选取为单次沉降变化值 $\geqslant \pm 2mm$，累计沉降值 $\geqslant \pm 5mm$。承台裂缝监测则以裂缝整体发展情况作为预警。

4.6.2　施工整治监测

施工过程中，变形监测工作仍需继续，监测内容、周期、预警值可采用与整治前一致，裂缝的检查需加密至每天一次。

4.6.3　整治完成后监测

整治完成后，原有结构裂缝已进行封闭，承台截面已扩大，变形监测的内容可调整为桥墩沉降、水平位移（倾斜）及加固面表观情况（重点检查是否有新裂缝产生）检查及监测。监测频率由初期一个月一次逐步调整至正常水平。

5.　小　结

5.1　施工难点简述

（1）属水上作业，人员、机械和材料运送均依赖船只，受围堰限制施工场地较为狭小，大型机械无法使用，施工人数和施工计划需合理安排。

（2）裂缝深入承台结构内部且基本连通，对于裂缝清洗、注浆液的选择以及灌浆的施工工艺有极高的要求，注浆液是否完全封闭所有的裂缝是影响加固效果的关键。

（3）加固工程在既有桥梁上进行，桥上地铁列车的振动、河流环境下的潮汐和日晒条件会对混凝土的养护产生影响，需保证加固混凝土养护质量，确保不产生构造裂缝。

5.2　后期经验借鉴

为减少类似结构受力性裂缝等结构严重缺陷的产生，重点需在工程建设时期保证结构的设计、施工质量。运营阶段需充分保证巡检质量，做好每次检查记录的保存，及时发现设备存在的问题，并能提供现场第一手资料为整治方案的制订提供参考。

案例 **6** 山体暗挖隧道衬砌结构裂缝整治案例

1. 事件概况

某日，运营维修人员在隧道结构日常状态检查中发现，穿山体 1 号、2 号暗挖隧道壁上均存在不同程度的结构裂缝。其中，1 号隧道观测到裂缝共计 157 条，裂缝最宽为 1.0mm，宽度大于等于 0.3mm 的有 105 条，裂缝主要形式为拱脚往拱顶方向延伸，其中贯穿裂缝（环向）的有 14 条；延伸到顶部的裂缝有 25 条，有旧渗水痕迹的裂缝 4 条；2 号隧道观测到裂缝共计 102 条，裂缝最宽为 0.8mm，宽度大于等于 0.3mm 的有 33 条，其中贯穿裂缝有 7 条，延伸到顶部的裂缝有 16 条。

图 6-1　裂缝现场照片

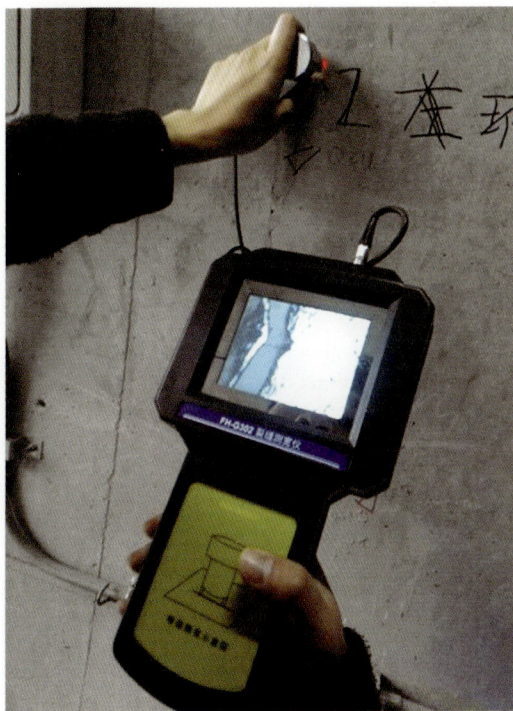

图 6-2　裂缝宽度现场监测照片

2. 事件原因

2.1 设计概况

两个隧道位于山谷内，隧道所处地貌为丘陵地带，地形起伏较大。

1 号隧道长度为 359m，起止里程 SCK0＋451.6 至 SCK0＋810.6。隧道围岩主要由硬塑状残积土层、岩石强风化带、岩石中风化带和岩石微风化带组成。详勘八个钻孔中均发现有地下水存在，其中最高稳定地下水位为 71.1m。从钻探岩芯看，隧道范围内主要为完整的微风化石英砂岩，节理裂隙稍发育且密闭，可视为弱透水层。1 号隧道设计为单洞单线直线隧道，Ⅱ、Ⅲ级围岩采用全断面法，Ⅳ级围岩采用短台阶法开挖。初期支护以喷混凝土、钢筋网、格栅钢架、锚杆组成支护体系，洞口及IV级围岩段辅以Φ42超前小导管注浆预支护措施进行辅助施工。

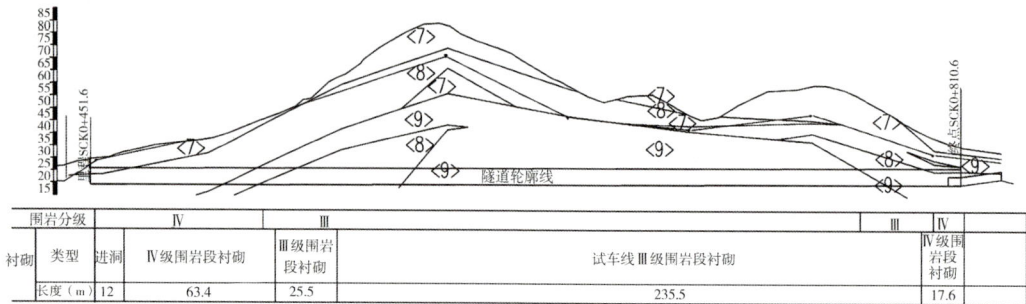

围岩分级		IV		III				III	IV
衬砌	类型	进洞	IV级围岩段衬砌	III级围岩段衬砌		试车线III级围岩段衬砌			IV级围岩段衬砌
	长度（m）	12	63.4	25.5		235.5			17.6

图6-3　地质信息简图

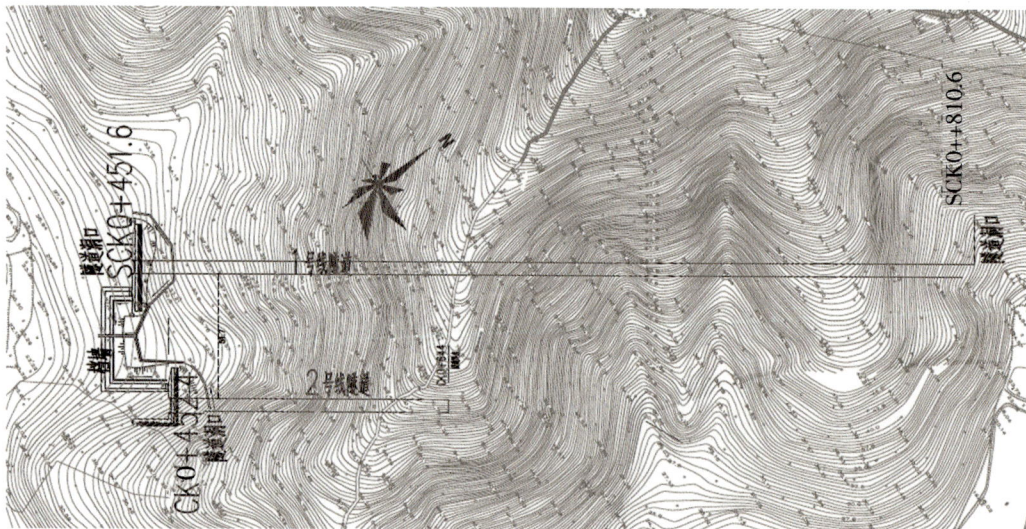

图6-4　隧道关系平面图

2号隧道有两种断面类型，全长共120.4m，起止里程CK0+452.4至CK0+644.0。其中，加宽断面长度为14m，普通断面（IV级）为67.0m，普通断面（III级）为39.4m，隧道围岩主要由硬塑状残积土层、岩石强风化带、岩石中风化带和岩石微风化带组成。2号隧道采用短台阶法开挖法，初期支护以混凝土、钢筋网、格栅钢架、锚杆组成支护体系，洞口及IV级围岩段辅以Φ42超前小导管注浆预支护措施进行辅助施工。

2.2　结构变形监测情况

结构出现裂缝后，抽取典型裂缝对隧道开展截面收敛、裂缝宽度监测。收敛选取贯穿裂缝位置，宽度选取超过0.3mm的位置。数据显示，裂缝宽度和收敛无发展，隧道结构整体稳定，为下一步分析及处理提供基础依据。

表 6 - 1　收敛监测

	初始值 2014.3.6		第二次 2014.4.14				第三次 2014.5.20			
	编号	收敛值（mm）	编号	收敛值（mm）	本次变化值（mm）	累计值（mm）	编号	收敛值（mm）	本次变化值（mm）	累计值（mm）
1号隧道	S1	4 834.34	S1	4 834.19	-0.15	-0.15	S1	4 834.13	-0.06	-0.21
	S2	4 838.59	S2	4 838.18	-0.41	-0.41	S2	4 838.25	0.07	-0.34
	S3	4 837.50	S3	4 837.46	-0.04	-0.04	S3	4 837.56	0.10	0.06
	S4	4 857.61	S4	4 857.17	-0.44	-0.44	S4	4 857.52	0.35	-0.09
	S5	4 863.17	S5	4 863.33	0.16	0.16	S5	4 863.41	0.08	0.24
2号隧道	S1	5 675.67	S1	5 675.36	-0.31	-0.31	S1	5 675.21	-0.15	-0.46
	S2	4 962.94	S2	4 962.58	-0.36	-0.36	S2	4 962.60	0.02	-0.34

注：负值表示缩小，正值表示扩张

表 6 - 2　裂缝宽度测量

	初始值 2014.3.6				第二次 2014.4.14		第三次 2014.5.20	
	对应编号	裂缝编号	里程（SCK0 +）	宽度（mm）	本次变化量（mm）	宽度（mm）	本次变化量（mm）	宽度（mm）
1号隧道	Y5	C1	465.4 右	0.42	-0.09	0.33	0.01	0.34
	Z6	C2	468.4 左	0.39	-0.07	0.32	0.01	0.33
		C3	470.0 右	0.35	-0.05	0.30	0	0.30
	Y8	C4	472.6 右	0.35	-0.07	0.28	0.01	0.29
	Y11	C5	477.4 右	0.39	0.01	0.40	0	0.41
	Z14	C6	479.2 左	0.62	-0.07	0.55	0.01	0.56
	Y16	C7	485.2 右	0.53	-0.10	0.43	0	0.43
	Y18	C8	490.6 右	0.69	-0.07	0.62	-0.01	0.61
	Y20	C9	493.6 右	0.35	0	0.35	0.01	0.36
	Z28	C10	502.6 左	0.50	-0.07	0.43	-0.01	0.42
	Y22	C11	500.2 右	0.35	-0.06	0.29	-0.01	0.28
	Y38	C12	539.8 右	0.43	-0.05	0.38	-0.01	0.37
	Z44	C13	543.4 左	0.41	-0.07	0.34	-0.01	0.33
	Y40	C14	550.0 右	0.52	-0.07	0.45	0	0.45
	Z48	C15	553.6 左	0.38	-0.05	0.33	0	0.32
	Y66	C16	687.4 右	1.07	-0.10	0.97	-0.04	0.93
2号隧道	Z27	C1		0.35	-0.09	0.26	0.01	0.27
	Z29	C2		0.25	-0.07	0.18	0.01	0.19
	Z33	C3		0.46	-0.07	0.39	0.01	0.40
	Z45	C4		0.35	-0.01	0.34	0	0.34
	Y41	C5		0.50	-0.07	0.43	0.01	0.44

（续上表）

对应编号	裂缝编号	里程（SCK0 +）	初始值 2014.3.6 宽度（mm）	本次变化量（mm）	第二次 2014.4.14 宽度（mm）	本次变化量（mm）	第三次 2014.5.20 宽度（mm）
Y44	C6		0.47	− 0.09	0.38	0.03	0.41
Z54	C7		0.56	0.04	0.60	− 0.02	0.58
Z56	C8		0.49	− 0.10	0.39	0	0.39
Z70	C9		0.39	− 0.08	0.31	− 0.01	0.30
Z71	C10		1.61	0	1.61	− 0.02	1.59

（左侧合并单元格：2 号隧道）

注：负值表示缩小，正值表示扩张

2.3 原因分析

首先，根据工程图纸信息，隧道按照矿山法设计和施工，围岩情况比较好，既有锚杆、初支，也有二衬，洞口段开挖回填施工。

其次，现场检查中，除上述裂缝外，隧道内未发现较大纵向裂缝、渗水、错台、三角块等影响隧道安全的现象，隧道外观整体比较平顺；裂缝位置大都处于施工缝附近，主要呈环向开裂形式，局部为不规则裂缝。

再次，结合结构变形监测数据分析，从裂缝发现至隧道断面收敛、裂缝变化监测，未发现隧道结构异常变形及裂缝发展等情况，隧道结构处于稳定状态。

最后，经查阅施工记录，两条隧道施工进度存在差异，后期隧道掘进时，爆破震动对已成型隧道也存在一定的影响。

综上所述，该处隧道衬砌结构裂缝为混凝土结构表面裂缝，属于非结构性裂缝，衬砌结构整体安全。环向裂缝主要是温度应力、混凝土收缩、徐变等原因引起的。

3. 整治处理

由于裂缝的存在，水汽会慢慢浸入混凝土内部，渐渐引起内部钢筋锈蚀、降低结构的耐久性，缩短使用年限，需对衬砌裂缝进行处理。对于宽度小于 0.3mm 的裂缝采用表面封闭处理，宽度超过 0.3mm 的裂缝采用灌浆及隧道结构表面加固处理。

3.1 加固方案比选

隧道结构表面加固常见的措施有钢板加固法、碳纤维布加固法和芳纶纤维布加固法等。各类隧道结构加固方案在地铁工程中的适用性如下：

（1）钢板加固法：钢板加固需要在结构上打孔，对隧道钢筋混凝土结构本身有二次破坏，同时增加结构自重，且增加了日后的钢板维护工作。另外考虑到该区段隧道围岩条件较好，工程设计施工方面，既有锚杆、初支，也有二衬，洞口段以开挖回填方式施工。除上述裂缝外，未发现较大纵向裂缝、渗水、错台、三角块等影响隧道安全的现象，隧道外观比较平顺，结构状态安全，故排除该方案。

（2）碳纤维布加固法：采用高性能的碳纤维配套树脂浸渍胶黏结在混凝土构件的表面，利用碳纤维材料良好的抗拉强度，达到增强构件承载能力及强度的目的。碳纤维布强度高、密度小、厚度薄，基本不增加加固构件的自重和截面尺寸，适用于建筑物、桥梁、隧道等各结构类型，包括结构形状的修复、抗震加固和节点的结构加固，但鉴于碳纤维布具有导电性，不适合在地铁隧道内使用。

（3）芳纶纤维布加固法：相比钢板而言，芳纶纤维布是一种新型高科技合成纤维，具有超高强度、高模量、耐高温、耐酸耐碱、重量轻等优良性能，其强度是钢丝的5~6倍，模量为钢丝的2~3倍，韧性是钢丝的2倍，而重量仅为钢丝的1/5左右，在560°的温度下，不分解，不融化。相比碳纤维，它具有良好的绝缘性和抗老化性能，具有很长的寿命。

考虑到三种加固工艺的适用范围、隧道所处的环境以及有限的施工经验，芳纶纤维布对混凝土衬砌受拉变形起约束作用，能有效控制衬砌裂缝的扩展，决定采用粘贴芳纶纤维布的方式进行加固。

3.2 裂缝处理工艺及现场情况

3.2.1 裂缝灌浆封闭

宽度小于0.3mm的裂缝，做表面封闭处理；宽度超过0.3mm的裂缝，做灌浆及隧道结构表面加固处理。

主要工艺流程为：搭设施工工作平台→确认灌浆裂缝→构件裂缝清理及表面处理→埋设灌浆嘴→封闭裂缝表面→封缝效果检查→配制浆液→灌浆→结束封口→效果检查→打磨找平。

（1）搭设施工工作平台。

用脚手架等搭设施工工作平台，确保施工工作平台稳固、安全、实用。

（2）确认灌浆裂缝。

裂缝灌浆前，必须查清裂缝发生的部位及裂缝宽度、长度、深度和贯穿情况，并了解裂缝含水及渗漏水情况，并做好记录和标志，以便做好各项准备工作。

（3）构件裂缝清理及表面处理。

沿裂缝走向，用角磨机打磨裂缝两侧一定范围（20~30mm）混凝土基体，清除灰尘、污染物，并用丙酮或酒精擦拭干净；如遇裂缝部位不够干燥，采用喷灯烘干；清洗时注意不要将裂缝堵塞。如有必要，视情况沿裂缝开V形槽，同样要清理干净V形槽至无浮尘、无松动颗粒和无污渍的状态。

（4）埋设灌浆嘴。

根据裂缝宽度、大小、长度埋设灌浆嘴，间距一般为15~40cm，宽缝疏布置，微细缝密布置，深缝密布置，浅缝疏布置，在裂缝交叉处、较宽处、端部及裂缝贯穿处也应布置。一条裂缝上必须设有进浆嘴、排气嘴和出浆嘴。

采用钻孔高压灌浆法，钻头直径为14mm，钻头要倾斜30°~50°，在裂缝部位交叉打孔，以保证所钻的孔能够贯穿裂缝，孔的深度约为结构厚度的1/3，孔好钻后，用空气压缩机吹出孔内灰尘，将灌浆嘴塞入孔内，用T型扳手扭紧灌浆嘴。

（5）封闭裂缝表面。

封闭裂缝表面是为防止浆液外漏，保证灌浆压力，使浆液在压力作用下能渗入裂缝深部，以保证灌浆质量。为使混凝土缝隙完全充满浆液，并保持压力，同时又保证浆液不大量外渗，必须对已处理过的裂缝表面（除孔眼及灌胶底座外）用环氧浆基液沿裂缝走向从上而下或从一端到另一端均匀涂刷。先在缝两侧约30mm外清洗，用环氧浆基液沿缝走向骑缝均匀涂刷。然后刮涂一层厚1mm左右、宽20~30mm的高分子改性化学胶泥，注意避免出现气泡。封缝良好是灌浆成功的关键，封闭裂缝表面工序应细心。

图 6 - 5　封闭裂缝表面处理照片

（6）封缝效果检查。

裂缝封闭养护一段时间且封缝胶泥有一定强度后，进行压气试漏，检查封缝和灌胶底座密闭效果，漏气处应修补密封，至不漏为止。

（7）配制浆液。

化学灌浆材料为双组份材料，先配制好主剂和固化剂，按照不同浆材的配比配制浆液，浆液一次配制数量，根据每次灌浆施工估算用浆量，据此估算需配制的浆液量，估算时应根据凝固时间及进浆速度来确定。

表 6 - 3　注浆材料力学性能表

（单位：MPa）

项目	抗压强度	弹性模量	抗剪强度	劈裂抗拉强度	抗拉强度	抗冲击强度
指标	36.2 ~ 85.7	300 ~ 2 154	10.0 ~ 32.7	5.7 ~ 23.9	9.9 ~ 17.3	4.1 ~ 4.2

（8）灌浆。

待封缝胶泥固化并有一定强度后，将浆液用手动灌浆泵从灌浆嘴灌入裂缝中。灌浆是整个化学灌浆处理裂缝的中心环节，须待一切准备工作完成后再进行。灌浆操作程序如下：

①灌浆前对整个灌浆系统进行全面检查，在灌浆机具运转正常、管路畅通的情况下，方可灌浆。

②灌浆时应采取从下至上，或从裂缝一端至另一端，直到下一个排气嘴出浆时立即关闭灌浆泵的转芯阀，以保证浆液充满裂缝。

③灌浆时将调好的主剂和固化剂两种浆材，按一定比例混合后用灌浆机注入灌浆嘴，灌浆时遵循少量多次的原则，灌浆压力初始值为 0.2MPa，应由小至大逐渐增加，不宜骤然加压，压力控制在 0.3 ~ 0.5MPa。注意保压、稳压和充填饱满，有的细微裂缝灌浆压力可适当增大，达到规定压力后稳压，保证浆液的渗透和灌浆效果良好。

④灌浆结束标志为吸浆率小于 0.1L/min，再恒压 5 ~ 10min 后方可结束灌浆。

⑤灌浆压力、灌浆量情况，在灌浆压力原则上先小后大，逐步加压，灌浆量以起压情况控制。

⑥根据灌浆压力、灌浆量情况，在灌浆过程中适当调整灌浆参数、改变浆液稀稠程度。

⑦灌浆结束后，立即拆除管道并清洗干净。密切观测进浆的速度和进浆量，直至整条裂缝都充满浆液为止。

（9）结束封口。

待浆液完全固化硬结后，拆下灌浆嘴，用胶泥或水泥浆液将灌浆嘴处封口抹平。

（10）效果检查。

灌浆结束后，检查补强质量和效果，发现缺陷及时进行灌浆补救，确保工程质量。

（11）打磨找平。

拆除灌浆嘴后，用手持砂轮机装金刚石磨片磨去多余胶体，直至工作面平整无凸物。凹处用结构胶做找平处理。

3.2.2　粘贴芳纶纤维布加固

对环向裂缝灌浆后表面粘贴芳纶纤维布加固。布宽 100mm，长 600mm，垂直裂缝粘贴，间距为 300mm，厚度为 0.167mm。

主要工艺流程为：打磨找平→涂胶→粘贴芳纶纤维布→涂刷防护材料。

（1）打磨找平。

拆除灌浆嘴后，用手持砂轮机装金刚石磨片磨去多余胶体，直至工作面平整无凸物。凹处用结构胶做找平处理。

（2）涂胶。

将底层树脂按规定比配制好后，用毛刷或滚筒刷均匀涂于碳布粘贴部位，待底胶不粘手时，再均匀涂刷浸润胶于底胶上，注意涂刷要均匀。

（3）粘贴芳纶纤维布。

将裁剪好的芳纶纤维布贴于浸润胶上，粘贴芳纶纤维布受力方向应与裂缝延伸方向垂直，如有皱折或翘起，轻压使贴片密实，轻轻压挤芳纶纤维布使之与浸润胶充分结合。如有气泡要进行脱泡工作。

图 6-6　粘贴芳纶纤维布现场图

（4）涂刷防护材料。

在芳纶纤维布表面涂刷防护材料。

图 6-7　整治完成后隧道的情况

4. 小　结

（1）检查人员应结合现场情况，合理地进行组织、标记等现场工作，统计裂缝数目、走向、分布等基础数据，并进行综合分析，为下一步处理工作提供依据。

（2）发现隧道裂缝后，应及时开展收敛、沉降、裂缝宽度等相关的监测工作，判断裂缝是否发展，结构是否稳定安全。

（3）收集地质情况、结构图纸、施工记录等相关资料，召集参加施工、设计人员及相关专家等对裂缝成因进行分析，以便确定整治方案。

（4）根据成因、监测数据等制订整治方案，以便进行妥当、有效的处理，提高结构耐久性，保障隧道结构安全。

（5）在相邻的两个平行隧道内进行不同进度的施工时，尤其是爆破施工，应采取适合现场环境的施工工艺，建议后施工的隧道段应对已建成隧道的成品采取保护措施。

第四节　结构异常变形病害

　　隧道结构是指在既有的建筑或土石结构中修建的通道，地铁隧道属于供地铁列车通行的城市地下隧道。从结构类型上分类，目前地铁隧道主要有盾构隧道、明挖隧道、暗挖隧道及沉管隧道。

　　一方面，由于隧道结构埋于土层之中，受土层、水文条件、前期施工工艺、外部施工等多方面的影响，往往会发生不同程度的变形。变形值一旦到达警戒值，将大大影响隧道结构的安全运营。特别是地铁隧道，地铁隧道的异常变形不仅影响结构本身的安全，也直接影响到隧道结构内部的各项设备设施的运行状态，例如轨道、接触网等直接固定于结构的设施。另一方面，已投入运营的地铁隧道发生异常变形，整治难度也大大增加。既要考虑变形整治的效果，又要考虑将运营影响降至最低。此外，运营隧道整治还有单次施工时间短、施工间隔时间长等不利方面。

　　因此，已投入运营的隧道结构异常变形整治总体方针是，制定报警值，严密监控结构状态，控制变化幅度，以减缓结构变化为主，以恢复结构设计状态为辅。

一、结构常见异常变形原因分析

　　1. 土层、水文条件不良

　　隧道底部土层、水文条件不良，不宜作为基础持力层。例如隧道底部位于粉细砂层、砂层，荷载作用下天然地基状态将产生液化，因此不宜作为基础持力层。需进行加固处理后，方可作为基础持力层。

　　2. 前期施工质量不足

　　隧道结构施工质量受多方面的影响，地质状态不良、施工质量控制不严格等因素都将影响隧道施工质量。而质量不良主要体现在对隐蔽工程的施工上，例如对暗挖隧道二衬与初支之间空隙的回填不足、不密实；对道床施工时质量控制不严格，导致道床与回填层之间发生空隙等。隐蔽工程施工质量问题不仅初期难以发现，且危害较大，一般情况下需要一定时间的运营，才能暴露出来。但这一方面会对地铁运营造成较大影响，另一方面也错过了最佳整治时机。

　　3. 外部施工影响

　　外部施工对地铁结构异常变形的影响，主要是与地铁相邻基坑对结构的影响。事实证明高层建筑深基坑对地铁隧道结构的影响较大，特别是基坑施工过程对周围土体的扰动、基坑水土流失等问题，对隧道结构有着较大的影响。

二、结构异常变形的影响

　　结构异常变形直接对结构自身造成较大的影响，如结构缝错台，结构出现裂纹、掉块、漏水、冒浆等影响结构自身安全的病害。若不进行及时处理，控制沉降或变形，可能发生更严重的病害，如结构严重变形、局部坍塌等破坏性情况。

　　另外，结构异常变形对隧道内其他专业设备也会产生较大的影响，其中影响较大的有轨道和接触网，由于这两类专业设备是直接固定于隧道结构的线性设备，对自身的几何尺寸规范较严格。一旦结构出现异常变形，此两类设备的几何形位也将直接发生变化，极有可能使这些设备发生影响行车的变形。

三、结构异常变形的整治措施

根据调研的情况看，结构异常变形的主要整治措施有：隧道结构补强、隧道空洞填充、隧道内对外部土层注浆加固、隧道外补偿注浆等。

所选用的注浆材料主要有：纯水泥浆、水泥砂浆、环氧树脂、水玻璃等。一般情况下处理隧道异常沉降引发的结构漏水、道床冒浆等病害时采用环氧树脂配合水泥浆进行加固。对隧道外土层进行注浆加固主要采用水泥砂浆或纯水泥浆。对隧道空洞进行加固，一般采用纯水泥浆、环氧树脂、水玻璃配合注浆。

对结构异常变形的整治，一般先对结构变形引起的漏水、冒浆等问题进行处理。一方面处理了变形引发的相关病害，另一方面对隧道结构漏水点的封堵，对后期隧道管片外部注浆质量起到良好的效果。

由于地铁隧道结构处于运营时期，因此针对异常变形的整治方案应充分考虑对地铁运营的影响，尽量将影响降至最低。整治方针以控制沉降变化、稳定隧道结构状态为主，以恢复隧道设计状态为辅。在整治过程中须严密监控隧道沉降变化，设置警戒值，若发生异常状况应及时暂停施工。另外注浆施工时必须严格按照方案控制注浆压力，防止注浆压力过大造成结构沉降变化幅度大，引起不可逆的病害。

四、结构异常变形的预防措施

从土建结构设施运营维护管理经验来看，预防隧道结构异常变形的控制手段，主要是在设计及施工阶段提早介入进行质量监控，运营维护阶段主要通过地保巡视、科技检测等手段掌握结构状态。

1. 设计阶段

充分考虑地质、水文条件。选线时尽量避开地质严重不良地段。结构施工前，对地质不良地段的加固方案进行充分考虑，确保设计有充分的安全余量。

2. 施工阶段

严格按照图纸及施工方案进行施工，选用材料、工艺严格满足要求。做好施工质量控制措施，特别是对隐蔽工程的提前介入，控制施工质量，十分必要。

3. 运营维护阶段

预防措施主要包括隧道结构定期人工检查、定期的结构状态健康监测。其中，人工检查的项目包含结构渗漏水、水质、结构破损等；定期的结构状态健康监测项目包含隧道沉降、水平位移、断面收敛。另外，定期的地保巡视也是非常重要的预防措施。具体建议措施如下：

（1）结构定期检查，检查内容为结构渗漏水、结构缝错台、结构破损、道床冒浆等结构病害。这些病害是极可能发生结构异常变形的一些表象，若发现这些病害情况，因及时分析、检测，确保结构状态稳定。

（2）隧道、桥梁结构常规健康监测，监测项目应包含隧道沉降、隧道结构断面收敛，并结合土建结构特点，设置一定的监测预警值。某城市轨道交通制定的监测项目、频率、容许值如下：

隧道沉降：每年 2 次，单次监测变化值 ≤ ±5mm，累计监测变化值 ≤ ±10mm；

断面收敛：每 3 年一次，单次监测变化值 ≤ ±5mm，累计监测变化值 ≤ ±10mm。

（3）定期的地保巡视，对沿线地保敏感点建立台账，定期进行巡查。运营单位与地保部门直线型沟通机制，发现问题及时互相知会。发现违规施工事件，第一时间赶赴现场，进行制止。在地保项目方案审核时，考虑充分不利情况，制定控制措施进行有效控制。确保地铁结构不受外部施工影响或将影响降至最低。

（4）利用高科技手段进行隧道健康状态检测，通过无损检测手段，及时发现结构背后空腔、水土流失、结构衬砌背后积水、钢筋锈蚀等情况，有计划采取注浆等有效措施加固结构，防止隧道出现异常变形。

五、结构异常变形整治应用案例

案例7　盾构空推段质量缺陷整治案例
案例8　明挖隧道结构异常沉降整治案例
案例9　外部基坑开挖造成隧道异常沉降整治案例

案例 **7** 盾构空推段质量缺陷整治案例

1. 事件概况

运营期间，地铁运营司机反映在某区间上行线局部区域有晃车现象，同时发现该段隧道整体道床存在翻浆冒泥情况。为保证行车安全，该段区域列车运营时速由 90km/h 限速至 30km/h，立即展开调查，分析事件原因，并陆续开展病害整治施工工作。

2. 原因分析

2.1 地质情况

该段土层地质情况较为复杂，隧道详细岩土分层自上而下依次为人工填土〈1〉，淤泥、淤泥质土层〈2-1〉，花岗岩硬塑状或稍密状残积土〈5H-2〉，花岗岩全风化带〈6H〉，花岗岩强风化带〈7H〉，花岗岩中风化带〈8H〉，花岗岩微风化带〈9H〉。该区段采用矿山法开挖及初支，盾构拼装管片作为二衬方法的特殊工法，洞身通过段以微风化花岗岩为主，部分为中风化花岗岩。洞顶主要为中风化花岗岩，围岩节理裂隙稍发育，未见断裂，岩土富水性弱，为Ⅱ类围岩。洞顶埋深为 16.3m。

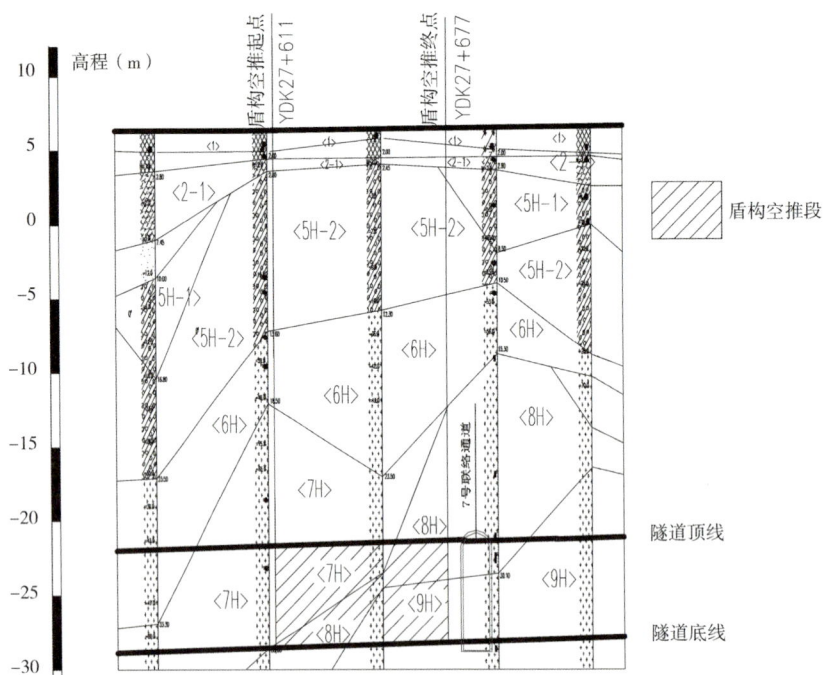

图 7-1 区间纵断面图

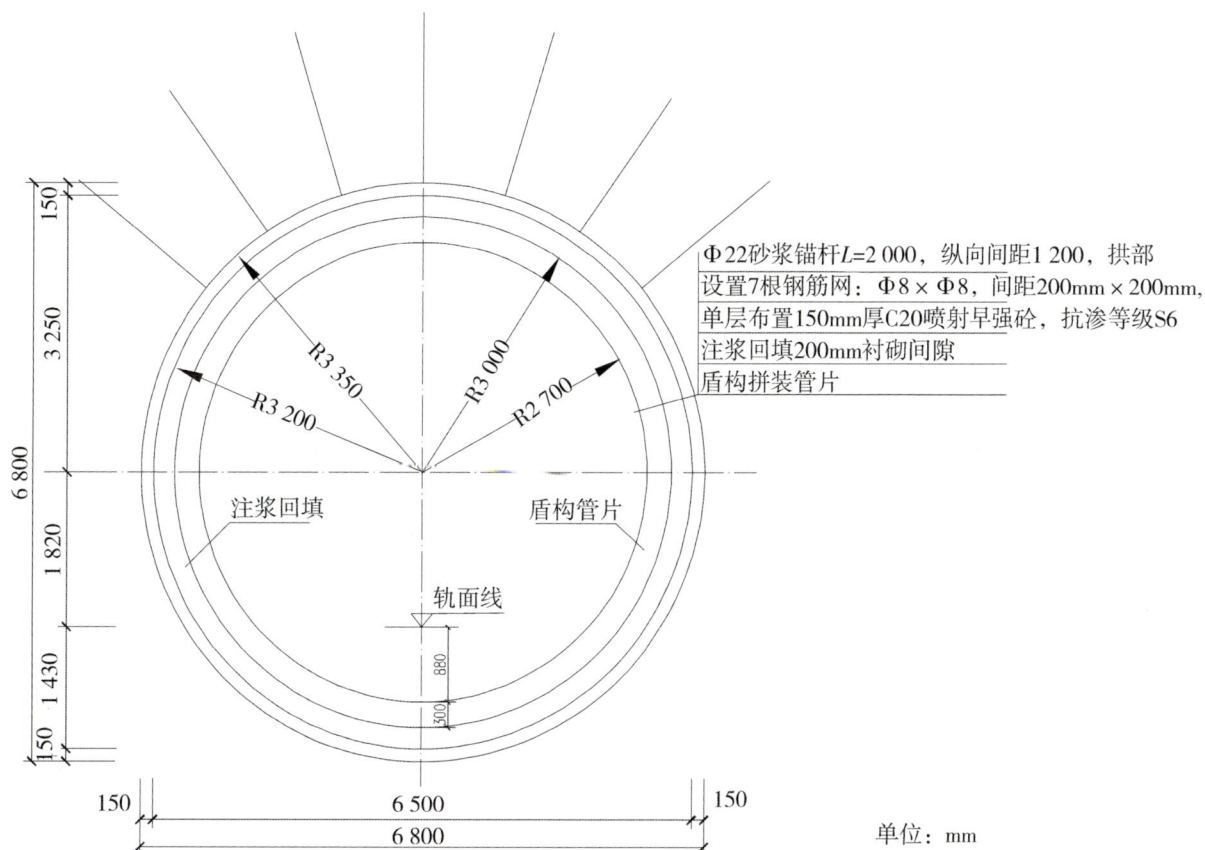

Φ22砂浆锚杆L=2 000，纵向间距1 200，拱部
设置7根钢筋网：Φ8×Φ8，间距200mm×200mm，
单层布置150mm厚C20喷射早强砼，抗渗等级S6
注浆回填200mm衬砌间隙
盾构拼装管片

注浆回填　　盾构管片

轨面线

单位：mm

图7-2　区间纵断面图

2.2 现场状态检查

运营维修人员经现场检查，发现管片环缝渗漏较严重，渗漏最大处位于盾构隧道与矿山法段的接口环处；晃车区段内局部位置的道床结构与隧道结构局部剥离，个别轨枕与道床接缝出现剥离、脱开，道床两侧水沟被破坏，水沟翻浆冒泥最厚处达100mm。

2.3 原因分析

该段隧道采用暗挖开挖，盾构拼装管片作为二衬方法施工（如图7-2所示），施工期间管片与原矿山法隧道初支间200mm的空隙采用豆砾石和管片注浆进行充填，但如果充填不够饱满，将造成局部管片背后仍存在空隙，结构位移没有得到完全限制，洞门封闭后，地下水位上升导致局部管片出现上浮等位移现象。因此，当列车高速通过该段隧道时，所产生的震动、冲击力及侧向力等会引起局部管片发生位移，从而破坏管片间防水，并加剧道床与隧道的剥离和翻浆冒泥现象。管片背后回填不密实、道床翻浆冒泥、剥离是晃车的主要原因。

3. 方案对比

根据晃车原因，对于道床翻浆冒泥及剥离现象，须对道床注浆加固；对于管片背后不密实问题，须对管片背后回填注浆进行整治。

对于注浆材料，方案一采用纯水泥浆液进行加固整治；方案二采用纯水泥浆液结合环氧树脂对道床进行加固整治，对管片背后采取纯水泥浆液（大的漏水点采用水泥加水玻璃双液）注浆。道床加固除完成空腔回填，保证密实外还应要求回填材料具备一定的强度，保证空腔回填层整体强度及稳定性。保证回填材料的强度，由于该整治工程是在运营期间进行的，作业时间受到限制，每次注浆加固作业约 2 小时后即开始运营，经受运行列车的震动，注浆回填材料应具备速凝、早强的特点，进行纯水泥注浆后，再加注添加固化剂的环氧树脂填充空隙并补强填充物，可满足道床强度需求。因此，整治工程采用方案二。

4. 现场处理

4.1 道床注浆加固

道床整治加固区域内共钻孔 54 个，累计注环氧浆液 401.66kg，平均每延米注入环氧浆液 23.6kg，平均每个孔注入环氧浆液 7.4kg。本次施工水沟注浆结束压力为 0.6MPa（恒压 5 分钟）；道床水泥注浆结束压力 0.3MPa；道床化学注浆结束压力 0.8MPa；在注浆施工中，所有注浆孔结束压力均达到要求。

道床整治施工工艺流程：两侧拱角位设引排水孔→破损水沟的修复（清淤—开槽—布孔—清槽、清孔—封闭—注浆）→道床进行注浆加固处理（布孔—钻孔—清孔—封孔—注浆）→剥离道床轨枕加固处理→道床变形缝处理→道床横向裂缝处理→饰面修复。

4.2 管片外注浆填充加固

4.2.1 注浆范围

注浆范围主要包括晃车区段部分盾构管片吊装孔（对应环号 1892～1935 环，共 44 环管片），对建设施工期间未注过水的泥浆吊装孔进行钻孔注浆。施工工艺流程如图 7-3 所示：

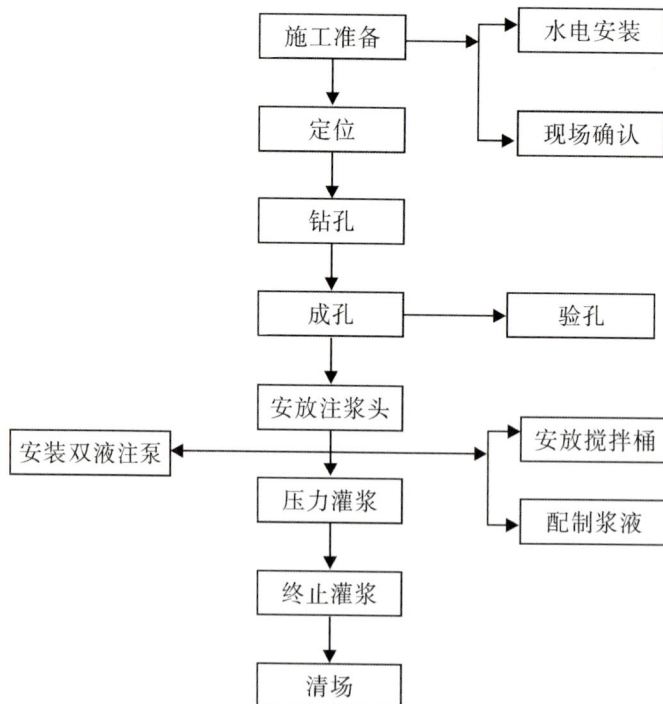

图 7-3 施工工艺流程

4.2.2 注浆施工

注浆施工是从盾构管片的吊装孔处钻穿管片，通过高压注浆泵将水泥浆液注入管片后的空隙处。据现场钻孔情况来看，除 1933 环 4 点钟（孔位位置如图 7 - 4 所示）、1905 环 4 点钟、1908 环 8 点钟等个别孔位以外，大部分孔位出水量并不大，所以不需要使用双液浆进行止水，可直接灌注单液浆。单液浆使用 PC32.5R 复合硅酸盐水泥进行配制，配制比为 W：C = 0.5：1（质量比）。

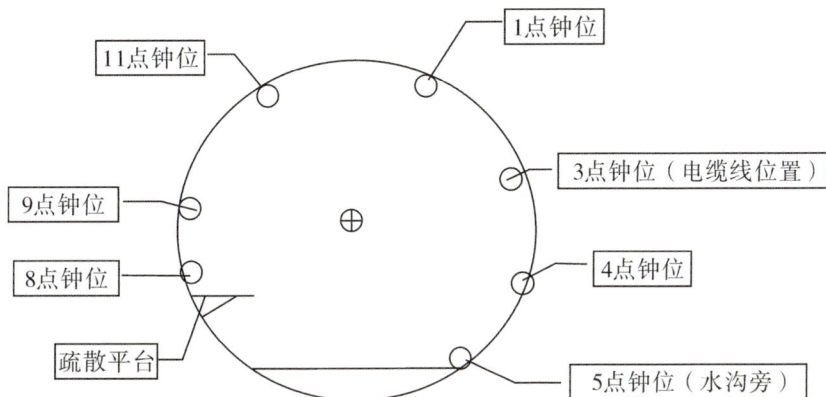

图 7 - 4　孔位位置示意图

4.2.3　对吊装孔钻孔、试注浆

对现场可钻孔的吊装孔全部钻孔，并进行试注浆，满足设计终孔条件（单液注浆以注浆压力作为终孔条件，压力控制在 0.3 ~ 0.4MPa）后停止。共 12 环 13 个吊装孔可压注进浆液，共 7.5t 水泥；注浆量最大的孔位是 1905 环 8 点钟位，注入水泥用量为 1 500kg；注浆量最小的孔位注入水泥用量为 100kg。其余孔位均未能灌进浆液，就已满足设计终孔条件。

4.2.4　孔位无法灌浆原因

造成孔位无法灌进浆液的原因有以下三个：

（1）注浆过程中，当对某一孔位进行注浆时，虽然进浆量并不大，但浆液已经开始从隧道同一侧相距 5 ~ 8 环的管片流出，而施工时会把流浆孔位的注浆阀门关闭后继续注浆，这样一来这些孔位的注浆管就被水泥封堵住了，当对这些孔位灌浆时也就出现无法灌浆的情况，但这也表明这一区段的空隙已基本填充完，出现这种情况的有 1933 环 4 点钟位等孔位。

（2）孔位本身出水量少或无水流出，表明此位置管片外空隙较小，故无法进行灌浆。

（3）钻孔后有冒砂情况的孔位，如 1903 环至 1892 环 4 点钟位，注浆时出现注浆管堵塞的情况，导致无法灌浆。

4.2.5　实际注浆量与预计注浆量存在很大差距

实际注浆量与预计注浆量相差很大（计划灌入水泥 200 ~ 400t）的主要原因有两个：

（1）预计注浆量是通过假设管片与矿山法初衬之间完全是空腔的前提下计算出来的，但根据钻孔后出水量较少与注浆时很快出现相邻孔位流浆这两种情况来分析，管片与矿山法初衬之间并不完全是空腔或全部是水，假设与实际情况存在较大差异，注浆量偏少也是情理之中。

（2）工程施工环境受较大限制，每次有效注浆作业时间不多（最多只有 2 个小时），而两个作业点之间相隔时间过长，超过混凝土初凝时间，导致大部分孔位无法进行二次注浆，其注浆量减少。

4.3　实施变形监测

为及时掌握该地段变形情况，保证行车安全，立即对该地段进行隧道结构周期性自动监测，监测数据显示道床最大累计沉降值为 - 1.94mm，最大累计上升值为 3.64mm。侧墙最大累计沉降值为 - 1.25mm。各次监测均未发现异常变化，各测点单次沉降量均在 ± 2.00mm 的安全标准内，累计沉降量也远少于

±16mm的警戒值。监测数据表明，该段隧道处于稳定的状态。

5. 小 结

经过注浆加固整治后，盾构隧道渗漏水得到了改善，道床与结构结合良好，恢复列车正常速度后未再出现晃车现象，施工整治效果整体良好。

受运营线路作业时间短、作业后即投入运营等客观施工环境因素的影响，结构仍有局部湿渍。在日常维护工作中，须加强对结构渗漏的观察和整治，并根据结构现状逐步调整变形监测周期直至恢复常规监测。

暗挖圆形隧道中盾构机空推拼装管片作为内衬的复合式工法在应对盾构通过硬岩段时适用性较强，但由于暗挖隧道和内衬盾构管片间不可避免地存在200mm至300mm的间隙，其注浆填充质量决定了管片内衬的稳定性，建设施工阶段需要严格控制。近几年来，国内城市轨道交通行业有多处隧道也采用了此种工法，在建设施工中为避免晃车问题发生，从填充材料选用、填充量、密实度检测三方面着手能有效加强衬砌间隙填充质量的控制。

案例 8 明挖隧道结构异常沉降整治案例

1. 事件概况

隧道结构变形监测数据显示，某明挖隧道部分区段出现沉降现象，并呈现不断发展趋势，上、下行各有四个区段的沉降变化量较大（累计沉降量 > 20mm），上、下行呈对称分布，里程范围分别为 K1 + 537 至 K1 + 617（80m）、K1 + 807 至 K1 + 927（120m）、K2 + 107 至 K2 + 208（101m）、K2 + 328 至 K2 + 353（25m），双线总长 652m。其中上、下行 K1 + 562 和 K2 + 355 两处结构变形缝因隧道不均匀沉降出现了明显的错台现象，隧道顶板变形缝错台最大约 32mm，道床变形缝错台最大约 18mm，如图 8 - 1、图 8 - 2 所示。

图 8 - 1　隧道顶板变形缝错台

图 8 - 2　道床变形缝错台

2. 事件原因

2.1　地质条件

该段隧道结构为明挖矩形隧道，结构外设置外包防水层。隧道结构基底用厚约 800mm 的砂、碎石（配比为 1 : 3）回填作稳定层，根据异常沉降试验段地质图，如图 8 - 3 所示，隧道结构顶部覆土为第四系（Q）土层，厚 4 ~ 5m，隧道底板主要在〈2 - 2〉海相冲积淤泥质粉细砂层、〈3 - 1〉海相冲积砂层、〈3 - 2〉海相冲积砂层中通过，此层土在底板下最厚达 4.5m。根据《岩土工程勘察报告》可知，〈2 - 2〉层和〈3 - 1〉层中的粉细砂在 7 度地震烈度作用下天然地基状态将产生液化，液化等级为"中等—严重"，设计文件提出此层土未经处理不宜作为基础持力层，要求地基不做液化处理，按软地基进行加固处理（处理方案见 2.3）。

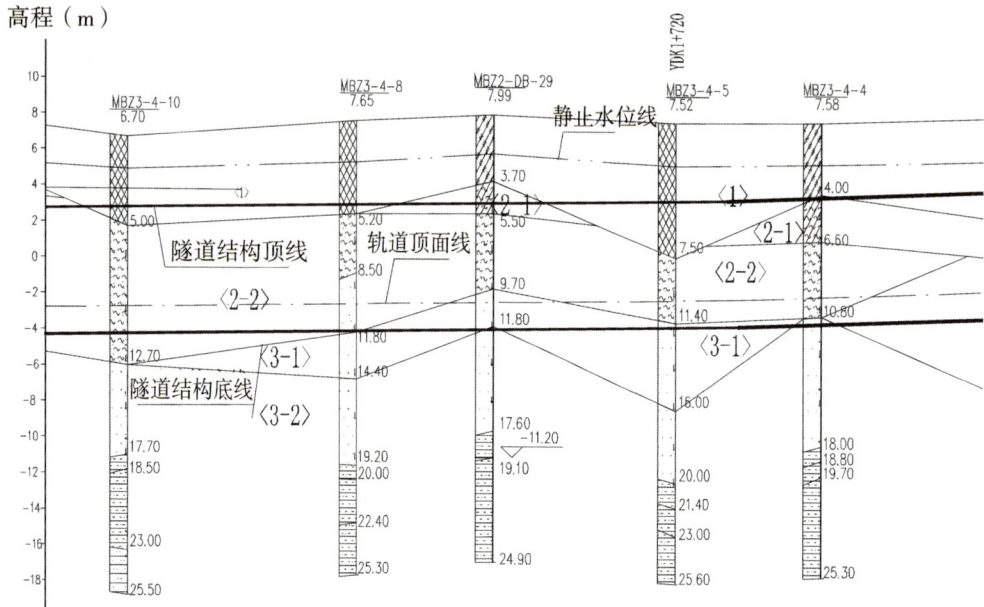

图 8-3   异常沉降试验段地质图

2.2   水文条件

本区间隧道所处土层含水量较为丰富，地下水位较浅，变化范围不大，水位埋深为 1.80～3.40m，平均埋深为 2.54m，隧道结构周边地下水类型为第四系孔隙水，砂层中富含地下水，地下水补给条件好，平均每 100m 基坑涌水量达 1 107.3m³/d。

2.3   原软地基处理方案

（1）板下淤泥质砂层厚度大于 2m 的地段，采用 LXK 工法水泥搅拌桩加固地基，搅拌桩沿基坑宽度密排，沿线路纵向排距 4m，桩径 500mm，桩底达到强风化岩层面。当基坑同一横截面上的基础面高差大小不一时，可视其高差大小及地基性质的不同，也采用 LXK 工法水泥搅拌桩加固。

（2）板下淤泥质砂层厚度不大于 2m 的地段，采用 800mm 厚砂碎石垫层置换法进行地基处理，要求置换层厚度不小于 1m，处理后的地基承载力不小于 120kPa。

2.4   外部环境影响

根据该区间运营养护维修及结构巡视记录，该区段自开通运营以来，未进行大规模隧道结构养护维修，且对应地面区段无影响地铁隧道结构稳定性等大型施工行为。

鉴于该区间隧道结构沉降较大的位置主要集中在曾实施过地基换填处理的四个区段（累计沉降均超过 20mm），综合上述情况分析，局部区段沉降较大的主要原因为地基换填区受地下动流水和运行列车的往复震动影响，原结构周边颗粒级匹配不良的砂石换填层产生液化迁移，容重较大的碎石层被置换到换填层底部，置换后的地基承载力不满足设计要求，在外部荷载作用下引起沉降。

3. 事件处理

3.1　处理方案

3.1.1　处理方案设计思路

根据隧道结构设计情况、异常沉降的发展情况以及原因分析，经论证，提出沉降整治处理方案，以注浆加固方式作为减少和控制沉降的主要手段。

本项目施工须在当天运营结束后进行且不能影响次日的地铁运营，在运营隧道中无类似的注浆加固经验，注浆参数难以准确确定，因此沉降整治选取了设计里程 YDK1 + 864.970（ZDK1 + 864.903）处结构变形缝两侧各 11m 作为注浆加固试验段，试验段处理方案主要经过四个阶段的试验最终形成，如表 8 - 1 所示。

表 8 - 1　处理方案形成阶段表

阶段	时间	方案内容
第一阶段	2012 年 5 月至 7 月	一次性钻孔至基底以下约 7m，由下向上分段采用水泥加水玻璃混合浆液进行注浆
第二阶段	2012 年 7 月至 2013 年 3 月	注浆浆液调整为水泥浆（主要是水玻璃的耐久性较差）；注浆顺序调整为由上向下逐段灌注（作业时间限制）
第三阶段	2013 年 3 月至 12 月	方案调整为钻孔至碎石层利用聚氨酯固结碎石，对碎石层上部回填砂层逐段注水泥浆加固（试验过程中在碎石层卡钻，反复钻孔对基地砂层扰动大，砂层流失量大）
第四阶段	2013 年 12 月至 2014 年 6 月	增加的每段钻孔的过程中利用聚氨酯护孔工序，并在浆液中掺加适量的膨润土（减少涌砂量，提高浆液的流动性和渗透性）

3.1.2　处理方案主要内容

（1）布孔原则。

在 YDK1 + 864.970（ZDK1 + 864.903）变形缝两侧各 11m，上、下行线 44m 范围内共布灌浆孔 50 个。分边墙孔、中隔墙孔和变形缝中心孔，钻孔孔径 Φ75mm，孔距 2.0m，孔深 900mm（不穿过混凝土结构），布孔时严格控制列车运行的安全界限，如图 8 - 4 所示。

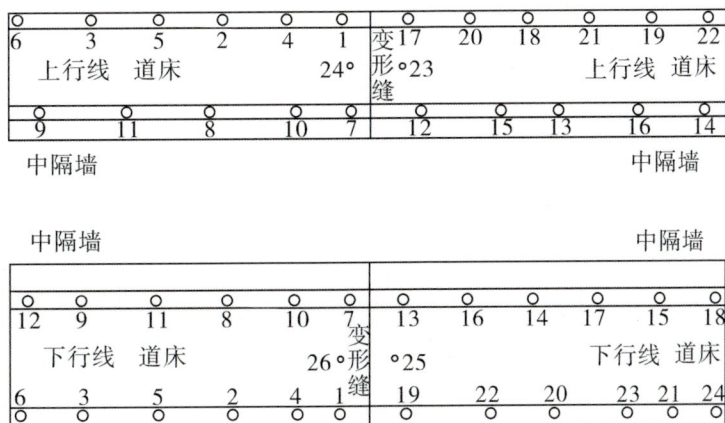

图 8 - 4　试验段平面布孔图

（2）施灌原则。

①施灌步骤：因考虑本明挖区间隧道结构加固基地为砂石换填层，有地下潜水流动的影响，为满足钻孔成孔率并防止二次施工钻孔产生对土层的扰动，产生二次沉降不利因素，因此根据设计验算，施灌顺序采用跳孔注浆以增加孔洞挤压密实度，先边墙后中隔墙，最后是变形缝中心孔，钻孔施灌顺序采用自上而下分段次的方法，以有效控制高动态涌水、涌砂石，如图 8-5 所示。

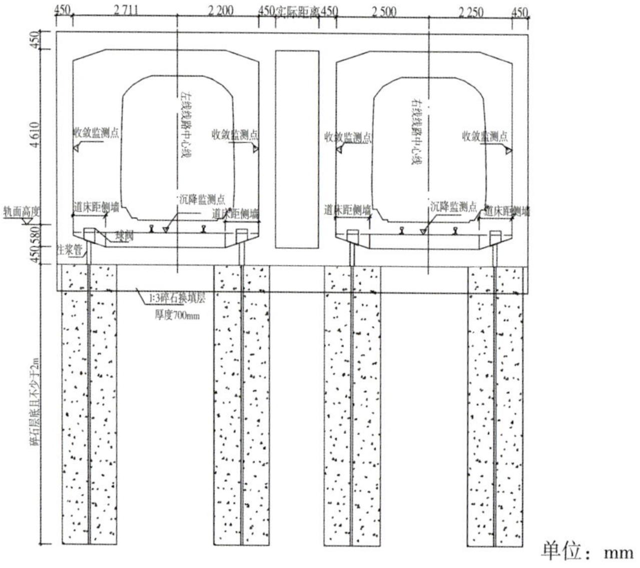

图 8-5　隧道底注浆加固断面示意图

②施灌范围：运营隧道作业时间有限，对原发生砂石液化置换的换填层砂层以下的碎石层灌注水泥浆进行彻底固结处理较困难，且多次扰动，基底砂、石、水的流失对隧道结构受力也会产生不利的影响。因此，本试验段重点是对结构基底底部至碎石层上部的砂层进行水泥注浆固结，钻孔至碎石层即停止钻进并采取措施固结碎石，如图 8-6 所示。

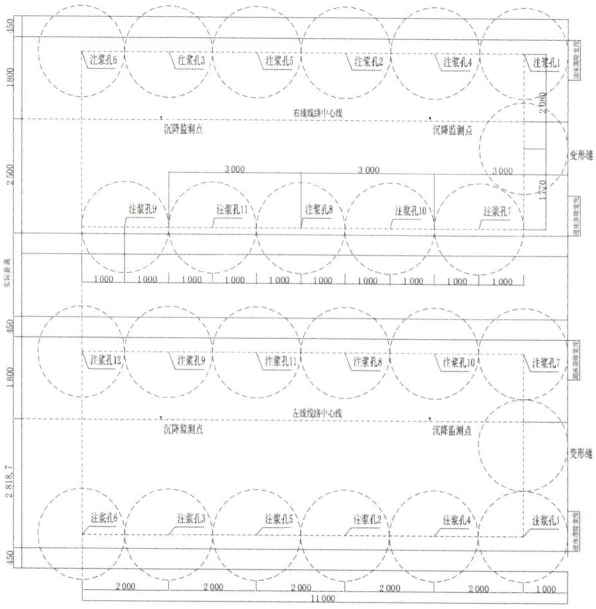

图 8-6　变形缝一侧钻孔平面布置图

③施灌方式：对结构基底至碎石层之间采用聚氨酯灌浆材料护孔稳砂控水、水泥—膨润土稳定性浆液置换、填充的组合施灌方法，达到改善隧道结构基底条件、控制隧道沉降的目的。

3.1.3　监测方案

为实时掌握注浆过程中隧道结构变形情况，防止发生次生病害，根据本次加固处理试验段施工范围，在 YDK1 +864.970（ZDK1 +864.903）上、下行变形缝两侧各 11m 处各布设 8 个监测断面自动监测点。相邻断面间距约 4m，每个监测断面在隧道顶部布设 1 个监测点、两侧拱腰各布设 1 个监测点，于隧道底部布设 2 个监测点用于反映道床的沉降差异（如图 8 - 7 所示），并在施工过程前、中、后和隧道日常运行中进行监测，并根据监测警戒值和控制值调整施工方案（如表 8 - 2 所示）。

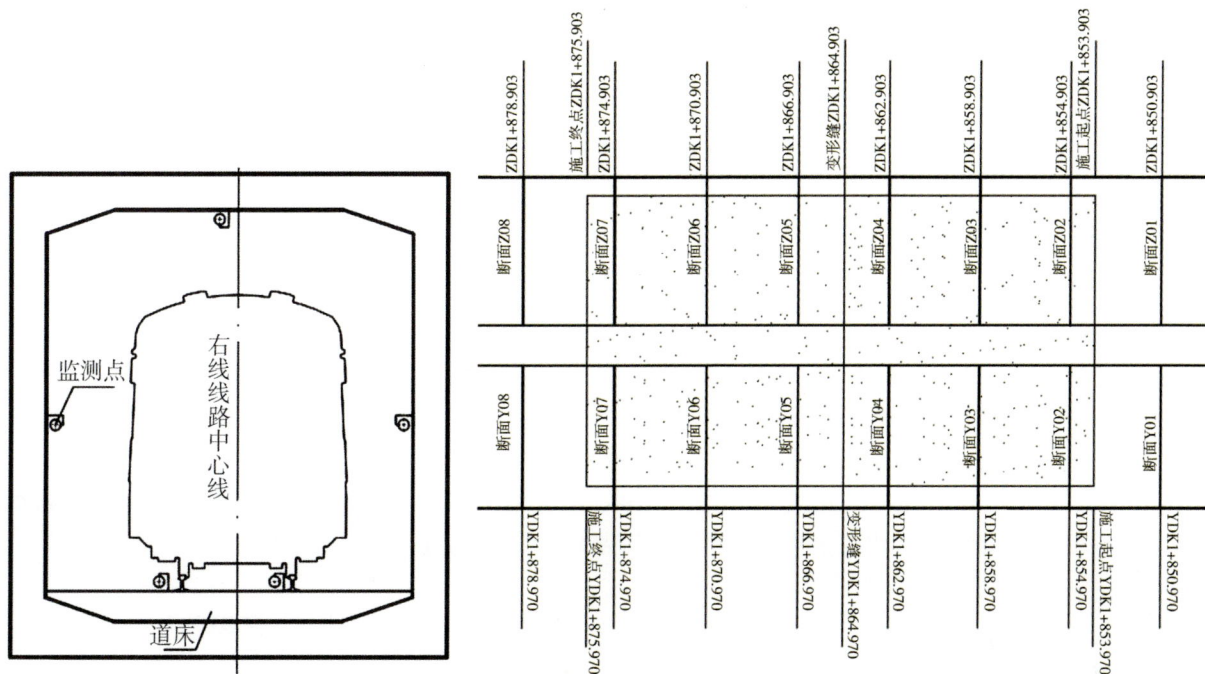

图 8 - 7　隧道监测点布置断面图、平面图

表 8 - 2　监测警戒值和控制值

变形量	变形方向	日变化量	累计变化量（mm）	
		警戒值	警戒值	控制值
x 值	沿隧道水平方向	连续两天超过 2mm	8	12
y 值	水平面上垂直隧道方向	连续两天超过 2mm	8	12
z 值	竖直方向（沉降）	连续两天超过 2mm	8	12
差异沉降	竖直方向（沉降）	单次超过 4mm	4	8

3.2　处理过程

3.2.1　施工流程

施工主要流程为：预埋套管钻孔→预埋套管、套管注浆封孔、安装孔口封闭器及压力器→由上至下分段钻孔→第一段次灌注聚氨酯灌浆→第一段次灌注水泥—膨润土稳定性浆液→第一段次扫孔及第二段次钻孔→第一段次重复注浆及第二段次注浆→重复钻孔、注浆、扫孔至最末段次→封口处理。

（1）钻孔及预埋套管：根据定位孔，安装钻机进行钻孔，孔径为 Φ75mm，要求保证开孔的垂直度，误差不大于 0.5%，钻孔时应尽量避开结构底板钢筋，如遇结构主筋时，须重新钻孔，废孔采用水泥砂浆和环氧注浆封闭。成孔后，安装孔径 Φ73mm 的钢套管，孔距 2m，管长 900mm，采用早强水泥封闭孔口边，在距孔口管 5~8cm 范围布 3 个注浆封闭孔，采用环氧灌浆材料灌浆固封钢套管边，并在钢套管口安装防喷球阀以及压力器，安装时严格控制封闭器与轨道的标高（环氧材料性能如表 8-3、表 8-4 所示）。

表 8-3　环氧材料力学性能表

（单位：MPa）

项目	抗压强度	弹性模量	抗剪强度	劈裂抗拉强度	抗拉强度	抗冲击强度
指标	36.2~85.7	300~2 154	10.0~32.7	5.7~23.9	10~25	4.1~4.2

表 8-4　环氧材料物理性能表

项目	表面张力（dyn/cm）	接触角（°）	密度（g/cm³）	黏度（MPa·s）25℃/（2h）	凝胶时间（h）25℃	凝胶时间（h）35℃	备注
指标	30.2~34.2	15~29	0.873~1.006 25	1.3~37.4	30~85	13~29	可根据气温加入促进剂调节

（2）对定位孔进行隧道底板下第一段次约 0.5m 深度钻孔，钻孔不能用力过猛，管外可涂抹润滑油，拔出钻杆，插入 Φ28mm PVC 注浆管，在钻孔及插入注浆管过程中如发生涌水涌砂，需及时关闭球阀。先以定量聚氨酯灌浆材料施灌，施灌压力为 0.1~0.5MPa，起到护孔稳砂控水的作用，待聚氨酯灌注成效后，对第一段次灌注水泥—膨润土稳定性浆液，水灰比 0.6∶1~1∶1，施灌压力 0.5MPa，达到灌浆结束压力后稳压 10min。聚氨酯、水泥浆液的材料性能如表 8-5、表 8-6 所示。

表 8-5　SL-669（亲水性）单液型 PU 发泡止水剂（WPU 类）材料性能（聚氨酯）

项目	密度（g/cm³）	黏度（MPa·s）	遇水膨胀率（%）	包水性（10 倍水）（s）	凝胶时间（s）	不挥发含量（%）	发泡率（%）	结石干容重（g/cm³）
指标	1.45	4.3×10²	78	64	36	80	378	1.31

表 8-6　水泥浆物理力学性能表

项目	比重（g/cm³）	析水率（%）	漏斗黏度（s）	流变参数值 Tcn（m²）	流变参数值 N（cp）	凝胶时间 初凝	凝胶时间 终凝	结石强度（MPa）7 天	结石强度（MPa）8 天	结石湿容重（g/cm³）	结石干容重（g/cm³）	备注
指标	1.75	1.80	26.7	0.75	12.3	11∶31	14∶24	11.1	16.5	1.82	1.31	未加早强剂

（3）对第一段次扫孔及第二段次钻孔，重复（2）施工工艺，钻孔注浆深度以进入碎石面层见碎石返出为准。

（4）灌浆完成后，将孔口管切除，在注浆管中灌满水泥浆，采用环氧砂浆进行封孔处理。

（5）钻孔灌浆施工过程中，注浆以均匀、少量、多次、多点为准则，在隧道两侧、变形缝两端对称注浆，跳孔施作。每一次注浆应做好注浆施工的各种记录，及时了解注浆压力以及流量变化情况并进行综合分析，判断注浆效果是否满足设计要求，严格控制孔口涌水、涌砂及冒石量，确保地铁的安全运行。

每天施工前、中、后对隧道结构变形采取全过程监测，并根据监测情况随时调整注浆。

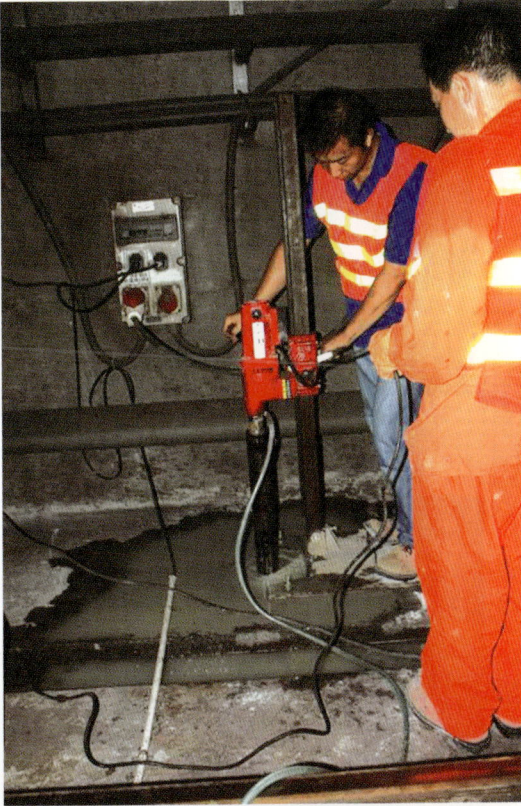

图8-8　钻孔

图8-9　安装防喷功能封闭器及压力表

图8-10　钻孔过程中大量涌水、涌砂

图8-11　安装注浆管

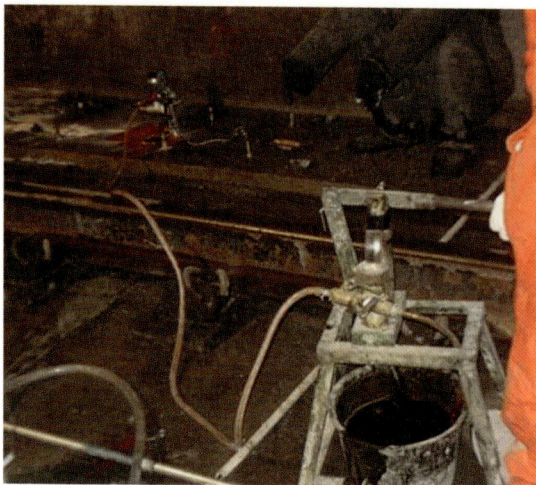

图 8 - 12　注浆前先注聚氨酯稳孔固砂

图 8 - 13　注水泥—膨润土稳定性浆液

图 8 - 14　注浆完成

图 8 - 15　施工过程结构变形监测

3.2.2　验收、评定标准

（1）验收标准：边墙每孔注浆量单耗大于 760L/m、中隔墙每孔单耗大于 460L/m（注浆长度为有效长度，即扣除结构底板及垫层厚度），或注浆终压值达到 0.5MPa 且稳压（压力下降不超过 10%）时间不小于 10min，两项满足其中一项即可。

（2）评定标准：完工后对隧道结构沉降进行为期 10 个月的监测，跨越枯水期及丰水期进行检查，前 3 个月监测频率为每周一次，后 7 个月监测频率为每月一次，监测周期内没有连续 3 次变化超过 0.02mm/d，且经分析结构趋于稳定。

3.2.3　施工总体情况

（1）试验段注浆加固施工历时 15 个月，耗用施工作业点 147 个。本次试验段施工总布孔 50 个，各钻孔孔深分别为 2.0 ~ 4.7m（如图 8 - 16 所示），钻孔孔深总长 142m，重复扫孔 4 522m，水泥干耗灰 76.3t，水泥充填浆量 7.2×10^4 L，聚氨酯灌浆材料耗用量 2.46t，清理孔内涌出砂石量约 7.7t（如表 8 - 7 所示），各孔注浆量或压力值符合验收标准，经现场检查核实，工程完工后，对隧道结构和附属设施没有破坏或引发次生的病害。

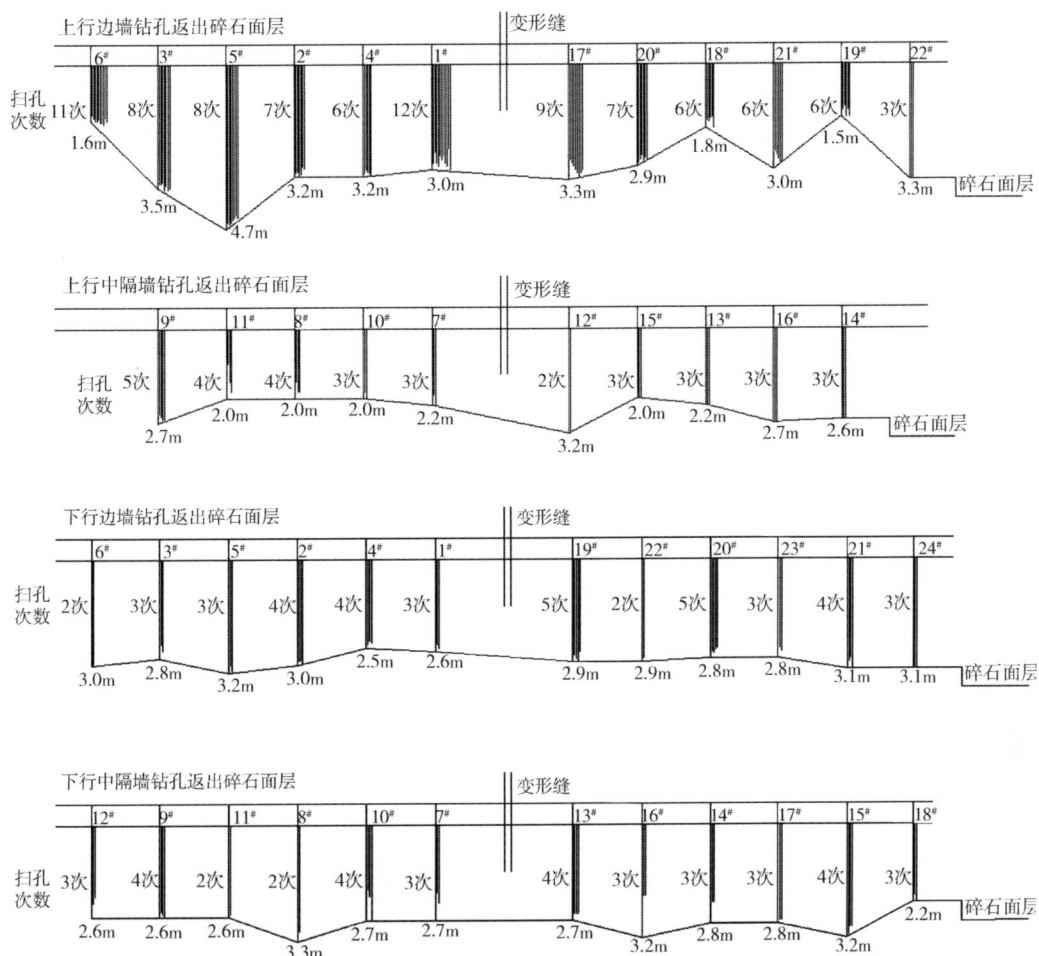

图 8 - 16　上、下行线试验段里程钻孔碎石层面深度

表 8 - 7　试验段灌浆量汇总表

内容	上行线				下行线			
	边墙孔	中隔墙孔	中心孔	合计	边墙孔	中隔墙孔	中心孔	合计
水泥干耗（kg）	27 500	10 100	1 500	39 100	21 500	14 100	1 550	37 150
水泥浆量（L）	44 000	16 160	2 400	62 560	34 400	22 560	2 480	59 440
PU 耗用量（kg）	670	330	80	1 080	485	840	60	1 385

3.2.4　结构变形监测情况

该区间变形监测分为整区段加密监测以及试验段专项监测。整区段加密监测自 2010 年 8 月至今，其中 YDK1 + 867.63（ZDK1 + 867.21）监测点与试验段监测点重合。试验段监测分为施工过程监测以及施工后监测。

（1）试验段施工过程自动监测情况。

施工过程中自动监测数据显示，Z 方向累计竖直沉降左线最大值为 - 0.40mm，右线最大值为 1.0mm；Y 方向累计横向位移左线最大值为 - 1.30mm，右线最大值为 - 1.10mm；X 轴累计纵向位移左线最大值为 - 0.40mm，右线最大值为 0.50mm，隧道结构沉降和水平位移数值均在允许的安全值内变化（单次变形不大于 2mm，累计变形不大于 4mm）。

（2）试验段施工后专项沉降监测情况。

试验段至 8 月 18 日进行专项监测，数据显示左线沉降值为 $-0.43 \sim 0.92$mm，单个测点最大日变化量为 -0.023mm，无连续三个月超过 0.02mm/d 的测点；右线沉降值为 $-0.13 \sim 0.74$mm，单个测点最大日变化量为 -0.028mm，无连续三个月超过 0.02mm/d 的测点（试验段左、右线沉降值典型点变化趋势如图 8 - 17、图 8 - 18 所示）。左、右线总体评定阶段监测数值均在允许的安全值内变化，符合试验段总体评定要求。

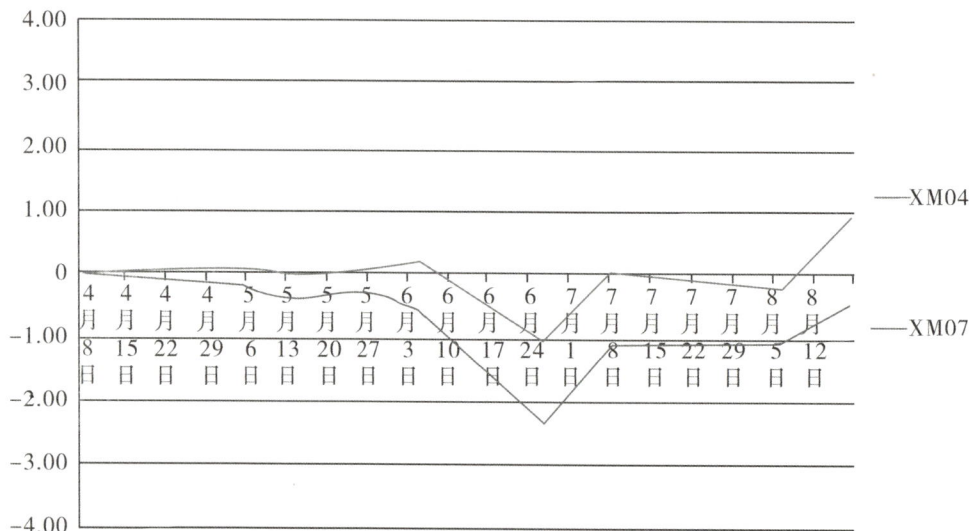

图 8 - 17　试验段左线沉降值典型点变化趋势图

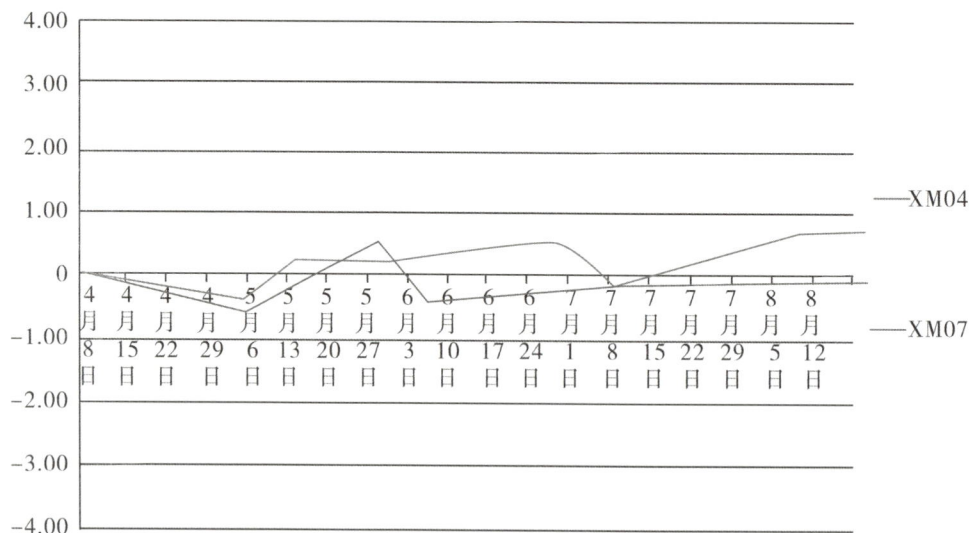

图 8 - 18　试验段右线沉降值典型点变化趋势图

4. 小　结

4.1　技术工艺环节

本项目的难点是确定注浆的技术方案和注浆工艺，经过四个阶段的试验，确定了本项目采用钻穿隧道底板，对基底回填的砂石层自上而下逐段采用聚氨酯灌浆材料稳砂控水、水泥—膨润土稳定性浆液置换、填充的组合施灌方法，组合施灌的优点如下：

（1）稳砂控水。

未采用组合施灌孔段，单孔涌砂量约 300kg/m（上行线 17# 孔）；采用组合施灌，单孔涌砂量约 86.4kg/m（下行 16# 孔），出砂率降低 3.5 倍（以最大出砂量孔对比计算）。因此，采用组合施灌能有效改善和控制在动态压力流动水下较厚粗、细砂层钻孔过程中的涌砂、冒石量。

（2）浆液施灌效果。

未采用组合施灌的孔段，平均单位填充灌浆方量为 1 245.2L/m，收浆压力值为 0.1 ~ 0.5MPa，未达到设计要求，同时水泥浆液出现跑浆、稀释等现象，影响施灌效果；采用组合施灌试验段的各孔段，平均单位充填灌浆方量为 511.4L/m，均达到 0.5MPa 的设计收浆压力值，有效控制和改善水泥浆的填充范围，不易被稀释和流失，提高施灌填充、加固效果。

（3）成孔率高。

因基底下部粗、细砂层较厚，地下水丰盈，水头压力较大，钻孔至结构基底时出水速率在 20 ~ 35L/min，基底下 1.5 ~ 4.7m 处出水速率在 35 ~ 45L/min。未采用组合施灌孔段，因涌砂、涌水严重，导致钻孔过程中反复塌孔，成孔困难，单个孔位扫孔最多次数达到 13 次（上行 1# 孔、6# 孔）；采用组合施灌，平均扫孔次数为 4.2 次，成孔率极大提高，能有效提高工效、加快工期以及节约投资。

4.2　施工后效果环节

（1）试验段施工过程中通过自动监测数据显示，变化数值在控制值范围内，未对隧道结构造成二次扰动。

（2）施工后对试验段人工监测数据显示，隧道结构在设计允许的安全值内变化，符合试验段验收、总体评定要求。

（3）根据 2013 年 5 月至 2014 年 5 月的水位监测及同期的同部位的沉降监测数据显示，隧道沉降变形基本与水位升降趋势类似。

4.3　实体现状环节

试验段隧道结构实体较良好，无异常。

运营期地铁明挖隧道基底加固在国内可借鉴的整治经验极少，对技术和安全要求极高。该加固处理试验段施工在一定程度上改善和控制基底下土体的流动水，改善了基底下砂层迁移流失状态，提高基土对结构承载力和基底砂层的稳定性，同时结构实体质量较好，变形量均在预警值及控制值范围内，对隧道结构和附属设施没有破坏或引发次生的病害，为试验段以外的其他沉降较大的区域提供了宝贵的经验，具有重大指导意义。

案例 **9** 外部基坑开挖造成隧道异常沉降整治案例

1. 事件概况

隧道常规监测数据显示，某区间左、右线各有两个监测点，单次（一年）沉降量和累计沉降量均比较大，左、右线单次沉降量最大值为 −20.38mm 和 −19.60mm，累计沉降最大值分别为 −32.75mm 和 −30.99mm。事件发生后，运营维修人员相继采取了限速运营、加密检查、加密监测、监控隧道、基坑排水、封堵隧道变形缝漏水、隧道内道床整治和隧道外补偿注浆等措施进行整治。

2. 原因分析

2.1　设计概况

该区间为明挖隧道，开挖深度约为 10m，主体结构覆土厚为 3～5m。区间北段西侧为 LD 项目深基坑施工工地，基坑采用地下连续墙加四道钢筋混凝土角撑支护结构体系，支护结构外边缘距离地铁隧道约为 11.5m，近地铁区域基坑已回填，且主体结构已施工完毕；区间北段东侧为 NH 项目深基坑施工工地，基坑采用地下连续墙加三道钢筋混凝土角撑支护结构体系，支护结构距离地铁隧道约为 16.2m，近地铁区域基坑处于开挖状态。

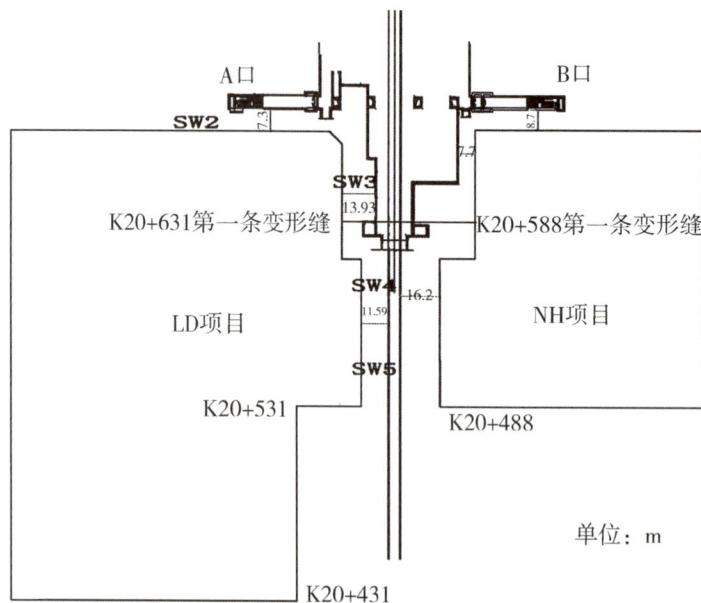

图 9−1　北侧区间段与 LD 项目、NH 项目位置关系图

2.1.1　地层岩性

参考 LD 项目详勘资料，显示场地地貌单元为三角洲平原地貌类型，除局部地段较低洼外，场地较平坦，原为机场跑道及空地。上覆地层主要为杂填土层、冲积层和残积层，下伏基岩为石炭系下统〈C1〉页岩、粉砂岩及灰岩。

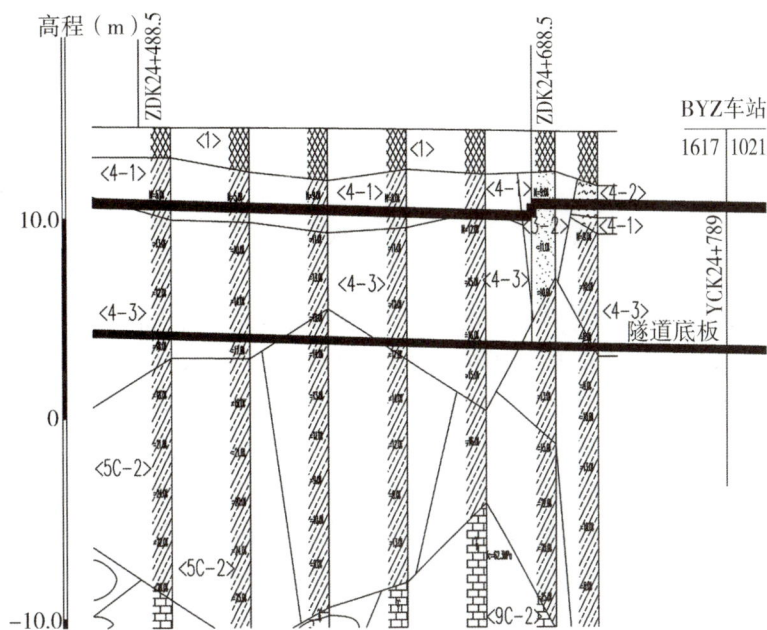

图 9 – 2　FB 区间地质情况

2.1.2　场地水文地质条件

参考 LD 项目详勘资料，勘察范围内地下水主要赋存于第四系土层中的孔隙型潜水和基岩中的裂隙水。粉砂岩基岩中裂隙发育部位，透水性一般，富水性有限，灰岩基岩裂隙溶洞水赋存于裂隙和溶蚀、溶洞中，其地下水较为丰富。细、粗砂层主要分布在低层建筑区，透水性较好，分布较连续，场地地下水水量较丰富。高层区土层透水性差，富水性弱，为弱透水层和相对隔水层。本场地的地下水贫乏或中等。场地地下水的补给主要为地表水的下渗和地下水侧向渗流补给。场地地下水排泄为地下侧向渗流排泄和地表蒸发排泄。

勘察期间测得钻孔的地下水水位深度为 0.70 ~ 3.80m，标高为 8.18 ~ 12.03m。

2.1.3　隧道近 LD 水基坑处土（溶）洞情况

LD 项目基坑地下连续墙共钻孔 53 个，其中 19 个孔探到有土洞，11 个孔探到有溶洞，见洞率超过 50%。

2.2　原因分析

LD 项目基坑开挖，支护结构外边缘距离地铁隧道约为 11.5m，由于 LD 基坑开挖，外部项目施工过程对周边土体的扰动未达到最终稳定和隧道周边底层持续失水是引起地铁隧道继续缓慢沉降的主要原因，最终隧道出现异常沉降。

3. 处理方案

3.1　控制隧道沉降措施

（1）在地铁隧道与两个基坑之间采用"跟踪补偿注浆"方法，控制隧道继续沉降。

（2）对地铁隧道内的病害进行修复处理。对应变形缝处进行注浆，固结部分土体。

（3）尽快封闭基坑塌陷位置，严格控制抽排地下水。

（4）加强基坑和地下室结构施工现场的监管，严格按图施工，切实执行地铁保护措施。

（5）收集地铁结构、邻近基坑和周边地下水位变化的监测数据，分析与施工工况的相应关系。

3.2　隧道跟踪补偿注浆

要控制地铁隧道沉降进一步发展，先对隧道内道床及结构缝进行堵水加固，再对隧道进行跟踪补偿注浆，加固抬升隧道整体。

依据监测资料，地铁隧道里程从 ZDK24＋552 至 ZDK24＋732，区域长约 180m，沉降超过 20mm；其中里程从 ZDK24＋602 至 ZDK24＋702，区域长约 100m，沉降量约 40mm。

考虑到地铁隧道里程 ZDK24＋687 以北为车站主体结构范围内，不宜进行注浆。故本次跟踪补偿注浆范围为：地铁隧道里程从 ZDK24＋552 至 ZDK24＋687，区域长约 135m，均属本次加固区域；其中里程从 ZDK24＋602 至 ZDK24＋687，区域长约为 85m，地铁隧道沉降量约为 40mm，为跟踪补偿注浆重点加固区域。

分别沿地铁隧道左、右线外边缘外扩 1.5m 处各布置一排注浆孔，其中重点加固区域注浆孔间距为 3m，其他区域注浆孔间距为 6m。

补偿注浆采用袖阀管注浆工艺，该工艺可以实现对不同深度（层位）软弱松散地层重复、多次注浆施工，水泥浆的填充、渗透、挤压土体孔隙，形成水泥土固结体和树枝状水泥网脉体，起到加固效果。通过地铁隧道监测数据跟踪补偿注浆效果，及时反馈注浆时地铁隧道沉降数据变化情况，指导补偿注浆施工。

由于地铁隧道是正在运行中的隧道，为确保地铁运营不受施工影响，每次注浆抬升量控制在 1～2mm，不能超过 3mm。

3.2.1　隧道跟踪补偿注浆原则

跟踪补偿注浆法：补偿注浆施工要与隧道监测紧密结合起来，用隧道监测数据指导施工。因此每一个注浆孔位，在地铁隧道内都应有对应的沉降监测点位。

监测单位在左、右线分别布设了 23 个和 17 个监测点。监测点纵向间距均为 10m，按每天早、中、晚三次进行监测，并反馈数据。其监测方法、点的密度基本满足本次注浆施工的需求，监测频率则应在注浆点前后 25m 内的监测点，按每 10 分钟监测一次进行数据反馈。

补偿注浆施工开始后，同时启动隧道沉降监测。沉降监测数据及时反馈给补偿注浆单位及相关单位，当地铁隧道出现抬升时，应马上通知补偿注浆单位，控制注浆压力，并做好停止注浆的准备。通过隧道沉降监测，控制单孔（次）补偿注浆量，使隧道每次抬升量控制在 1～2mm。

隧道沉降监测跟踪每一个注浆孔补偿注浆抬升位移情况，使地铁隧道平稳协调地逐步抬升，回到地铁轨道可以接受的沉降范围内。

3.2.2　隧道跟踪补偿注浆工法

袖阀管注浆施工工艺是目前一种比较先进的注浆工艺，其适应性强，对砂层、粉质黏土、淤泥层等均能达到较好的补偿注浆效果。能进行定深、定量、分序、分段、间歇、重复、多次注浆，集中了压（挤）密注浆法与渗入注浆法的优点。

袖阀管注浆法使用的注浆工具为"袖阀管"，袖阀管为内径为 48mm 的 PVC 管，由两部分组成，注浆段为带射浆孔的花管，注浆段以上为实管。花管每隔 33cm（每米 3 组）钻一组（6～8 个孔）射浆孔，射浆孔呈梅花形布设，其外围被长 5～8cm 的橡皮袖阀包裹。袖阀管注浆法的基本施工工序可分为泥浆护壁成孔、浇注套壳料、下袖阀管及固管止浆、注浆等步骤。

本工程应采用渗透注浆的方法，采用"既能渗入加固层中，但又不足以破坏加固层的结构与构造"的注浆压力、把水泥浆液注入加固层的砂、土粒间的孔隙中，从而对砂、土层的结构强度与抗渗性能起到改善作用。

```
钻机、黏土等进场 ──────→ 泥浆制备 ─────┐         施工准备
                                              ↓            ↓
                                                        布置钻孔
                                                            ↓
                                              └────────→ 施工注浆孔
                                                            ↓
                                                        浇筑套壳料
                                                            ↓
水泥、黏土、袖阀管进场 ──→ 套壳料制备 ────┘         下袖阀管
                                                            ↓
                                                        固管止浆
                                                            ↓
水泥、注浆泵进场 ──────→ 浆液制备 ──────┘         注浆
                   │                                        ↓
                   └──────→ 浆液制备 ──────┘         袖阀管清洗
                                                            ↓
                                                        重复注浆
                                                            ↓
                                                        注浆孔封孔
                                                            ↓
                                                     完成、移机下一处
```

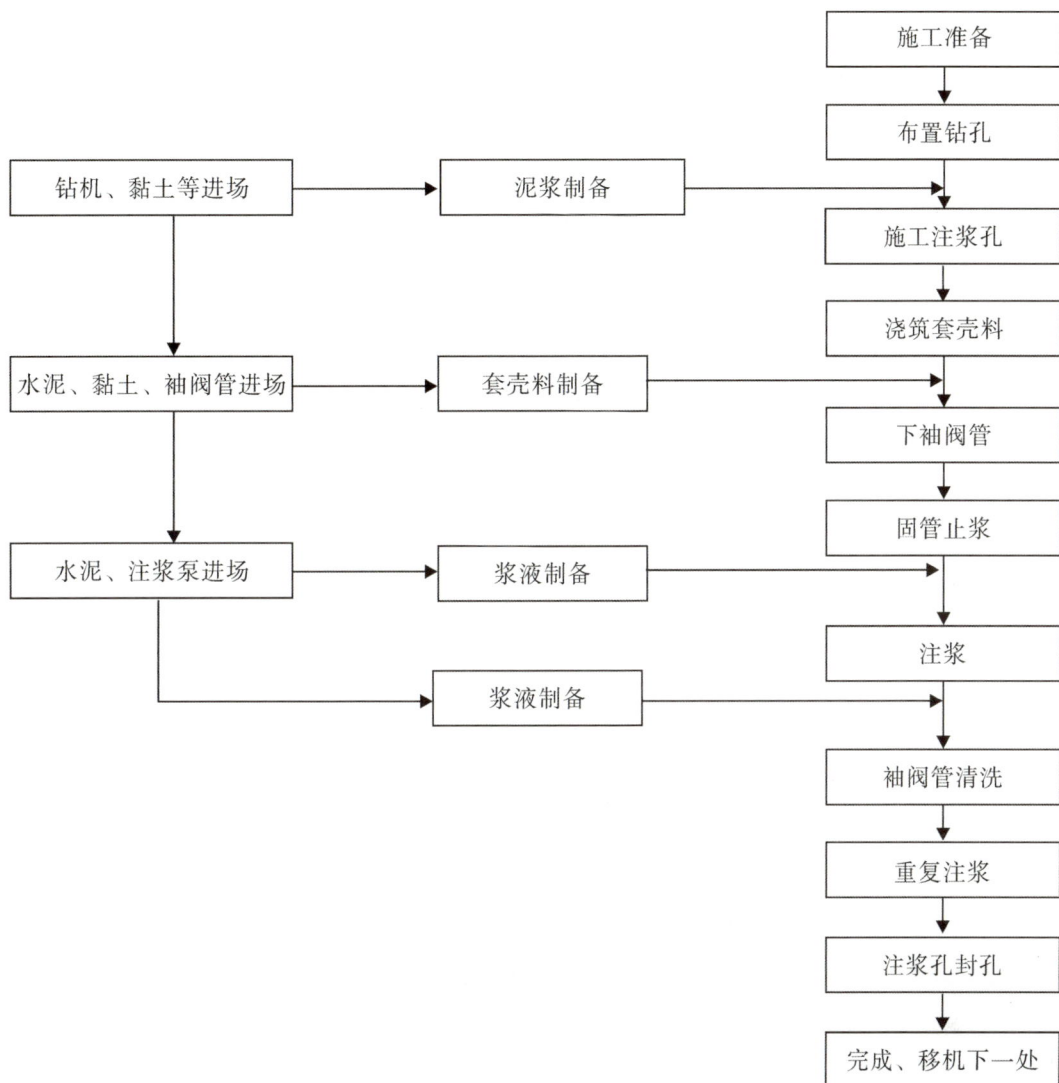

图 9 - 3　袖阀管注浆工艺流程图

3.2.3　注浆孔的布置

考虑到地铁箱体隧道底板多外扩设翼板以及测量及钻孔施工的偏斜等原因，为防止钻孔施工产生的误差对地铁结构产生影响，在隧道两侧布设的单排注浆孔，沿地铁隧道左、右线外边缘外扩 1.5m 布置。对于补偿加固重点区域注浆孔间距按 3m 布置，其他区域注浆孔间距按 6m 布置，详见图 9 - 4。

根据隧道结构沉降资料确定本次补偿注浆段为：地铁隧道里程从 ZDK24 + 552 至 ZDK24 + 687，区域长约 135m；其中里程从 ZDK24 + 602 至 ZDK24 + 687，区域长约 85m，地铁隧道沉降量约为 40mm，为跟踪补偿注浆重点加固区域。预计成孔约 74 个，成孔量约 2 000m，注浆量暂无法估计。

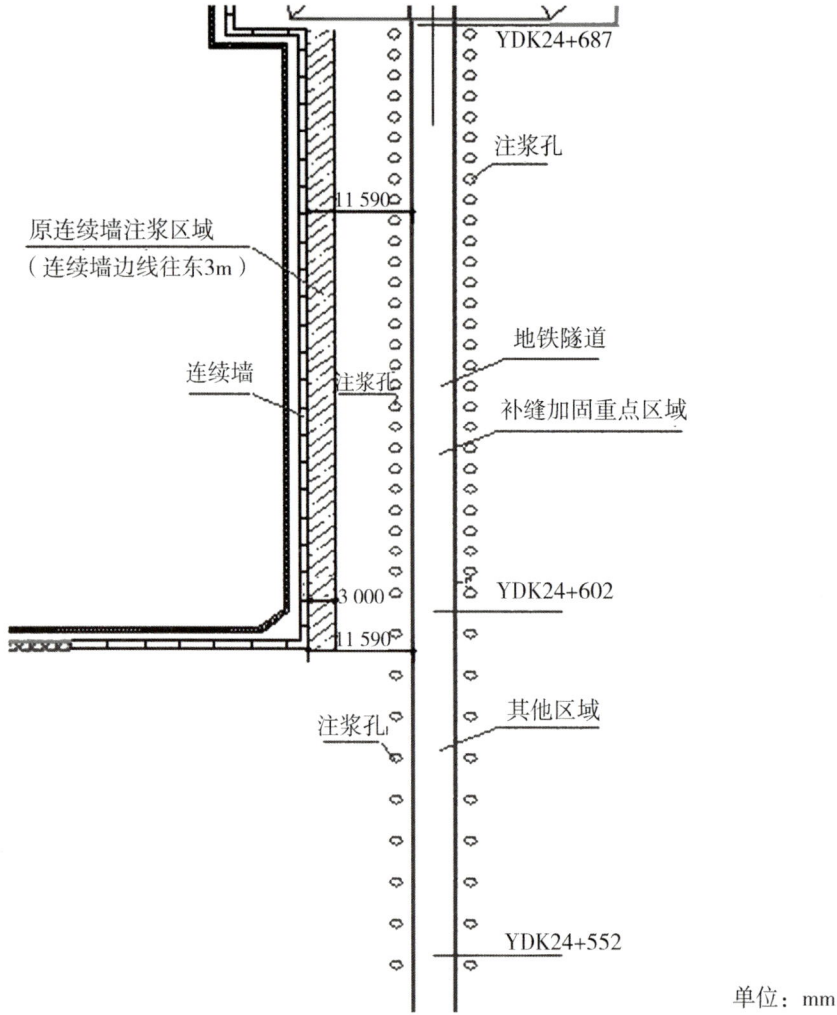

图 9-4　补偿注浆区域布孔示意图

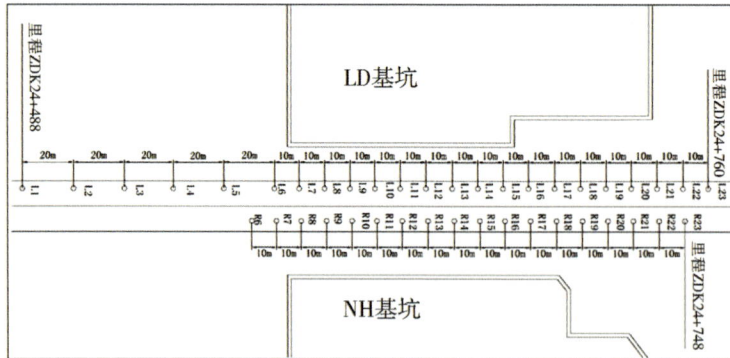

图 9-5　地铁隧道区间监测点位图

4. 现场实施

4.1 现场注浆施工过程

注浆管道连接由注浆泵、注浆管、注浆枪、压力表、流量表等组成，在注浆泵出浆口处安装流量计，用以观测注浆量；在注浆管与注浆枪连接处安装压力表，用以控制注浆压力。

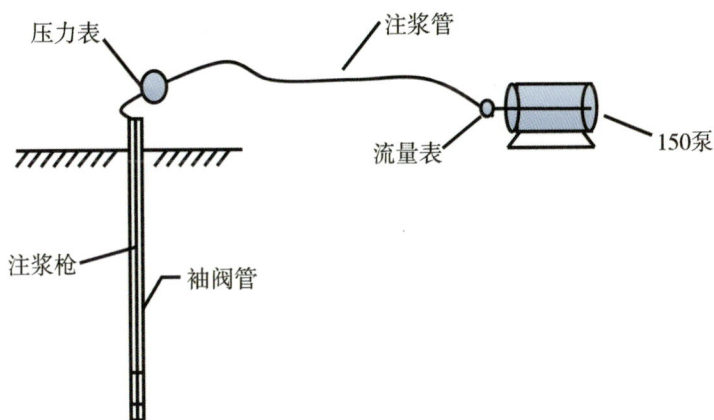

图 9 – 6 注浆管道连接示意图

4.2 现场处理情况

4.2.1 隧道内处理情况

针对隧道内因异常沉降而产生的变形缝渗漏水、道床翻浆冒泥、道床剥离、裂缝等病害，进行堵水、加固处理。

图 9 – 7 道床加固施工

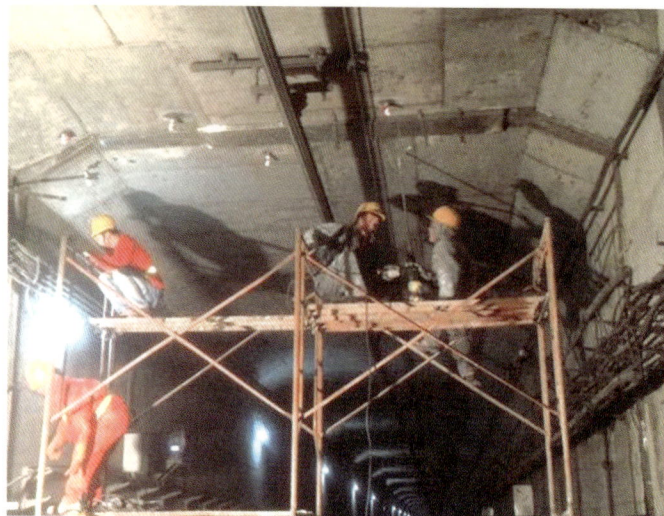

图 9-8   结构变形缝注浆施工

处理效果:

（1）上行道床、结构变形缝无漏水。

图 9-9   上行道床、结构变形缝处理效果

（2）下行道床、结构变形缝无漏水。

图 9-10   下行道床、结构变形缝处理效果

4.2.2 隧道外部注浆处理情况

图9-11　注浆施工情况

图9-12　注浆孔

图9-13　注浆孔灌浆

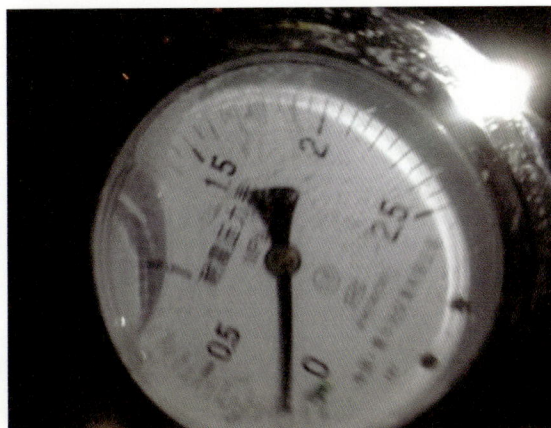

图9-14　注浆压力控制

注浆材料及参数控制：

（1）采用32.5R水泥，水灰比定为0.8~1.5。每次注浆需从稀浆注入，后注入稠浆，尽量扩大注浆分布路径。

（2）注浆压力按注浆层位的埋深计算出水头压力，地下水位埋深在地面以下5m左右位置，由此计算地面以下15m位置水头压力为0.1MPa，每加深1m水头压力增加0.01MPa，由此可推算出加固区域不同深度位置的水头压力。注浆时采用高于水头压力0.2~0.3MPa，并根据注浆时隧道结构监测情况及时调整，其余参数根据现场试验来定。同时，每个注浆孔孔口应配置压力表，以此作为注浆压力依据。

（3）注浆量：注浆时根据搅拌桶的容积和浆液流量来确定注浆量，在搅拌桶中配好浆液、测定体积后再将浆液输入注浆池中，注浆池直接与注浆泵相连。注浆时再通过压力表和浆液流量来控制注浆量。另外，计量现场水泥用量，也是掌握注浆量的有效措施。

单孔注浆量：在上述注浆压力下，采用稳压注浆，尽量渗入。每节段的注浆量均需记录，以便确定地应力损失较大的层段。

（4）注浆施工及监测反馈。

注浆施工时间：开始阶段，注浆时间宜在晚上10点后开始，第二天凌晨4点前结束。待注浆工作摸索出规律，尤其是隧道的抬升量能严格控制时，注浆工作时间可调整。

注浆施工要求左、右线注浆孔对称施工，起到横向均匀抬升地铁隧道作用；单孔注浆施工由孔底（基岩面）往上逐层施工，尤其需要特别注意基岩面的注浆，以便封堵岩溶水渗流通道；注浆施工至松散地层，注浆量会明显增加，要注意控制注浆压力及注浆量，并做好记录，便于找到软弱层位，并作为后续注浆施工重点区域。

注浆施工开始后，地铁隧道监测也要同时进行，对于补偿注浆点前、后 25m 内的监测点每 10min 监测一次，当发现补偿注浆使隧道抬升 1~2mm 后，应马上通知注浆施工单位，控制好注浆压力及注浆量，随时做好停止注浆的准备，将抬升位移量控制在 2mm 以内。

对于注浆点前、后 25m 外区域的监测，在正常情况下，可继续按每天早、中、晚的频率进行监测并反馈数据。

对于多次补偿注浆，隧道监测数据反映抬升效果不明显的区域，应加密注浆孔间距。若该区域位于重点加固区域，间距调整为 1.5m；若该区域位于其他区域，注浆孔间距调整为 3m。

（5）袖阀管清洗及做好后续注浆准备。

每次补偿注浆完成之后，要对刚注浆完毕的袖阀管进行清洗，确保注浆通道畅通，清洗干净后，管内注满清水，盖好袖阀管保护帽。

4.2.3　整治效果

隧道内病害整治于 2014 年 3 月底完成，隧道外补偿注浆于 4 月初开始，隧道加密监测数据显示，左、右线累计沉降最大值于 3 月上旬达到峰值，分别为 −41.05mm 和 −38.58mm。

隧道内病害整治完成后，道床得到加固，变形缝漏水得到封堵。解决了隧道内渗漏水的情况，也确保了隧道外补偿注浆的顺利进行。

通过隧道内病害整治和隧道外补偿注浆加固双管齐下，隧道沉降趋势逐步得到了有效控制。监测数据显示，至 2014 年 5 月底，左、右线累计沉降最大值分别为 −37.90mm 和 −36.10mm，不仅沉降趋势得到了控制，还出现了上浮趋势。

4.2.4　后续工作

（1）对轨道、结构以及其他可能受影响的设备状态进行加密检查。除了有调试车、工程车占道时段，每日对轨道及结构状态进行检查，确保实时了解线路及结构状态。

（2）委托监测单位对结构沉降进行加密监测，监测频率为每周一次。每周对监测结果进行跟踪与分析，用数据说明结构状态。

（3）每日跟踪地铁保护自动监测数据，将地铁保护自动监测数据与人工监测数据进行对比分析。

（4）每日对项目基坑水位进行测量，分析水位数据，辅助分析结构沉降状态。

（5）在最近的地铁车站配置抢险设备，确保发生异常时能及时响应。

5.　小　结

城市发展，地铁先行。随着国内各大城市开工建设和投入运营的地铁线路越来越长，在地铁隧道两侧进行项目建设和物业开发的案例越来越多。作为承载城市交通的重要基础设施和交通工具，地铁运营安全的重要性毋庸置疑，如何既能促进城市规划和发展，又能严格控制地铁运营线路设施的安全，将是一个越来越迫切的研究课题。目前国内对地铁隧道受邻近建筑物施工而发生严重变形的应急处置案例还不多，本案例的应急处置和后续整治的研究，对国内地铁类似事件具有较大的参考价值。

第五节 常见结构病害

　　隧道的防排水系统是隧道建设、正常使用及安全运营过程中的重要环节。渗漏水是隧道常见的病害，隧道长期渗漏水不仅会降低混凝土衬砌的耐久性，而且降低了隧道内各种设施的功能，恶化了隧道内的环境，给地铁运营安全带来不可估计的危险。

一、地铁区间隧道防水设计体系及原则

1. 设计原则

　　地铁区间隧道的防水设计原则一般为"防、排、截、堵相结合，因地制宜，综合治理"，即以防为主，以排为辅，刚柔结合，设置多道防线。

2. 防水标准

　　地铁区间隧道的防水等级为二级，结构不允许出现渗漏水现象，表面允许有少量浸渍，但总浸渍面积应在总防水面积的 6‰ 以下，且任意 $100m^2$ 防水面积中浸渍部位不应多于 4 处，单个浸渍的最大面积小于 $0.2m^2$。

3. 防水结构设计

　　暗挖隧道采用超前小导管预注浆，以减少地下水的渗透；初支结构采用抗渗（S6）混凝土，形成第一道封闭的防水线；铺设全封闭的防水层并预埋注浆管；二次衬砌采用抗渗（S8）混凝土，并在达到强度后进行衬砌背后回填注浆；沉降缝采用中埋式橡胶止水带；环向施工缝采用遇水膨胀橡胶条，纵向施工缝采用钢板腻子止水带，并外贴止水带。

　　明挖隧道主体结构采用 C30 防水混凝土，抗渗等级为 S8。底板下垫层采用 150mm 厚防水混凝土。其中顶板采用高渗透性环氧防水涂料或者 2.5mm 厚聚氨酯防水涂料，在拐角处加强，采用 70mm 厚细石混凝土作为保护层。侧墙采用分离式防水结构，防水层采用 2.5mm 厚聚氨酯防水涂料，采用 120mm 厚砖墙保护。底板防水层采用 1.5mm 厚 PVC 防水板，采用 50mm 厚细石混凝土进行保护；垫层为 150mm 厚的 C15 混凝土。在防水板和涂料之间采用自粘改性沥青卷材、外贴式止水带或与其他材料相容的材料进行收口。

　　盾构隧道管片采用 C50 高强度混凝土，抗渗等级为 S12。管片在使用期间应满足强度、抗裂要求，最大裂缝宽度不得大于 0.2mm，且不得有贯穿裂缝。管片在使用期间用做注浆的吊装孔应用微膨胀水泥封堵。管片拼缝防水采用在密封垫沟槽内设置密封垫，通过被压缩挤密来实现防水。管片壁后注浆采用同步注浆技术及时填充管片与围岩之间的空隙，以达到防水及控制地层沉降的效果，根据管片裂缝、接缝渗漏水的情况还应利用管片吊装孔强化二次注浆。

二、地铁隧道常见渗漏水原因分析

1. 暗挖隧道

　　暗挖隧道结构渗漏水一般与设计的关联不大，主要与施工阶段所采取的工法及施工质量把控不严有关：

（1）未采取光面爆破方案，开挖面不圆顺。

确保开挖面圆顺是隧道不渗不漏的基础，开挖面不圆顺极易带来：①拱部回填困难，一旦不密实，易形成水囊。②岩面凹凸不平，喷射砼难以找平。③铺设防水板困难等问题。

（2）注浆止水、防水关把控不严。

需要进行注浆加固的止水地段，特别是富水地段、破碎围岩地段，如果不严格按照注浆设计进行施工，贯彻"以防为主，防排结合，综合治理"的原则，则注浆防水的质量难以达到止水效果，无法实现注浆段无线流，无法初步形成初期支护外的止水环，不能为安全开挖创造条件，为隧道防水创造条件。

（3）小导管注浆关把控不严。

采用短台阶法施工时，应严格执行"管超前、严注浆、短开挖、强支护、快封闭、勤测量"的施工原则，认真做好初期支护，特别是初期支护背后的回填注浆，做到渗漏水无线流，否则应在严重渗漏水处打孔、下管补充注浆，直至符合要求。

（4）喷射混凝土质量关把控不严。

①喷射混凝土没有采用湿喷技术。②喷射混凝土没有采用复喷方式，喷设混凝土的厚度不符合要求。③原材料称量允许偏差（按重量比）不符合要求。④混凝土搅拌时间及搅拌方式不符合要求。⑤混凝土的运输及存放时间不符合要求。

（5）防水层施工质量关把控不严。

①防水层施工由非专业化队伍施工。②没有处理好基面。③没有采用无钉铺设、双焊缝焊接的施工工艺。④防水层施工接缝质量不符合要求。⑤施工过程没有采取防水层成品的保护措施。⑥防水板铺设的搭接宽度不符合大于10cm，焊接宽度不符合大于2cm的要求，存在漏焊、假焊、烤焦、焊穿处没有用同样的防水板焊贴覆盖或按监理工程师的指示办理。⑦固定防水板没有采用胶热焊接，板面与喷射混凝土之间不密贴。⑧铺设防水板地段距开挖工作面，不符合爆破所需的安全距离，二次衬砌灌注混凝土时，损坏了防水层。

（6）二次衬砌混凝土存在施工质量问题。

二次衬砌混凝土在灌注和养护过程中，改变了其水灰比，导致混凝土产生收缩裂缝，降低其防水性能。①防水混凝土所使用的水泥性能不符合规范要求；使用了过期或受潮结块的水泥，将不同品种或标号的水泥混合使用。②防水混凝土使用的水含有有害杂质；为提高混凝土的抗渗性而掺加的外加剂不符合设计要求。③混凝土浇筑不连续，间歇时间不符合规范要求；捣固选用的振捣器，其频率、振幅、振动速度等参数与混凝土的塌落度及骨料颗径不匹配。④拆模时间不符合要求，在混凝土强度未达到规范要求前拆模。⑤混凝土的养护不到位。

（7）混凝土施工缝防水存在问题。

①施工缝的清理不到位，表面浮粒和杂物未凿除，混凝土表面未凿毛，未用水冲刷干净。②止水条的质量不符合要求，最终膨胀率不符合≥200%。

2. 明挖隧道

明挖隧道结构渗漏水产生的原因主要有以下六个：

（1）结构外包防水没有得到有效保护，导致其破损。

（2）结构横向、纵向施工缝龄期差别过大，导致混凝土开裂。

（3）混凝土养护不到位。

（4）防水混凝土原材料及入模温度不符合设计要求。

（5）施工缝及变形缝中设置的中埋式止水带，受混凝土热胀冷缩以及地基基础的不均匀沉降影响，容易造成止水带的拉裂或者混凝土与止水带结合处的松动，尤其止水带安装位置，浇筑混凝土冲击止水带变形时，容易形成变形缝渗漏水。

（6）混凝土保护层厚度不足，使用过程中极易发生钢筋锈蚀膨胀导致面层混凝土剥落，从而引起渗漏水。

3. 盾构隧道

盾构隧道结构渗漏水产生的原因主要有以下八个：

（1）管片自身存在质量缺陷，混凝土不密实，有水泡、气泡等缺陷，管片拼装完成后，水绕过密封垫，从水泡、气泡孔处渗漏进来。

（2）管片止水条脱落。在拼装过程中，管片发生了碰撞，使止水条脱落或断裂，使密封垫没有形成闭合的防水圈。

（3）盾构与管片的姿态不好，影响到管片的拼装质量，造成管片间错位，相邻管片止水带不能正常吻合压紧，从而引起渗漏水。

（4）掘进过程中推力不均匀，造成管片受力不均匀产生裂纹而渗漏水；此外，掘进困难时推力过大也会造成管片产生裂纹而渗漏水。

（5）管片拼装质量控制不严格。管片存在泥土等杂物未清理导致拼装出现空隙形成渗漏水；拼装 K 块时，K 块密封条损坏，造成渗漏水；管片螺栓紧固不到位，造成管片防水没有压实造成渗漏水，或管片螺栓紧固过早，导致管片整体未压实。

（6）盾构前进反力不足，易导致管片接缝不严，致使管片渗漏水。此种状态主要出现在始发及到达掘进阶段，正面无土压力或土压力较小情况下，盾构前进阻力所提供的反力远小于管片止水条所需的挤压力，从而易产生因反力不足而导致管片止水条挤压不实，影响管片止水条的防水性能，造成管片接缝渗漏水。

（7）管片上浮或侧移，管片与隧道初支间空隙较大且不均匀，注浆时操作难度大，而且填充效果差，从而导致管片背后回填注浆难以密实，极易发生管片上浮或侧移，造成管片破损，引起管片渗漏水。

（8）盾构管片吊装孔二次注浆后未严格按工艺进行封堵。根据设计要求，吊装注浆孔在注浆后需进行有效封堵，内部有逆止阀，端部采用橡胶圈止水，用胶盖封住，最外面采用微膨胀水泥砂浆封闭。如果盾构施工期间管片注浆孔打开后背后二次注浆不充分不密实，或注浆后未严格按照要求设置逆止阀及水泥砂浆封闭，在外部气温变化等环境影响下，注浆孔的封堵材料与孔壁发生剥离，加之老化造成强度下降，在一定水压力的作用下容易脱离孔壁冲出，从而发生突然喷涌水现象。

三、结构渗漏水病害的影响及整治措施

1. 结构渗漏水对运营的影响

（1）隧道顶部渗漏水如果影响到接触网，有可能导致接触网跳闸、放电漏电，影响运营安全，造成人身伤害。

（2）结构渗漏水有可能导致道床发生翻浆冒泥的问题，严重时会导致道床起拱，线路几何尺寸发生变化，影响行车安全。

（3）隧道内渗漏水潮湿，降低轮轨黏着力，加速钢轨、扣件及管线的锈蚀，缩短设备使用寿命。

（4）隧道大量喷水，会增加区间水泵的运行压力。如遇水泵故障或超出水泵的排水量就会导致水淹道床甚至区间，导致运营中断。

（5）隧道长期渗漏水，容易导致混凝土结构中的钢筋发生锈蚀，并会加快结构混凝土的碱骨料反应，严重影响隧道的使用功能，导致隧道未达到使用年限而急需整治甚至大修，既浪费了大量的资金，又影响隧道的正常使用。

2. 根据隧道结构类型及渗漏水产生的原因，须采取不同的整治措施

对于隧道结构面上的渗漏点、裂缝渗漏一般采取注化学浆液的方式进行止水补强处理；对于渗漏面视情况采用水泥注浆、化学注浆及涂刷水泥基渗透结晶防水材料进行处理；对于变形缝渗漏水处理，首先灌注稳定性水泥浆液堵水，再进行化学注浆处理并在变形缝处安装不锈钢接水槽。对于暗挖隧道二衬背后回填不密实形成的水囊积水，首先需要灌注水泥单液浆把二衬背后的空间填充密实，然后再灌注化

学浆液进行止水补强。对于盾构管片的拼装缝或者吊装孔渗漏水，在漏水量较小或者渗漏的情况下，可以采用快干水泥进行封堵或者注化学浆液进行补强处理；在漏水量较大甚至发生喷水的情况下，可根据发生的时间（运营期、非运营期），病害影响程度（水质、水量、弓网设备受影响程度），发生部位等采取登乘观察、限速运行、安装接水槽、利用行车间隙安装止水阀、木塞封堵等措施进行应急处置，后续再通过打开吊装注浆孔往管片背后进行注浆填充，并重新封堵注浆孔。

四 、 预防措施

预防隧道结构渗漏水的有效措施，主要是在结构设计及施工阶段。运营阶段只能通过日常巡视、检测等手段掌握结构的实际运行状态，做到及时发现结构渗漏水问题并及时采取措施避免其继续发展、恶化，属于一种补救措施。具体建议如下：

（1）制定相应的维修规程，对区间隧道（含盾构、明挖、暗挖、沉管隧道）的主体结构、附属结构及附属设施按照计划进行全面细致的检查，主体结构主要检查行车隧道；附属结构主要检查联络通道、区间泵房；附属设施主要检查防排水设施和结构渗漏水等情况。

（2）对检查问题应完整、准确记录。检查发现危及设施和行车安全或影响运营服务质量的问题应立即上报并及时（或有计划）采取有效措施处理。

（3）建立完善的评估体系，依据日常巡检及日常维修情况，结合国家或行业相关施工、技术、质量与验收等规范要求，以区间为单位对隧道进行周期性和计划性的评估。

（4）根据隧道的状态评估结果，视情况对其进行专项维修，主要实施以下内容：①通过无损检测，发现结构背后大面积空腔、水土流失较为严重，有计划地采取填充注浆等有效措施加固结构。②通过无损检测，发现大范围结构衬砌背后积水、钢筋锈蚀严重，有计划地采取衬砌背后注浆等有效措施加固结构。③隧道受到外部影响，造成结构大范围压溃、掉块，结构出现破坏性裂缝等，有计划地采取结构补强、附加钢板保护等有效措施加固结构。

（5）隧道结构常规健康监测，监测项目应包含隧道沉降、隧道结构断面收敛，并结合土建结构特点，设置一定的监测预警值。

（6）加强地铁设备设施保护管理，预防、控制地铁周边工程施工作业对地铁造成的不利影响或破坏。要制定相应的地铁保护规章制度，定期开展控制保护区的安全风险排查。根据外部工程对地铁安全影响情况，要求外部工程业主单位完善保护方案或调整设计方案，落实地铁设施保护方案、地铁监测方案、应急预案等工作，确保地铁结构安全。

五 、 常见病害整治应用案例

案例 10　暗挖隧道结构病害整治案例

案例 11　盾构隧道渗漏水病害整治案例

案例 12　盾构管片注浆孔喷水整治案例

案例 ⑩ 暗挖隧道结构病害整治案例

1. 事件概况

某暗挖区间下行线暗挖隧道顶部局部区段有较严重漏水现象。经捶击检查，发现隧道顶部存在局部结构空洞，面积约 $1.5m^2$。空洞处混凝土厚度经钻孔核查，中间部位厚约 70mm，厚度由中间向四周逐渐增加。空洞处混凝土表面完好，未出现明显的结构裂缝。病害整治实施前，为防止结构漏水对隧道内的各类设备造成影响，临时在空洞处安装接水槽用来引水。

图 10-1 隧道顶部漏水照片

2. 原因分析

2.1 地质情况

地质素描图显示该段隧道洞身主要在〈6〉岩石全风化带、〈7〉岩石强风化带层以及〈9〉岩石微风化带夹层中通过。岩石主要为紫红色—褐红色砂岩和含砾砂岩，钙质、泥质胶结，遇水或在空气中暴露时间过长会出现软化开裂现象。地下水一般不丰富，但在隧道开挖中会有滴水现象。根据钻孔水水样分析，此区段地下水对混凝土及钢筋无侵蚀性。

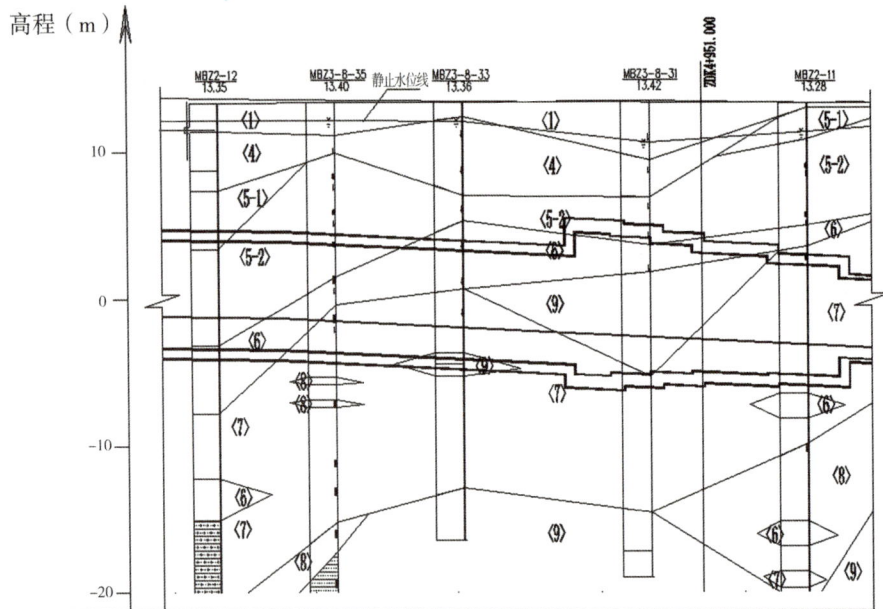

图 10 - 2　隧道结构地质图

2.2　结构设计情况

本段隧道初支考虑承受全部土的压力和 50% 的静水压力，二衬考虑承受全部静水压力。

初支厚度 350mm，二衬结构采用 C25 钢筋混凝土，抗渗标号 0.8MPa，混凝土厚度为 450mm。二衬拱顶至腰部环向双层配筋 Φ20@200mm，水平双层配筋 Φ14@250mm，箍筋间距 Φ8@400×500mm 错开布置，二衬主筋砼保护层厚 50mm。

2.3　施工检查记录

查阅该段隧道建设时期相关施工记录，《暗挖区间隧道二衬厚度检查证》显示，该病害区域隧道顶部厚度满足设计要求的 450mm。

2.4　无损检测情况

为了掌握该段隧道的实际状态，使用探地雷达对病害区域的混凝土衬砌厚度、衬砌密实度及背后围岩密实情况进行了探测。

衬砌混凝土厚度、回填密实度的检测，以隧道拱顶为中心，两侧各 1m 范围内每隔 0.5m 布置一条测线。隧道衬砌质量检测测线布置示意图如图 10 - 3 所示。

混凝土衬砌厚度检测结果如表 10 - 1 所示，隧道衬砌病害情况如表 10 - 2 所示。

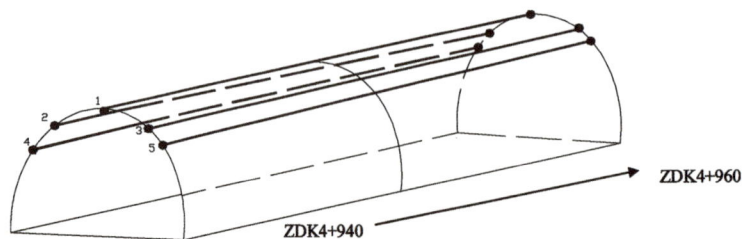

图 10 - 3　隧道衬砌质量检测测线布置示意图

表 10 – 1　隧道 ZDK4 + 940 至 ZDK4 + 960 范围内隧道衬砌平均厚度

（单位：m）

里程范围	测线 1	测线 2	测线 3	测线 4	测线 5
ZDK4 + 940 至 ZDK4 + 960	0.338	0.402	0.401		0.341

注：现场条件限制部分区域无法实施检查。

表 10 – 2　隧道衬砌病害检测结果表

里程范围	病害情况
ZDK4 + 944 至 ZDK4 + 953	离衬砌表面 0.4 ~ 0.7m 范围内存在空洞，主要集中在隧道拱顶右侧 1m 范围

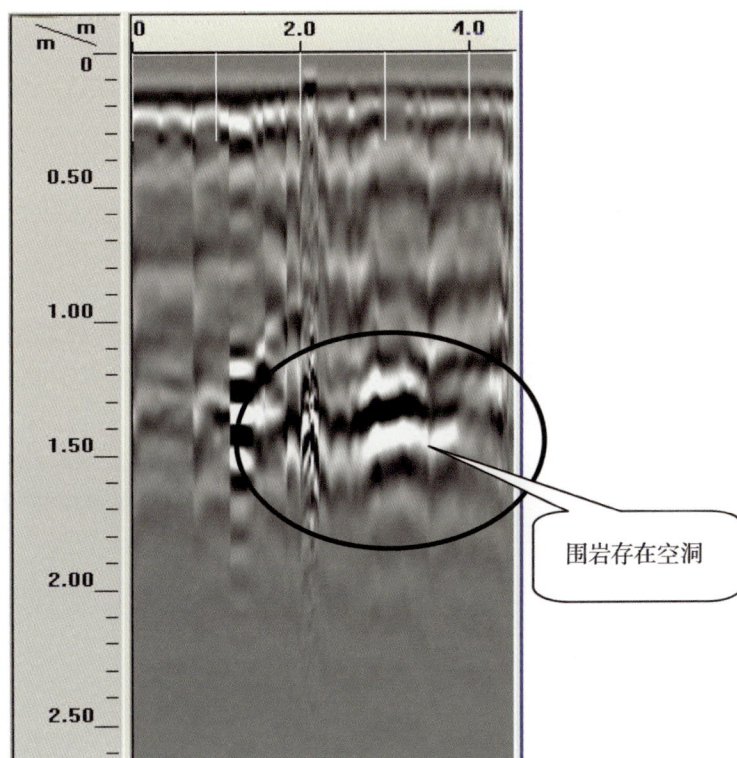

图 10 – 4　隧道 ZDK4 + 944 至 ZDK4 + 953 范围内隧道衬砌检测剖视图

2.5　施工工艺

该暗挖隧道二衬施工，先进行仰拱混凝土浇筑，然后浇筑拱墙混凝土，最后进行拱顶混凝土浇筑。在进行拱顶封顶混凝土浇筑时，混凝土振捣不密实，内部存在气孔、空洞等，同时混凝土浇筑方量不足，在重力作用下下沉，会造成二衬与初支之间形成脱空。

暗挖隧道需在拱顶预埋注浆孔，通过注浆填充二衬与初支之间的空洞，防止二衬与初支之间形成积水空间和通道，使隧道出现渗漏水。根据现场检查情况，该段暗挖隧道拱顶没有预埋注浆孔。

综上所述，该处空洞产生的原因主要是拱顶混凝土浇筑时振捣不密实、浇筑方量不足，同时又没有预埋注浆孔进行二次注浆。

3. 方案比选

3.1 两种方案

根据隧道病害的成因及病害现状，有以下两种处理方案：

（1）对隧道二衬存在空洞的部位凿除后重新浇筑混凝土。

如果采用此方案，需要将空洞范围内的二衬混凝土全部凿除，按照隧道二衬施工的步骤重新支模、灌注混凝土并振捣、养护，可以达到对空洞进行彻底处理的目的。

（2）对隧道二衬存在空洞的部位进行注浆填充处理。

对二衬背后空洞进行注浆填充，首先需要确定注浆位置，然后根据确定的位置钻孔埋管。浆液选用水泥单液浆，为确保结构安全，注浆压力不超过 0.3MPa，注浆完成后堵漏选用环氧浆液。注浆顺序由上至下，首先在拱脚两边留设泄水管，对拱顶进行注浆，最后对泄水管进行封堵。

3.2 方案比较

方案一的优点是病害整治较为彻底，施工质量容易控制；缺点是在已投入运营的隧道内，受施工作业空间、时间的限制，模板的支设、混凝土的运输、浇筑及养护等工序都无法按常规方法实施，尤其是在白天有列车通过的情况下，施工的风险较高。

方案二的优点是注浆工艺简单，操作方便、安全；采用的浆液具有良好的可灌性、黏结性、抗渗性及化学稳定性，且固结收缩小；通过打孔注浆可使二衬的厚度、混凝土的密实度及强度同时达到要求，对运营的影响较小。缺点是施工中需控制好注浆量与注浆压力的关系；二衬背后的注浆填充是否密实需要多次抽芯判断，对结构有一定的影响。

综上所述，考虑经济、技术、安全、进度等各方面的因素，为了确保施工安全，满足运营的需要，最终选择注浆填充方案。

4. 现场实施

4.1 作业条件

（1）作业需地铁停止运营且接触网停电挂地线后才可以实施，作业时间短（13：30—16：00）；

（2）施工机械、设备性能必须满足施工要求；

（3）隧道内应提供有利和方便的地方存放施工材料和工具。

4.2 注浆材料及浆液配比

4.2.1 材料

PO42.5R 普通硅酸盐水泥，袖阀钢管。

4.2.2 浆液配比

注浆浆液为单液浆或环氧浆液；单液浆配制比为 W：C = 0.5：1（质量比）。

4.3 施工设备及人员配置

表 10-3　施工设备

序号	机具名称	型号	数量（台）	备注
1	灌浆泵	150#	2	7.5kW
2	制浆搅拌机	50~200L	1	6kW
3	钻机	博卡	2	自带动力

表 10-4　人员配置

序号	职责	数量（个）	备注
1	项目负责人	1	负责全面工作
2	现场负责人	1	负责现场施工
3	注浆人员	4	一班
4	杂工	3	一班
5	电工	1	持电工证
6	质安员	1	
7	其他人员	若干	监理等旁站人员

4.4　施工工艺流程

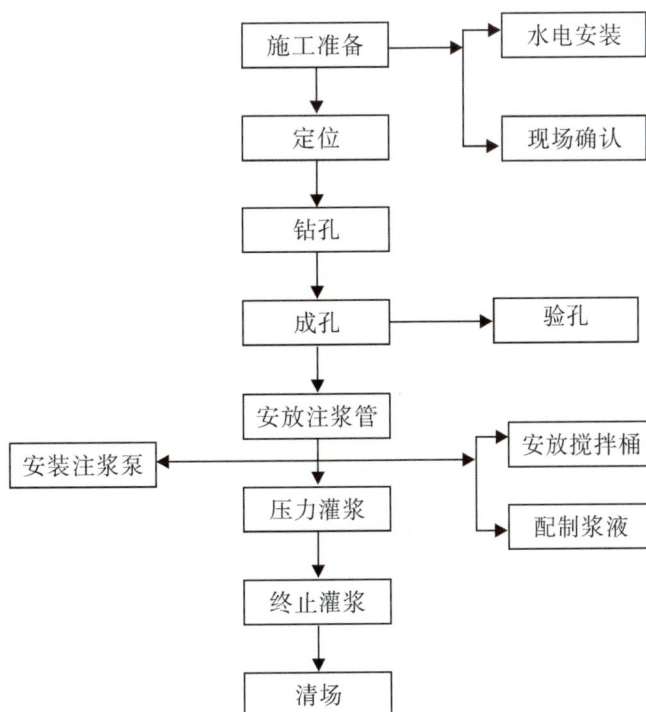

图 10-5　施工工艺流程图

4.5　注浆原则

（1）本次注浆采用分段注浆的方法进行。

（2）拱顶注浆，拱腰排水。

（3）注浆压力不超过 0.3MPa。

（4）注浆结束后如不能满足注浆效果，考虑补注环氧浆液。

4.6 施工方法

4.6.1 注浆前准备

为确保注浆过程中隧道的安全，要求在注浆机上安装经检定合格的压力表，压力表量程为 0 ~ 0.6MPa，测量精确度等级为 2.5。

4.6.2 注浆次序

施工顺序采用交错注浆，注浆孔布置示意图如图 10 - 6 所示。

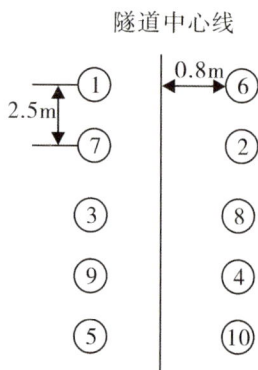

图 10 - 6　注浆孔布置示意图

4.6.3 注浆步骤

（1）注浆前，先打开已有的泄水孔泄水，注浆不得阻塞泄水孔。

（2）按照注浆孔顺序逐孔依次施工，不得随意变更注浆施工顺序。

（3）注浆施工时，应有专人观察相邻孔位有没有浆液溢出。

（4）终孔条件：注浆压力达到 0.3MPa；注浆量达到或超过设计注浆量，管口出现冒浆。

（5）每班注浆结束前，应及时注射清水冲洗注浆管。

4.6.4 注浆效果的检查

回填注浆完成后，必须对注浆效果进行检查。检查方法主要有分析法和钻孔抽芯检查法。对不符合要求的地段，必须进行补充注浆。

（1）分析法主要是对注浆记录进行的统计分析，主要包括注浆流量、终压值及稳定时间，逐孔检查。

（2）钻孔抽芯检查法是对注浆地段浆液填充情况进行钻孔检查，钻孔采用混凝土取芯钻机，在隧道纵向靠近顶部设置两个检查孔，检查浆液厚度是否满足设计要求。

（3）该病害整治施工总共消耗作业点 54 个，施工作业 276 次，注浆用水泥 9t。施工过程中，累计钻注浆孔 8 个、补充注浆孔 4 个、检查孔 2 个、复检孔 2 个。

初步注浆及补充注浆完成后，施工人员又在隧道顶部钻设了两个检查孔 J1、J2。通过对 J1 孔、J2 孔进行注浆，共注水泥 15 包。其中，J2 孔注浆过程中，侧墙底部泄水孔有水泥浆流出，注浆压力超过 0.4MPa，甚至短暂压力达到 1MPa；J1 孔注浆过程中，注浆压力急速上升，相邻位置的施工缝位置的渗水量明显加大，无法继续进行注浆。最后一次注浆时，采用注水对上述孔位进行试验，在压力为 0.4MPa 的情况下，水无法注入，判断已经达到注浆效果。

最后，又钻设复检孔 FJ1、FJ2 两个，位置根据现场随意选取。在钻设过程中，FJ1 全程几乎没有水渍，FJ2 在钻进约 20cm 时有微量水渍，判断为水泥水化剩余的水分。

4.7　施工监测

注浆过程中及注浆后，应对隧道结构进行变形监测。隧道内监测项目限制值如下，报警值为限制值的 80%。

（1）隧道出现拱顶沉降、收敛变形超过 1mm。

（2）肉眼观察注浆区域二衬裂缝的产生及发展情况。

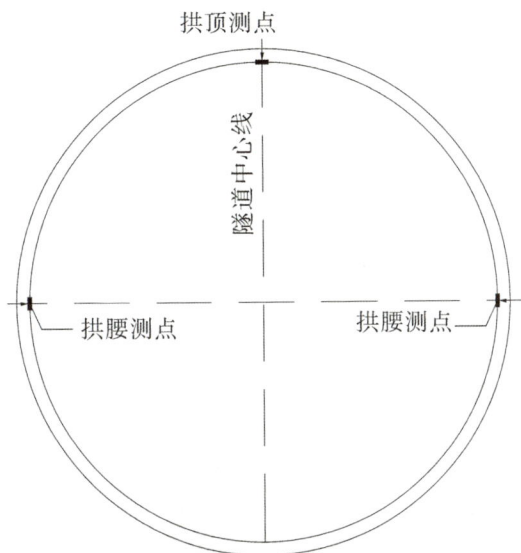

图 10 - 7　隧道主断面测点布置示意图

5.　小　结

该处病害整治施工完成后，经过近五年时间的观察，注浆区域已无渗漏水现象，同时该区域的结构沉降及收敛监测数据也无异常，可以判断二衬背后的空洞已填充密实。

二衬背后存在的结构空洞对隧道结构危害极大，而此类病害在暗挖隧道中又比较常见，因此需要提前采取预防措施。比如在设计时就要考虑在暗挖隧道顶部预埋注浆孔，对二衬背后进行补充注浆；在施工阶段引入无损检测手段，对隧道拱腰以上部位进行无损检测，检查二衬与初支的结合情况。对已存在的衬砌空洞采取合理的方式进行处理，对于提高隧道结构的使用寿命和防止各类次生病害的发生极为重要。

案例 **11** 盾构隧道渗漏水病害整治案例

1. 事件概况

某盾构区间隧道双线总长 3 000m，盾构法隧道共有 2 000 环拼装管片。设计规格为内径 5 400mm，环宽 1 500mm，管片厚 300mm。附属结构包括 8 个洞门，4 座联络通道，1 个中间风井。自 2013 年开通以来，该盾构区间中风井段上、下行线管片存在较多的渗漏点，尤其是该区间上行线约 100m 区段范围内渗漏水特别严重。根据现场情况，这段隧道的管片渗漏水特点主要是管片纵缝渗漏、管片环缝渗漏以及管片注浆孔渗漏。

据现场统计，这 100m 的隧道范围内，管片纵缝渗漏共 55 处，日渗水量约为 0.5m³，主要集中在隧道顶部位置；管片环缝渗漏共 40 处，日渗水量约为 0.6m³，主要集中在隧道腰部以下位置；管片注浆孔渗漏共 30 处，日渗水量约为 0.8m³，主要集中在隧道腰部以上位置。

图 11 - 1 管片腰部环缝渗漏水

图 11 - 2 管片顶部环缝渗漏水

图 11 - 3 管片纵缝渗漏水

图 11 - 4 管片吊装孔渗漏水

2. 原因分析

根据现场记录和现场观察，经分析造成渗漏的可能原因如下：

（1）隧道所处的地质条件较差。

根据地质资料记载，该区间隧道段所处断陷盆地内，总体表现为一个大型向斜褶曲构造，区间隧道主要位于强风化泥质粉砂岩、中风化泥质粉砂岩、微风化泥质粉砂岩中，并下穿江河支流，河道宽度约100m。

该区间右线中风井东端按原设计应为盾构法施工，后考虑该盾构区间中风井至3号联络通道段地质情况复杂，把中风井往3号联络通道方向105m范围变更为采用暗挖开挖一段隧道，其做法是圆形隧道衬砌采用暗挖施工，在盾构机经过时拼装管片，初支与盾构管片间空隙采用注浆回填。里程为 YDK10＋100 至 YDK10＋200，全长100m。暗挖隧道段设计终点距河床仅20m，隧道顶埋深平均约为18m，河道正下方最小隧道埋深约为13m。暗挖100m隧道段基本位于微风化泥质粉砂岩中，江河支流正下方的隧道位于中风化泥质粉砂岩中。隧道周围的地质情况如图11－5所示。

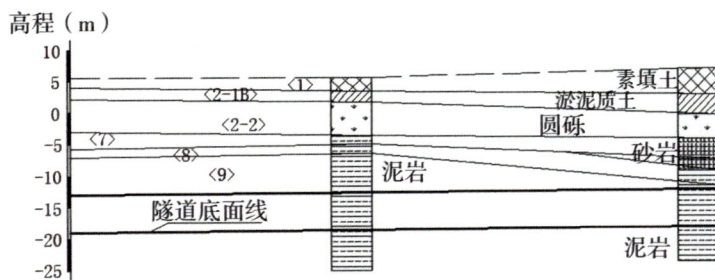

高程（m）

图11－5 地质简图

（2）管片衬背注浆不饱满。

该区间采用暗挖施工，初支与盾构管片间空隙采用注浆回填方法，壁后注浆不充分、同步注浆效果不好，二次补注浆没有将管片背后的空隙完全填充。当管片衬背注浆不饱满时，若管片密封条贴合不密实，管片顶部积水，密封垫压实得比较薄弱的地方将发生渗漏。

（3）管片拼装质量控制不严格。

此段隧道盾构管片是在盾构机经过时拼装的，为空推段，管片拼装质量差，管片错台过大造成管片止水条失效，产生管片缝隙之间漏水。另外，管片存在泥土等杂物未清理的问题，导致拼装出现空隙形成漏水。拼装K块时，K块密封条损坏，造成渗漏水。管片螺栓紧固不到位，造成管片防水没有压实而发生渗水，或管片螺栓紧固过早，导致管片整体未压实。

3. 处理方案

3.1 渗漏水处理思路与原则

盾构区间以高精度管片结构自防水为根本，以管片接缝防水为重点，以管环接头防水为要点，保证隧道整体防水体系质量。对已投入运营的隧道渗漏水治理应按照"以堵为主，堵、防、排结合，因地制宜，综合治理"的原则进行。结合运营隧道管理的特点，隧道渗漏水病害整治指导原则为：先把大漏变小漏、线漏变点漏、片漏变孔漏，使漏水集中于一点或数点，最后进行封堵。

3.2 管片环纵缝渗漏水处理

管片环纵缝渗漏水，一般漏水量不大，但渗漏水的范围较大，宜采用注浆逐步缩小渗漏水面积，最后完成全部封堵。

注浆措施如下：对环向缝和纵向缝全部采用快干高强度砂浆（含环氧类成分）封闭，为后面灌浆做准备，封闭的时候向内凹进去 1~2cm 深的弧形；再在漏水缝上垂直钻孔到止水条处，钻孔间距每米 2~3 个，同时装上专用注浆嘴，用高压灌浆设备向接缝内灌浆，浆料优先采用环氧树脂，灌浆压力控制在 0.4MPa 左右，以压满整个接缝为准。

3.3 管片吊装孔渗漏水处理

管片吊装孔分吊装孔（不做注浆孔）和吊装注浆孔两种。一般在需要二次注浆的地段采用兼做注浆孔的吊装孔，将注浆孔后 3cm 的素混凝土捅破后进行补强注浆。吊装注浆孔注浆后需进行封堵，内部有逆止阀，端部采用橡胶圈止水，用胶盖封住，最外面采用微膨胀水泥砂浆封闭。

经现场检查，该盾构区间发生渗漏水的管片吊装孔绝大部分为吊装注浆孔，根据吊装注浆孔渗水量的大小，可分别采取快干水泥砂浆表面封堵和孔内注水泥砂浆两种方法。

4. 现场实施

4.1 管片环纵缝渗漏水处理

该区间盾构管片环纵缝渗漏水位置，主要分布在盾构管片顶部、盾构管片侧面和底部，不同位置的渗漏水分别采用不同的处理方式。

4.1.1 顶部（钢轨正对顶部范围）管片环纵缝渗漏水

顶部（钢轨正对顶部范围）管片环纵缝渗漏水，因渗漏水的位置较高，作业时须申请停电挂地线的作业点。另外，由于顶部渗漏水容易影响接触网设备，须优先处理，尽快消除隐患。

在整治过程中，根据停电挂地线、作业时间短的特点，技术人员对施工流程进行了优化：首先，采用移动挂地线的方式，让作业人员与挂地线作业人员一起到现场，有效增加作业时间；其次，在距离作业点较近的中风井泵房，提前把材料工器具运到现场，提高作业效率；最后，实行用好每次作业点的策略，每次作业时集中人力一次性处理完一个区域的渗漏水。

该区间顶部管片环纵缝渗漏水，共用 50 个挂地线作业点进行了集中处理，具体的注浆流程如下：

（1）注浆孔成孔。沿接缝骑缝成孔，孔径一般 <10mm，孔间距按需设置（尽可能增大间距），一般为 20~30cm，孔深≥8cm（注意不要破坏管片凹凸榫），注浆孔内埋设注浆嘴。

（2）先注入聚氨酯发泡堵水，初步止水后用弹性环氧胶泥封缝。

（3）根据不同情况再次注入聚氨酯浆液或弹性环氧浆液。

浆材：聚氨酯或弹性环氧浆液。

注浆设备：注浆嘴、注浆泵、钻机等。

4.1.2 侧面和底部管片接缝渗漏水

侧面和底部管片接缝渗漏水，由于渗漏水位置对设备影响较小，且离接触网设备较远，相对于顶部区域，作业难度小，作业的安排较灵活。

该区间侧面和底部管片接缝渗漏水，共用了 30 个作业点进行集中处理，具体的注浆流程如下：

（1）注浆孔成孔。沿接缝骑缝成孔，孔径 <10mm，孔间距按需设置（尽可能增大间距），孔深≥8cm。同样不要破坏管片凹凸榫，注浆孔内埋设注浆嘴，并用快凝水泥封缝。

（2）注聚氨酯或弹性环氧浆液堵漏。

（3）连续多环管片出现渗水或管片接缝处有漏砂现象或比较严重的漏水情况时，根据需要，先通过预留孔进行壁后注浆，然后再重复上述工序。

浆材：聚氨酯或弹性环氧浆液。

注浆设备：注浆嘴、注浆泵、钻机等。

4.2　管片吊装孔渗漏水处理

4.2.1　管片吊装孔渗漏水处理方法

（1）清除吊装孔中的浮泥、泥垢。

（2）用快干水泥砂浆对吊装孔进行封堵，封堵完后拧上塑料盖子，并将管片上残留的水泥浆清理干净。

4.2.2　管片吊装孔漏水处理

当管片吊装孔漏水量较大，甚至产生喷水情况时，则通过打开吊装注浆孔进行二次注浆。2015 年，因该区间盾构管片吊装孔发生喷水事件，现场通过对吊装注浆孔进行二次注浆完成了漏水处理。

注浆操作：

（1）注浆前，检查设备、仪表是否正常。

（2）先将注浆螺栓头（如图 11 - 6 所示）拧紧在管片吊装孔上，打开球阀，用冲击钻将管片吊装孔钻穿，钻杆拔出的同时迅速将阀门关闭。

图 11 - 6　安装注浆螺栓头

（3）开始注浆前准备工作。现场实验分别兑聚氨酯加水和加水泥浆。现场实验结果是：聚氨酯加水泥浆的凝固时间短，效果也较好。

（4）开始注浆。注浆方式为两个注浆头同时进行注浆，一边注环氧油性聚氨酯，一边注水泥浆。其中，环氧油性聚氨酯：水泥浆 =1：2，而水泥浆配比为水泥：水 =2：1，注浆压力控制在 0.3MPa 左右。注浆进行 30 分钟后，开始减少环氧油性聚氨酯的量，并增加水泥浆的量。

（5）注浆结束，清理现场施工垃圾，本次注浆共用材料：聚氨酯 2.5kg，水泥 12kg。

（6）注浆过程中安排技术人员对隧道结构状态进行观察，未发现有管片受挤的异常现象。另外，在注浆期间，安排第三方监测单位对该段隧道进行了临时的加密监测，监测数据未发现有异常情况。

5. 小　结

该盾构区间按照上述堵漏措施处理，经过一年左右的时间，渗漏情况已明显好转，绝大多数的线漏、渗漏都已消除，只有个别地方还有少量渗水，基本达到设计及二级防水规范的要求。

该区间盾构管片渗漏水整治过程中，处理措施如下：

（1）施工前，需提前对作业特点进行优化，最大限度地提高作业效率。比如在涉及顶部区域的渗漏水位置处理时，通过对挂地线的流程进行提前优化，有效地延长了作业时间，取得了较好的整治效果。

（2）施工过程中，针对不同位置不同程度的渗漏水情况，采取了不同的整治方案，效果较好。

（3）施工结束后，及时对隧道结构状态进行观察，比如在进行注浆孔的处理时，及时安排人工观察和第三方监测，能更好地指导后续的治理过程。

通过对该区间盾构管片的渗漏水处理，证明该处理措施行之有效且具有推广应用的价值。

案例 12　盾构管片注浆孔喷水整治案例

1. 事件概况

冬季低温期间,某城市轨道交通线网多条线路在正常运营时段,偶有发生盾构管片吊装注浆孔喷水突发性病害,且出水量较大,造成后续列车限速通过喷水区域时出现不同程度的晚点,部分现场图片如图 12 - 1、图 12 - 2、图 12 - 3 所示。下面以 1#吊装孔喷水现场情况为例进行阐述。

图 12 - 1　1#吊装孔喷水现场情况

图 12 - 2　2#吊装孔喷水现场情况

图 12 - 3　3#吊装孔喷水现场情况

2. 原因分析

2.1　设计概况

盾构施工过程中，盾构机的切削刀盘直径与隧道衬砌管片的外径有一定的差值（280～300mm），随着盾构的推进，管片与洞体之间出现空隙，通过向管片外注浆，可抑制隧道周边地层松弛，防止地层变形，并形成有效的防水层。注浆方式有盾尾同步注浆、管片注浆、孔壁后注浆等。

管片吊装孔分吊装孔（不做注浆孔）和吊装注浆孔两种。一般在需要二次注浆的地段选择兼做注浆孔的吊装孔，将注浆孔后3cm的素混凝土捅破后进行补强注浆，吊装注浆孔由施工单位根据现场情况设置。吊装注浆孔注浆后需进行封堵，内部设置逆止阀（止回阀），端部采用橡胶圈止水，用螺旋胶盖封住，最外面采用微膨胀水泥砂浆封闭。

吊装注浆孔注浆前、后的设计图纸如图12－4、图12－5所示：

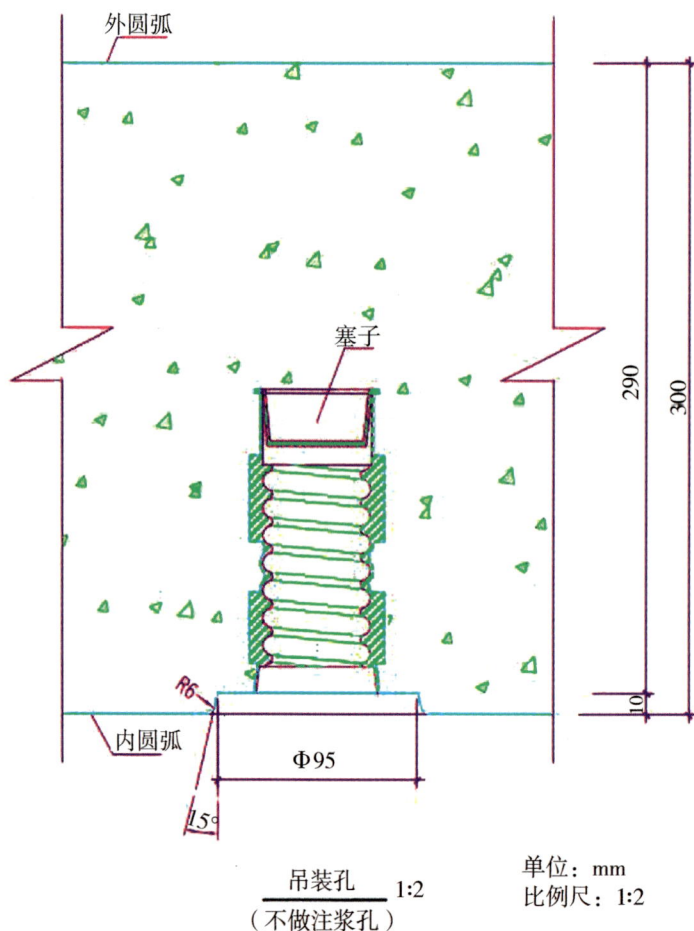

图12－4　普通吊装孔设计图

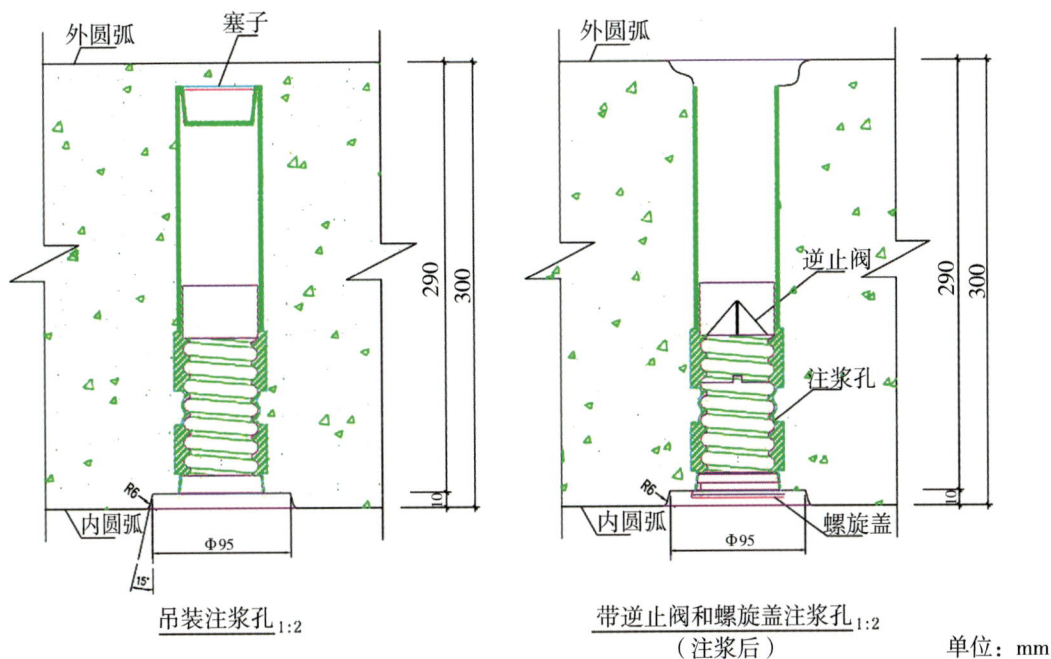

图 12-5　吊装注浆孔设计图（注浆前、注浆后）

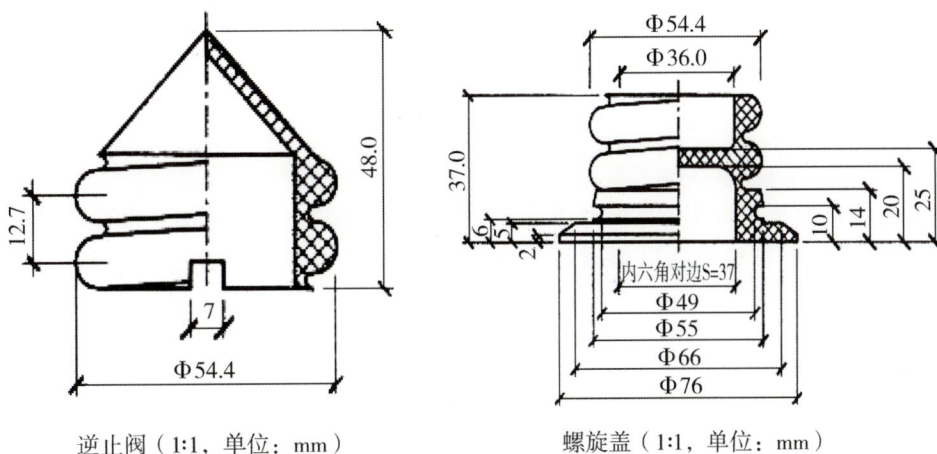

图 12-6　逆止阀（止回阀）与螺旋盖大样图

2.2　水文地质情况

经查该处隧道埋深（隧道拱顶距河床面的距离）为 16.6m，覆土的地质情况为自上而下海陆交互相淤泥质层〈2-1〉、强风化砂岩层〈7〉、微风化砂岩层〈9〉，厚度分别为 2.6m、5.6m 和 8.4m。

隧道洞身所穿过的围岩主要在微风化砂岩层〈9〉中，属 V 类围岩，地质情况较为良好。

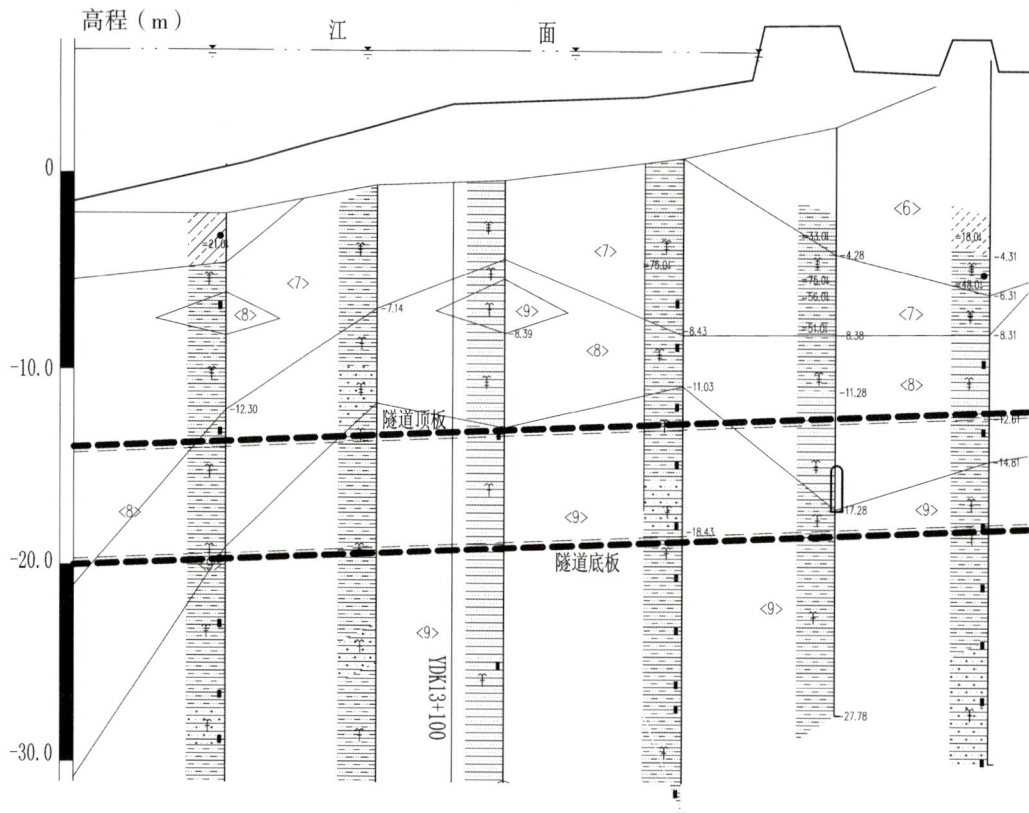

图 12 - 7　隧道埋深纵断面图

2.3　现场检查情况

1#喷水的管片吊装注浆孔位于管片标准块 A 块上，隧道断面 11 点钟方向，水柱喷射在钢轨与感应板之间。运营期间，通过列车登乘，目测该处漏水水量和水压均较大，后经区间泵房测算出出水量为 6m³/h。运营结束后，对喷水水柱进行了采集，现场检查发现，水样水质清澈，无淤泥、细沙等杂质，无异味。检查周边其他管片和前后 50m 隧道结构，未发现管片错动、结构异常渗漏水、开裂和破损等异常情况。

在道床落水点附近，找到了脱落的吊装注浆孔橡胶螺旋盖（如图 12 - 8 所示）。螺旋盖长度约为 4cm，破损面为旧痕，橡胶材质未见老化迹象。胶盖螺纹形状良好，螺纹周边及胶盖内部填充有密封胶泥，胶泥质地黏软，未凝固。

图 12 - 8　吊装注浆孔橡胶螺旋盖

病害区域对应地表位置为靠近江河堤岸处，水深约为 3m，未发现有船只和基建施工作业。

2.4　盾构隧道变形监测情况

截至病害发生时，该位置前后 100m 隧道结构最近一次沉降监测数据如表 12 - 1 所示。

表 12 - 1　该位置前后 100m 隧道结构沉降监测数据表

点号	里程	高程			沉降值		沉降速率（mm/d）
		初始（m）2012 - 03 - 30	前次（m）2012 - 03 - 30	本次（m）2014 - 01 - 27	本次（mm）	累计（mm）	
CW1190	YDK12 + 991.27	- 19.250 27	- 19.250 27	- 19.250 68	- 0.41	- 0.41	0
CW1192	YDK13 + 021.29	- 19.060 19	- 19.060 19	- 19.060 40	- 0.21	- 0.21	0
CW1194	YDK13 + 051.29	- 18.805 97	- 18.805 97	- 18.806 27	- 0.30	- 0.30	0
CW1196	YDK13 + 081.28	- 18.553 61	- 18.553 61	- 18.553 71	- 0.10	- 0.10	0
CW1198	YDK13 + 111.28	- 18.311 46	- 18.311 46	- 18.311 42	0.03	0.03	0
CW1200	YDK13 + 143.29	- 18.059 82	- 18.059 82	- 18.059 65	0.17	0.17	0
CW1202	YDK13 + 173.29	- 17.814 74	- 17.814 74	- 17.814 40	0.33	0.33	0
CW1204	YDK13 + 201.31	- 17.572 46	- 17.572 46	- 17.571 96	0.50	0.50	0
CW1206	YDK13 + 231.31	- 17.339 76	- 17.339 76	- 17.338 73	1.03	1.03	0

通过上述数据分析可知，病害点前后 100m 区域隧道结构沉降变化不大，单次沉降变化最大值和累计沉降变化最大值仅为 + 1.03mm（测点 CW1206，里程 YDK13 + 231.31），未达到单次沉降观测数据 ±5mm，累计沉降观测值 ±10mm 的警戒值。隧道结构状态稳定。

2.5　综合分析

（1）根据设计要求，吊装注浆孔在注浆后需进行封堵，内部有逆止阀，端部采用橡胶圈止水，用胶盖封住，最外面采用微膨胀水泥砂浆封闭。

现场检查脱落的胶盖上附着有白色胶泥状材料，只起到黏结封口作用。另外，未发现逆止阀及水泥砂浆、微膨胀水泥等封堵材料（3#吊装孔喷水现场发现有松脱聚氨酯块），结合病害发生区段隧道结构巡检未发现渗漏水、掉块裂损等异常状况，且隧道结构变形监测数据稳定，隧道上方无施工影响，综合判断可知建设时期盾构施工单位未按照设计要求的吊装注浆孔封闭工艺进行施工，这是吊装注浆孔喷水病害产生的主要原因。

（2）建设时期，管片背后二次注浆不密实，盾构管片与围岩之间存在空隙，造成水廊的形成，围岩裂隙水较为发育并有一定压力，为突然喷水提供了外部条件。

（3）低温季节注浆孔的封堵材料与孔壁发生剥离，加之老化造成强度下降，在一定水压力的作用下脱离孔壁冲出，从而突然发生喷水现象。几起吊装孔喷水病害均发生在1月份和2月份，符合低温条件引发喷水的特点。

3. 方案比选

3.1 应急处理原则

几起吊装注浆孔喷水病害都发生在地铁运营期间，关于此类事件的应急处理可遵循以下原则：

表12-2　吊装注浆孔喷水病害应急处理原则表

级别	病害影响程度	应急处理原则
Ⅰ	喷水清澈、不带泥沙、隧道未发生异常现象，不影响接触网（轨）、车辆集电靴、受电弓等重要行车设备影响	采取继续登乘观察、限速运行等措施至运营结束后处理
Ⅱ	喷水压力较大、喷到运行列车上发出较大声音	根据现场条件安装接水槽进行引流
Ⅲ	喷水中带有泥沙、喷水量较大，可能影响隧道结构稳定性；或喷水量已超过泵房排水能力，可能引起行车中断	尽快利用行车间隙安装止水阀、木塞等进行封堵

根据表12-2病害影响程度可知，1#吊装孔喷水病害中的影响程度属于Ⅰ级，可采取继续登乘观察、限速运行等措施至运营结束后处理。针对2#吊装孔病害喷水压力较大且斜向上喷到接触网防护罩和运行列车上，影响程度属于Ⅱ级，结合当时现场情况，应立即组织安装玻璃钢接水槽引流至排水沟，降低病害的直接影响。

图12-9　接水槽引流临时处理方案

3.2　注浆封堵处理方案比选

三起病害中分别采用了三种不同的吊装注浆孔封堵处理工艺：

表 12 - 3　吊装注浆孔封堵处理工艺表

编号	工艺步骤					工艺参数
	第一步：埋设注浆通道	第二步：止水	第三步：封口	第四步：灌浆	第五步：收尾	
1#	孔内预埋注浆管	棉纱封堵止水	快干水泥封堵吊装注浆孔	灌压水泥浆、灌注环氧浆液补强	安装接水槽预防再次喷水	水泥浆注浆压力为0.3MPa，稳压为5min。环氧浆液待水泥浆初凝具备一定强度后灌注，环氧注浆压力为0.5MPa，稳压为5min
2#	孔两侧施钻注浆孔并安装注浆管	棉纱包裹木塞打入孔内止水	快干水泥封堵吊装注浆孔	灌注环氧浆液补强	注浆封堵完成后观察不再漏水，安装接水槽	两个注浆孔定位在吊装孔两侧距离孔口外缘5cm处，采用斜孔，孔端部与注浆孔连通，直径为14mm
3#	孔内螺纹上安装特制的钢螺纹接头和球形阀门	关闭球形阀门止水和封口		从球形阀门处灌压水泥浆	水泥浆终凝后切割球形阀门	钢螺纹接头的外螺纹必须与吊装孔的内螺纹完全吻合

三种处理方案的不同之处在于止水的措施和注浆通道的选择。优缺点对比和适用范围如表 12 - 4 所示：

表 12 - 4　吊装注浆孔封堵处理方案比选表

案例	注浆通道	止水措施	优点	缺点	适用范围
1#	孔内预埋注浆管	棉纱封堵止水和快干水泥封口	无须施钻开孔，不损伤管片，施工工艺较为简便快捷	封孔材料仅为棉纱和快干水泥，封孔材料正面承受水压力且无其他泄压通道，水压过大时容易松脱失效	水压力不能过大
2#	孔两侧施钻注浆孔并安装注浆管	棉纱包裹木塞打入孔内止水和快干水泥封口	孔两侧施钻开孔泄压，使封孔材料承受的水压力减小，棉纱包裹木塞，封孔牢固可靠	施工工艺较为复杂，施钻开孔时需避开钢筋，对管片有损伤；锤击木塞的工序对操作者技能要求较高，特别是在登高作业向上抡锤时难度较高	水压较大直接封孔不可行时适用，拱腰以上较为困难

（续上表）

案例	注浆通道	止水措施	优点	缺点	适用范围
3#	孔内螺纹上安装特制的钢螺纹接头和球形阀门	关闭球形阀门	不受漏水位置限制，无须施钻开孔，不损伤管片，施工工艺最为简便快捷，封孔牢固可靠	孔内螺纹若已损坏或孔内附着有封孔材料、析出的碳酸钙且无法清理时，将造成钢螺纹接头无法完全拧上，达不到止水和封孔的效果	孔内螺纹完好无损的管片

4. 事件处理

4.1 现场处理

通过方案比选及现场实际情况，1#吊装注浆孔采用孔内预埋注浆管注浆、棉纱封堵止水和快干水泥封口的方案进行处理。主要处理流程为：棉纱封堵吊装注浆孔止水→预埋注浆管→快干水泥封堵吊装注浆孔→灌注水泥浆→灌注环氧浆液。

图 12 – 10　棉纱封堵吊装注浆孔后，预埋注浆管

图 12 – 11　封堵吊装注浆孔，连接注浆管

图 12 – 12　灌注水泥浆

图 12 – 13　注浆完成后效果

4.2 其他处理方案

（1）2#吊装注浆孔采用孔侧注浆及木塞封堵止水处理。主要处理流程为：吊装注浆孔两侧施钻注浆孔并埋管→棉纱包裹封堵→灌注环氧浆液→观察是否漏水→外部加装接水槽。

图 12-14　施钻注浆孔、木塞封堵

图 12-15　灌注环氧浆液

图 12-16　灌注完成后不再漏水

图 12-17　安装接水槽

（2）3#吊装孔采用安装特制接头和球阀止水注浆处理，主要工艺图如下所示：

图 12 – 18　螺纹接头和球形阀门

4.3　变形监测、监控实施

此类病害具备较大的突发性，且一般不会伴随有结构线性的变化，即无法通过变形监测数据提前进行预判。变形监测的工作只能在病害发生之后实施，以掌握施工过程中、施工结束后结构的状态（因该类病害整治工程持续的时间一般较短，变形监测以施工结束后的跟踪为主）。

变形监测的主要实施范围为管片喷水点前后 50m（共 100m）的隧道结构。主要内容为隧道沉降变化及喷水吊装注浆孔所在环的断面收敛监测。其中，沉降监测沿用隧道原有沉降监测点，断面收敛测点也须布设（原有测点则无须安装），便于进行监测数据的比较分析。监测控制值（沉降、断面收敛）可采用单次变化 ≤ ±5mm，累计变化 ≤ ±10mm 的标准。

5.　小　结

管片吊装注浆孔喷水病害极具突发性，给正常运营带来很大的干扰及安全风险。为从根本上减少吊装注浆孔喷水事件的发生及有效提高吊装注浆孔喷水处理效率，建议可在以下三个方面进行改进：

（1）源头把控、确保按图施工。

建设时期，盾构掘进后对管片进行背后注浆时，应充分保证注浆质量，即保证注浆数量及压力，确保管片背后填充密实，减少孔洞的存在。注浆完成后，对于吊装注浆孔的处理，需严格遵照设计要求的材料、工艺进行，并做好相应的施工记录，验收时一并移交。

（2）做好标志、重点关注。

吊装注浆孔与普通吊装孔在外观上看不出差别。因此，凭借运营期的日常检查，无法及时解决吊装注浆孔喷水隐患。建设时期，对于需进行注浆的吊装孔，应在注浆完成后，对此孔进行现场标志，制作专项台账，并在移交运营时进行说明，运营接管后，日常巡检中对于吊装注浆孔进行重点关注，发现孔口周边出现渗漏水迹象时应及时进行封堵、补强。

由于吊装注浆孔喷水事件一般容易发生在围岩类别较好（如〈8〉〈9〉地层，稳定性高，岩隙水较为丰富）、隧道埋深较深、过江段等位置，运营巡检时，应将上述区段作为重点区段进行巡检，及时对孔口出现渗漏水的吊装注浆孔进行封堵。

（3）运营阶段的应急处置。

运营阶段发生吊装注浆孔喷水病害，应急处理原则可参照表 12-2 进行。运营单位除在日常巡检中对吊装注浆孔进行重点关注外，还应在各车站配置部分应急材料作为临时措施，以减少喷水对列车正常运营的影响。应急材料可参考表 12-5；

表 12-5　应急材料

材料名称	型号规格	单位	数量
锥形封堵木塞	直径 40mm×直径 60mm×长度 300mm	个	2
盾构球阀	1 个管片注浆接头：M53×13-2" PT-L150；1 个不锈钢注浆球阀：DN50PN16SS304	套	1

第二部分

附属设施类病害

　　城市轨道交通运营线路中，常见附属设施有轨行区隔墙、导流墙、设备房边墙、电缆廊道、竖井、边坡、挡土墙、涵洞、防排水设施等。

　　电缆井、水塔、天桥电梯井等设备高度高、自重大、基础承载面积较小，若施工不当，易发生结构不均匀沉降现象，从而引起结构倾斜。隧道区间排水系统中，排水沟坡度、横截沟、泵房的预埋排水管等附属设施，由于建设过程中，涉及土建、轨道以及机电等多专业接口，易产生排水不畅和道床长期积水问题，会影响结构的安全稳定性。另外，由于设计或施工方面的缺陷，轨行区隔墙、导流墙、设备房边墙等，多采用砖墙砌筑的形式，在列车震动、活塞风压等因素长期作用下，容易产生倾斜、开裂的现象，给地铁正常运营带来较大的安全风险。

　　本部分将结合国内城市轨道交通运营线路发生的附属设施案例进行研究，探讨附属设施类病害的应对处置方案。

附属设施常见病害

城市轨道交通运营线路中，为保障土建结构主体设施的耐久性，通常需要设置具备一定功能的辅助设施，如车站的通风、消防系统，隧道区间的疏散、应急、排水、防水系统，高架桥梁防障、降噪系统等。常见附属设施有轨行区隔墙、导流墙、设备房边墙、电缆廊道、竖井、边坡、挡土墙、涵洞、防排水设施等。轨道交通高架段，设置有独立基础的电梯竖井、天桥以及为满足电缆的接入需求而设置独立结构的电缆竖井；在车站、中风井等位置，为满足功能需求或通风、防火分区分隔等要求，设置了砌体结构；地面线路两侧或车辆段内，还设置了边坡、挡土墙等结构；此外，运营隧道区间排、防水系统，主要包含区间排水沟、横截沟、泵房的预埋排水管等。

一、附属设施异常变形原因分析

1. 砌体结构变形原因分析

由于设计或施工方面的缺陷，轨行区隔墙、导流墙、设备房边墙等采用砖墙砌筑的型式，在列车震动、活塞风压等因素长期作用下，容易发生倾斜、开裂的现象，给地铁正常运营带来较大的安全风险。

砌体结构施工期间对相关技术要求把关不严，或因受列车震动、活塞风压等因素长期影响，会导致砌体结构发生破损甚至变形。根据目前线网出现的情况，将相关原因总结如下：

（1）未按要求设置拉结钢筋、水平系梁或构造柱。

《砌体工程施工质量验收规范》规定："填充墙砌体留置的拉结钢筋的位置应与块体皮数相符合。拉结钢筋应置于灰缝中，埋置长度应符合设计要求，竖向位置偏差不应超过一皮高度。"

《砌体结构设计规范》要求："当混凝土墙（柱）分隔的直段长度，120（或100）厚墙超过3.6m，180（或190）厚墙超过5m时，在该区间加混凝土构造柱分隔。"

《建筑抗震设计规范》要求："砌体墙应采取措施减少对主体结构的不利影响，并应设置拉结钢筋、水平系梁、圈梁、构造柱等与主体结构可靠拉结：

①多层砌体结构中，后砌的非承重隔墙应沿墙高每隔500mm配置2φ6拉结钢筋与承重墙或柱拉结，每边伸入墙内不应少于500mm；8度和9度时，长度大于5m的后砌隔墙，墙顶尚应与楼板或梁拉结。

②钢筋混凝土结构中的砌体填充墙，宜与柱脱开或采用柔性连接，并应符合下列要求：

a. 填充墙在平面和竖向的布置，宜均匀对称，避免形成薄弱层或短柱。

b. 砌体的砂浆强度等级不应低于M5，墙顶应与框架梁密切结合。

c. 填充墙应沿框架柱全高每隔500mm设2φ6拉结钢筋，拉结钢筋伸入墙内的长度，6、7度时不应小于墙长的1/5且不小于700mm，8、9度时宜沿墙全长贯通。

d. 墙长大于5m时，墙顶与梁宜有拉结；墙长超过层高2倍时，宜设置钢筋混凝土构造柱；墙高超过4m时，墙体半高宜设置与柱连接且沿墙全长贯通的钢筋混凝土水平系梁。

由于图纸未有细部说明或施工过程把控不严，有可能造成以上要求未严格执行，进而带来砌体结构存在稳定性不足的风险。

（2）受列车震动或隧道风压影响，造成砌体结构出现缝隙、裂损甚至变形。

（3）砌体结构基础发生异常变形或受外因（撞击等）导致砌体结构破坏失稳。

2. 其他独立基础建筑物异常变形原因分析

由于列车牵引供电或其他设备需求，城市轨道交通公用建筑中存在电缆井、水塔、天桥电梯井等附属高耸设施，该类设备高度高、自重大、基础承载面积较小，如施工建设质量未达到预期效果或因地质等原因，易发生结构不均匀沉降。

建筑物倾斜主要是不均匀沉降引起的，但引起的原因各有不同。

（1）荷载原因。上部结构对地基施加的荷载作用不均匀，甚至差异较大，结构重心与荷载中心偏离造成建筑物产生倾斜。

（2）设计原因。沉降缝布置欠妥等因素，或者地勘不明，地基勘察和勘探点布置不全面或者勘探点深度不够。

（3）外部原因。有一些建筑由于受力不均或受外界不可抗力（例如地震）等引起的倾斜；外部开挖等造成土体失稳等的结构变形。

（4）施工质量不佳。如桩的断缺或夹芯；桩的入岩深度不足，成为浮桩；混凝土浇筑质量等对建筑物的影响。

3. 区间泵房排水功能缺陷

在运营线路隧道结构中，排水系统主要是通过区间泵房，排放区间内结构渗漏水、洞口部位外部入水、区间清洁用水等。总体而言，区间排水系统由于建设过程中，涉及多专业接口，易产生排水不畅问题、道床长期积水问题。

区间泵房排水功能缺陷，主要受施工及设计两方面的影响较大，整体如下：

（1）施工方面。由于控制或管理不当，易出现土建单位施工的排水管口埋设过高；排水管坡度设置不畅，排水管本身存在反坡；铺轨单位的曲线段水沟坡度不畅，不能将水排入泵房侧（部分区间泵房设置在曲线段外股侧，曲线段钢轨内、外股横沟坡度不畅，内股低于外股，内股水无法通过横沟排入泵房，形成积水）。

（2）设计方面。土建的排水管口设计标高与轨道水沟设计不一致。

二、附属设施异常变形影响

砌体结构多处于车站或中风亭、主变等场所，一旦出现损坏或倾斜变形，会影响人员、设备安全。部分砌体结构紧靠轨行区，如出现问题，将极大地威胁到列车运营安全。

其余附属建筑物，承担着供电、供水等功能性需求，一旦出现变形，将影响整个建筑物的稳定性，若不及时处理，可能造成建筑物坍塌，直接影响地铁功能实现，危及正常运营。

区间排、防水系统功能缺陷，如情况严重或处置不当，将造成水淹道床，影响行车的风险。

三、附属设施异常状态监控手段

目前，运营方按周期对附属建筑物以及设施进行人工检查和结构状态评估。在发现附属建筑物以及设施出现问题后，应及时采用加密巡检以及定点监测手段。通过监测，可以有效掌握目前结构状态，为下一步处理方案的制定提供依据。

1. 砌体结构允许偏差和检验方法

项次	项目	允许偏差（mm）	检验方法
1	轴线位置偏移	10	用经纬仪或拉线和尺量检查
2	基础和墙砌体顶面标高	±15	用水准仪和尺量检查

（续上表）

项次	项目			允许偏差（mm）	检验方法
3	垂直度	每层		5	用2m托线板检查
		全高	≤10m	10	用经纬仪或吊线和尺量检查
			>10m	20	
4	表面平整度	清水墙、柱		5	用2m靠尺和楔形塞尺检查
		混水墙、柱		8	
5	水平灰缝平直度	清水墙		7	拉5m线和尺量检查
		混水墙		10	
6	水平灰缝厚度（10皮砖累计数）			±8	与皮数杆比较尺量检查
7	清水墙面游丁走缝			20	吊线和尺量检查，以每层第一皮砖为准
8	门窗洞口高、宽（后塞口）			±10	尺量检查
9	预留构造柱截面（宽度、深度）			±10	尺量检查
10	外墙上下窗口偏移			20	用经纬仪或吊线检查，以底层窗口为准

2. 建筑物倾斜检验方法

建筑物主体倾斜观测，是测定建筑物本身的倾斜量。《建筑物变形测量规范》中规定在建筑物外部进行建筑物主体倾斜测量，测站点距建筑物主体应在1.5～2倍建筑物高的范围内。目前常用监测手段如下：

（1）经纬仪正交垂直投点标定法。用经纬仪在两个正交的方向将建筑物构筑物顶部的观测点投影到底部观测点的水平面上，以测定位移大小、位移方向及倾斜度的方法。

（2）全站仪监测。在建筑物外立面延长线上布设监测基准点，观测点采用与全站仪配套的棱镜或反射片，布设在建筑物外立面上，并顶底对应布设。基于全站仪棱镜或反射片技术的建筑物倾斜测量是在被测建筑物所在场地上建立独立坐标系，使用全站仪棱镜或反射片在建筑物待测面上布设监测点，通过高精度全站仪直接观测建筑物上倾斜监测点三维坐标，获取建筑物主体或各层间监测点的 x 方向和 y 方向的偏移量。继而计算建筑物整体倾斜和位移。

（3）其他监测手段。在外墙面可以用线坠垂直吊线，也可以简单确定倾斜方向和度数，但相对误差较大。当建筑立面上观测点数量多或倾斜变形量大时，可采用激光扫描或数字近景摄影测量方法。

四、附属设施异常变形常用整治手段

1. 砌体结构异常变形处理方法

当砖墙变形量超过规定限值后，应及时组织相关评估，并对变形砌体进行加固或拆除重做处理。

2. 建筑物倾斜处理方法

（1）堆载加压纠偏。在建筑物沉降小的一侧施加钢锭等临时加荷设施，适当增加该侧边的沉降，用以减小不均匀沉降差和倾斜度。

（2）压桩纠偏。压桩纠偏即锚杆静压桩和掏土技术的结合，其工作原理是先在建筑物沉降大的一侧压桩，并将桩与基础锚固在一起，迅速制止建筑物沉降，使其处于沉降稳定状态，然后在沉降小的一侧掏土，减小基础底面下地基土的承压面积，增大基底压力，使地基土达到塑性变形，造成建筑物缓慢而又均匀回倾。同时，在掏土一侧再设置一部分保护桩，以提高回倾后建筑物的永久稳定性。

（3）浸水纠偏与挖沟纠偏。浸水纠偏适用于低含水量而湿陷性又较强的黄土地基，一般采用注水孔进行，在沉降较小的一侧施工，孔径为10～50cm，可用洛阳铲成孔，孔深通常应达到基底以下1～3m，

然后用粗砂或碎石填至基底标高,再插入注水管进行注水。挖沟纠偏是在沉降小的一侧挖土沟,迫使该侧的基础沉降加大,整个倾斜缓慢地进行纠正,直至沉降保持平稳。挖沟纠偏仅适用于软土或砂土地基,且纠偏数值又不大的情况。

(4)顶升纠偏。在建筑物基础沉降大的部位,采用千斤顶顶升的办法,通过调整建筑物各部位的沉降量来达到纠偏的目的。顶升纠偏分为在建筑物上预先设置顶升设备和对既有建筑物进行整体顶升纠偏两种,后者是在基础框架梁底部设置千斤顶,由原地基提供反力,通过千斤顶的顶升来调整水平位置,顶升后的空隙用砖砌体或楔形铁块妥善连接,达到纠偏的目的。

(5)注浆纠偏。在建筑物基础沉降大的一侧压浆,提高地基的强度,加固地基,制止建筑物继续沉降,使其处于沉降稳定状态。然后,在沉降小的一侧掏土,使地基应力在局部范围内得到解除和转移,从而增大该侧的基础沉降,以达到纠偏的目的。

(6)基础托换。设置新的承台结构或混凝土地梁,直接将建筑物托换至新的稳定基础上。

3. 区间泵房排水功能缺陷整治

排水不畅的原因有排水管口埋设过高(高于轨道排水沟),排水管本身存在反坡,曲线段道床排水沟(纵向、横向)坡度不畅。部分位置可能几种情况同时存在。对应处理方案简述如下:

(1)对于排水管口埋设过高(高于轨道排水沟)、排水管本身存在反坡原因造成的排水不畅,由于排水管的设置是在泵房结构主体完成之后通过钻孔、插管、封堵制作,排水管施工成型后无法更换或调整坡度,为减少对主体结构的二次破坏,可采用增设排水管的方式解决排水不畅问题(钻孔前视地质状况确定是否需要进行土体加固,可通过在拟钻孔部位先施钻同心小孔确定是否需要进行土体加固)。

(2)对于道床排水沟坡度不畅,可直接在水沟反坡部位进行凿除或填补。

五、附属设施异常状态预防措施

从土建结构设施运营维护管理经验来看,减少或避免附属设施倾斜、破坏的有效手段,主要是在设计及施工阶段,运营维护阶段主要需通过日常巡视、检测等手段掌握结构的实际运行状态,做到及时发现结构缺陷并及时采取措施避免其继续发展、恶化。

(1)勘察阶段,要明确地质情况,避免漏勘造成的设计不合理。设计阶段,充分考虑荷载、构造设置、基础设置以及配筋等影响因素,从根本上遏制受力不合理所产生的结构缺陷。

(2)施工阶段,严格按照设计图纸进行施工,选用材料、工艺严格满足要求,如实做好各项工程实施记录,确保工程施工质量。

(3)运营维护阶段,需对附属设施进行周期性检查维护,及时发现问题。

六、附属设施异常变形整治应用案例

案例13 高架桥电缆竖井倾斜整治案例
案例14 轨行区砌体墙倾斜整治案例
案例15 区间泵房入水管缺陷整治案例

案例 **13** 高架桥电缆竖井倾斜整治案例

1. 事件概况

某日，运营维修人员在巡检时发现，由于某区间电缆竖井基体发生沉降，导致电缆竖井向西南方向倾斜。竖井内敷设有六条 33kV 环网供电电缆。该竖井倾斜隐患如不进行及时处理，随着竖井倾斜加剧，可能导致竖井内环网电缆破损或断裂，引起环网供电区段环网失压，并直接造成地铁供电中断，影响列车运行及车站正常用电，给市民出行及社会带来严重的影响。

图 13-1　电缆竖井倾斜图片

2. 事故原因

2.1　设计概况

该电缆竖井位于高架区内，为连接某主变电所与高架桥之间的电缆，电缆竖井高 8.7m，外平面尺寸为 1 625mm×2 560mm。电缆竖井倾斜平面、立面图如图 13-2 所示：

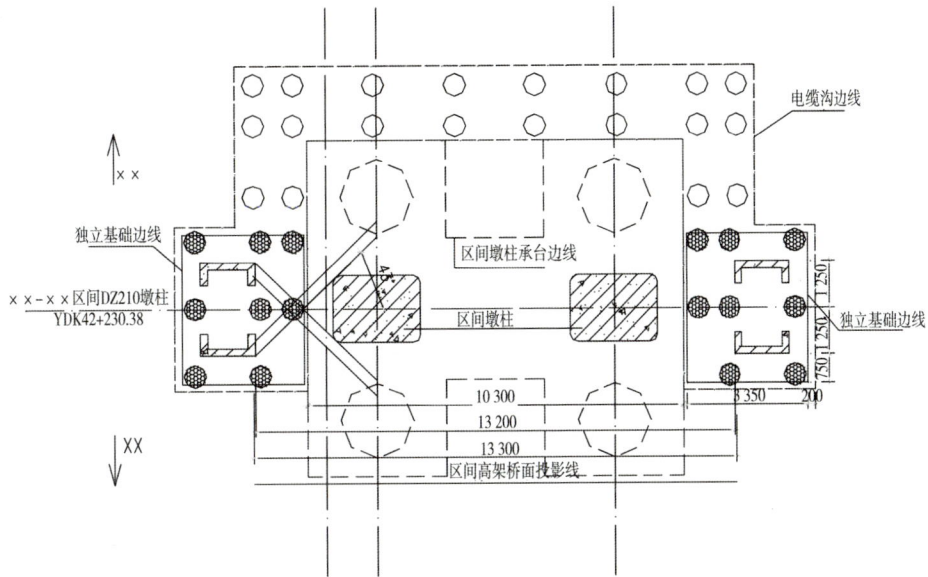

平面图1:100　　　　单位：mm

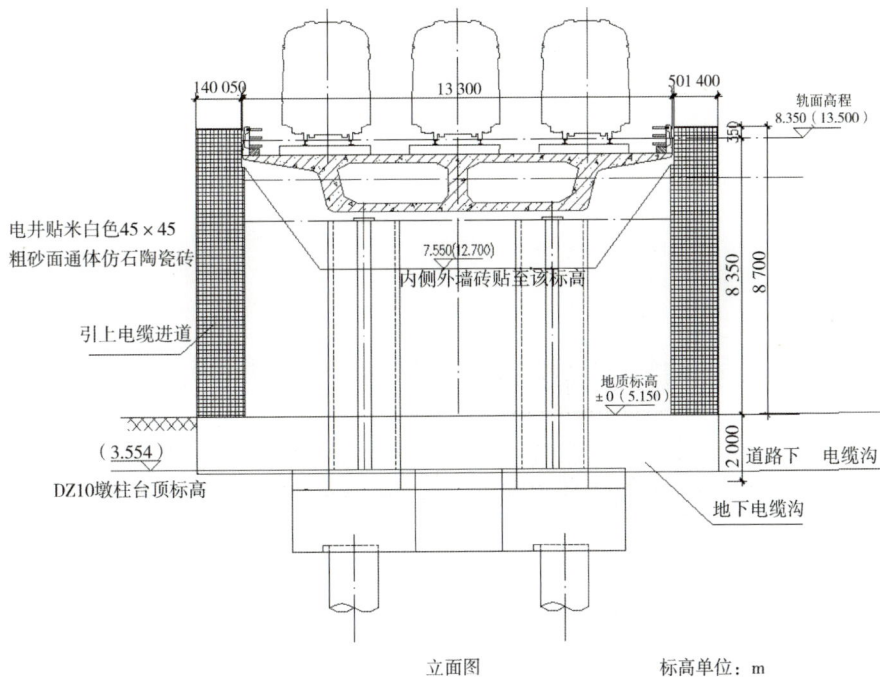

立面图　　　　　标高单位：m

图 13 - 2　电缆竖井倾斜平面、立面图

2.2　基础设计情况

（1）为保证基础承载力及减少不均匀沉降，基础底采用高压喷射注浆法进行地基加固处理，直径为 Φ600mm，桩底位于持力层（砂质黏性土或粉质黏土），桩长 15～20m。

（2）用 32.5R 普通硅酸盐水泥，水泥浆水灰比建议为 1.0。

（3）复合地基的地基承载力特征值为 80kPa，桩身水泥土的抗压强度为 2.0MPa，施工的主要机具、工艺及参数，应通过现场试验或工程经验确定。

（4）施工时钻孔的垂直偏差不得大于 1%，桩位布置偏差不得大于 50mm。

（5）荷载试验应在成桩 28 天后进行，检验数量为桩总数的 1%。

（6）旋喷桩桩顶标高高程 3.00～3.15m，施工前须核对道路施工图，保证竖井底面与电缆沟底面相平；基础施工时采用放坡支护方式，局部淤泥范围内可采用钢板桩支护。

（7）砂石垫层厚度为 200，砂石垫层（碎石：石屑：中粗砂：水＝5：3：1：1）搅拌均匀，夯实，夯填度（夯实厚度与虚铺厚度之比）小于 0.9。

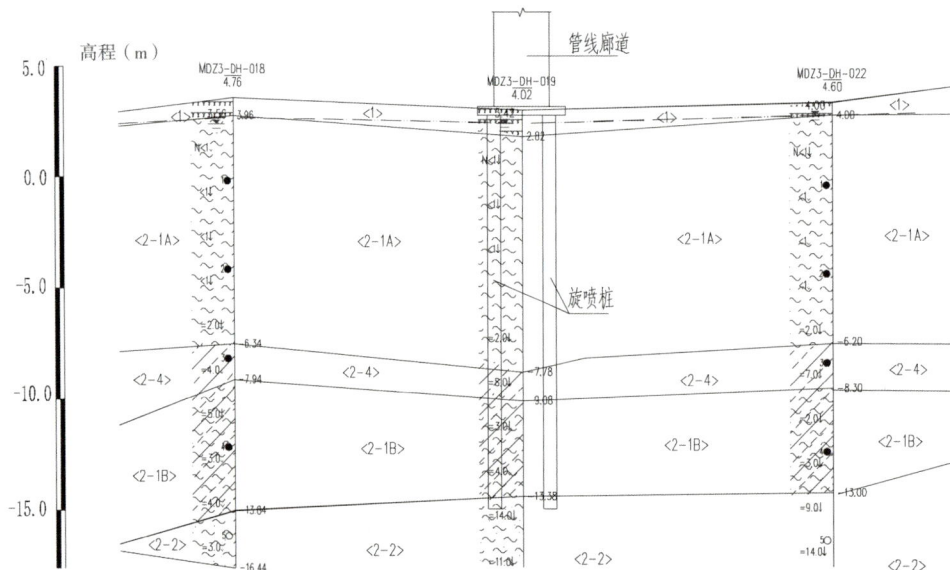

图 13－3　电缆竖井基础设计图

2.3　监测情况

自初期发现该竖井倾斜后，为掌握其后续变化趋势，对电缆竖井的沉降、倾斜监测频率进行加密，监测周期为每周一次。

（1）沉降监测是在竖井四个侧面各装沉降点，每周进行沉降监测。

（2）倾斜监测是采用测量水平角的方法来测定。离竖井约 1.5H 外，在互相垂直方向上选择合适位置埋设测站 1 和测站 2，同时选择通视良好的远方不动点 M1 和 M2。在竖井顶部选择与塔身相切的两个点 2、3，2、3 点须在同一水平面上且与测站 1 通视，在竖井适当位置且尽量靠近底部处，选择与井身相切的两个点 1、4，1、4 两个点须在同一水平面上且与测站 1 通视；同理选择与测站 2 相通视的 5、6、7、8 四个点，6、7 点在顶部，5、8 点在底部。然后在测站 1 用高精度的全站仪测量水平角（1）、（2）、（3）和（4），并计算半和角 [（2）＋（3）] /2 及 [（1）＋（4）] /2，它们分别表示竖井上部中心 a 和水塔勒脚部分中心 b 的方向。知道测站 1 至竖井中心的距离，根据 a 和 b 的方向差，可计算偏歪分量 a1。在测站 2 上观测水平角（5）、（6）、（7）和（8），重复前述计算，得到另一偏歪分量 a2。用矢量相加的办法求得水塔上部相对于勒脚部分的偏歪值 a，利用公式 $i = tga = a/h$，可以算得电缆竖井的倾斜度。

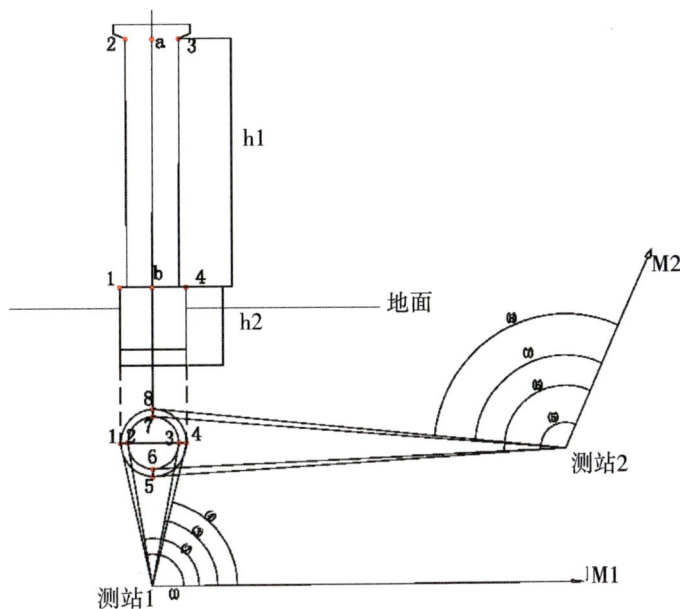

图 13-4　电缆竖井倾斜监测方案

从对竖井加固两年以来，加密监测数据显示，竖井倾斜速度变缓，但仍有发展的趋势，经现场测量，其顶部向西倾斜 0.363m，向南倾斜 0.116m，倾斜率达到 4.17%，累计沉降量达到 -33.19mm，如表 13-1 所示。

表 13-1　电缆竖井加密监测数据

电缆井测点编号	位置描述	2011-5-24	2012-2-28			
		初测高程(m)	本次高程(m)	本次沉降量(mm)	累计沉降量(mm)	沉降速率(mm/d)
A1	东北角	5.19341	5.18550	-3.06	-7.91	-0.04
A2	西北角	5.24221	5.22950	-4.60	-12.71	-0.06
A3	西南角	5.36085	5.34486	-5.57	-15.99	-0.07
A4	东南角	5.21739	5.20560	-3.36	-11.80	-0.04
			2013-3-18			
			本次高程(m)	本次沉降量(mm)	累计沉降量(mm)	沉降速率(mm/d)
			5.17709	-2.21	-16.33	-0.02
			5.21723	-2.78	-24.98	-0.03
			5.32766	-3.98	-33.19	-0.04
			5.19234	-3.89	-25.05	-0.04
电缆井测点编号	位置描述	2011-12-15	2013-3-18			
		初测高程(m)	本次高程(m)	本次沉降量(mm)	累计沉降量(mm)	沉降速率(mm/d)
B1	西北角	5.31583	5.31239	-1.70	-3.44	-0.02
B2	西南角	5.37795	5.37161	-2.64	-6.34	-0.02
B3	东南角	5.33059	5.32212	-3.62	-7.31	-0.03
B4	东北角	5.37033	5.36470	-2.39	-6.79	-0.02
	2012-12-15		2013-3-18			
西边电缆井倾斜情况	电缆井往西倾斜0.286m，往南倾斜0.097m		电缆井往西倾斜0.363m，往南倾斜0.116m			
	电缆井整体往西南方向倾斜0.302m		电缆井整体往西南方向倾斜0.381m			
东边电缆井倾斜情况	电缆井往东倾斜0.092m，往南倾斜0.037m		电缆井往东倾斜0.109m，往南倾斜0.040m			
	电缆井整体往东南方向倾斜0.099m		电缆井整体往东南方向倾斜0.116m			

2.4　原因分析

参照《建筑地基基础设计规范》（GB 50007—2011）第 5.3.4 条，关于建筑物地基变形引起的高耸结构基础的倾斜，高度 ≤20m 时，允许的倾斜率为 0.8%，某电缆竖井室外部分高 8.7m，底部尺寸长为 2.5m、宽为 1.5m，监测数据显示，其顶部向西倾斜 0.363m，向南倾斜 0.116m，倾斜率达到 4.17%，累计沉降量达到 -33.19mm，超过规范允许值。

从该竖井的结构、基础图纸入手，综合分析该竖井倾斜的原因有以下四个：

（1）基础设计考虑不周。该竖井基础采用旋喷桩，基础底采用高压喷射注浆法进行地基加固处理，直径为Φ600mm，桩底位于持力层（砂质黏性土或粉质黏土），桩长15~20m。桩底持力层为黏性土，虽然进行地基加固，但由于周边土体均为高压缩性土质，在长期荷载作用下产生沉降、倾斜现象。

（2）地基土层的原因。土层薄厚不均，压缩模量差异明显，该区间地表原为农田，施工后使用回填土回填，施工期间虽然进行了地基加固，但即使地基土质比较均匀，上部结构的刚度对地基土应力分布也有影响，也可能发生不均匀沉降。

（3）周边施工环境的影响。地铁线路建成后，受到周边修路、修缮建筑物等影响，周边环境发生改变，其土层的应力场可能受到不利的影响，等影响到一定程度后，建筑物将会发生倾斜。比如临近堆载、临近基坑开挖、临近降水、临近打桩所引起的振动和挤压。

（4）上部荷载不均匀造成的地基沉降不均匀。该竖井为对称结构，电缆从电缆沟通过竖井引入高架区间内，相关电缆重量分布不均也是倾斜的原因之一。

3. 方案比选

3.1 应急临时处理

鉴于该竖井结构的重要性，且考虑到该结构电缆竖井内敷设有高压供电线路和各专业多条重要线路，一旦电缆竖井倾倒将导致高压线路拉断，造成停运的严重后果。因而运营维修人员对电缆竖井进行了临时加固。

经检算，桥墩设计强度满足电缆竖井附加荷载作用，因此，临时加固采用对两个电缆竖井外圈加设钢骨架连接并与桥墩固定的方式。电缆竖井的四周每个角用150mm×150mm×10mm规格的镀锌角铁封角，长度为8.7m，从底部到电缆竖井顶部直接连通，每1m隔距入Φ14mm的镀锌膨胀螺丝固位。电缆竖井水平加固分别在地面以上0.1m处用200mm×75mm×10mm规格的镀锌四周焊接连接。电缆竖井每侧水平面用2个托架支撑连接，土力骨架托架用150mm×150mm×10mm规格的镀锌角铁制作安装，螺丝埋入剪力墙80mm，用Φ14mm螺丝固定在电缆竖井砼内。电缆竖井加固图如图13-5所示：

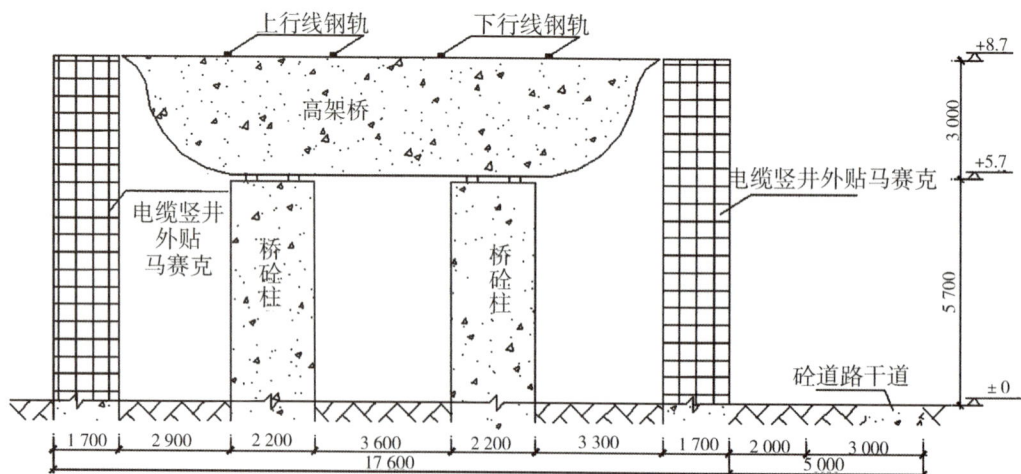

图13-5　电缆竖井立面示意图

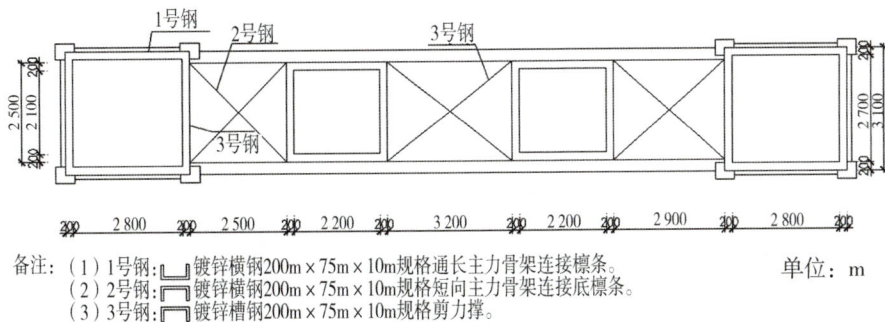

备注：（1）1号钢：[镀锌横钢200m×75m×10m规格通长主力骨架连接檩条。
（2）2号钢：[镀锌横钢200m×75m×10m规格短向主力骨架连接底檩条。
（3）3号钢：[镀锌槽钢200m×75m×10m规格剪力撑。

单位：m

图13-6 离桥墩顶部0.3m位置钢梁平面布置图

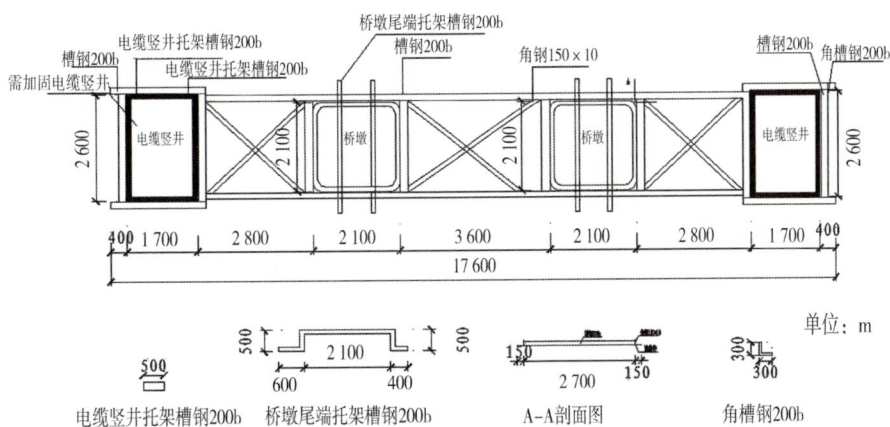

单位：m

电缆竖井托架槽钢200b　桥墩尾端托架槽钢200b　A-A剖面图　角槽钢200b

图13-7 电缆竖井临时加固示意图

图13-8 电缆竖井临时加固现场图

第一轮临时加固后，电缆竖井的沉降速率较大，倾斜也有进一步发展的趋势，地铁维护技术人员在竖井现场进行了技术讨论，根据现场情况，判断该电缆竖井倾斜情况较为严重，原加固采用的临时钢骨架已出现变形，急需采取进一步处理措施。采取在原有加固钢骨架下方0.4~0.5m处加设与一联相同的钢骨架，并在两联骨架之间加焊角钢使其并联为整体桁架的方式，使其共同受力，并在四周加装斜撑进行加固。

图 13 – 9　电缆竖井临时加固现场图

3.2　永久加固处理方案比选

3.2.1　顶升纠偏法

（1）技术要求。

①采用新、旧混凝土界面处理技术处理新、旧结构之间的连接问题。

②除截断柱身钻孔和凿毛外，不得任意凿除主体结构混凝土。

③采取施工技术措施，实施分级同步顶升，确保施工期间结构不开裂。

（2）施工步骤。

①采用断墙顶升纠偏法对现已倾斜的电缆竖井实施整体纠偏（向区间墩柱侧纠偏）。

②整体纠偏目标：要求完成纠偏后建筑物在纠偏方向的平均倾斜度应不超过 3‰（宜控制在 2‰ 以内）。

③在原电缆竖井混凝土墙周边新建悬臂环梁。

④顶升装置由螺旋千斤顶（油压千斤顶）和垫板组成，置于新建悬臂环梁下。

⑤顶升装置应间隔分批安装，千斤顶应统一预留顶升高度。

⑥顶升装置就位后，在 +0.20m 位置断开竖井土墙及砖墙，采用分级同步顶升的方法进行整体纠偏，纠偏完成后修复顶升分开的承重土墙及砖墙。

⑦整体纠偏工序及技术要求：

a. 在原电缆竖井混凝土墙周边新建悬臂环梁。

b. 开挖土方至原结构混凝土承台面。

c. 在新建混凝土环梁下安装千斤顶顶升装置。

d. 在 +0.20m 位置断开竖井混凝土墙及砖墙。

e. 在统一号令下实施分级同步顶升，每级顶升的最大顶升位移不超过 10mm，直至达到顶升纠偏的目标。

f. 需要更换某一个千斤顶时，必须先顶紧周边的千斤顶，相邻千斤顶不得同时更换；施工现场应准备足够的千斤顶和垫块用于应急和更换。

g. 顶升纠偏施工期间应做好建筑物的沉降变形和倾斜度监测。

h. 在完成纠偏后，修复承重竖井混凝土墙和砖墙，回填土方。

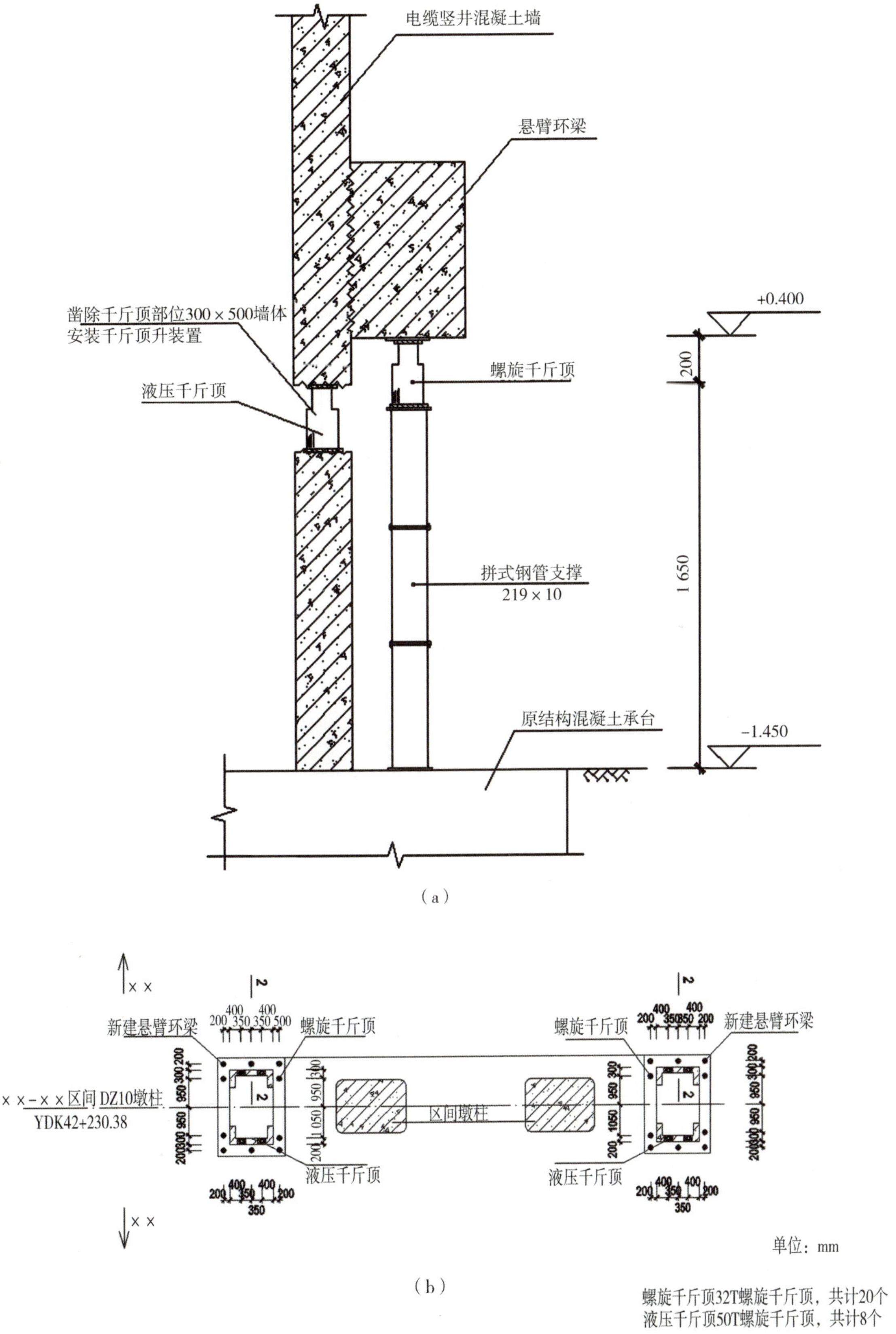

电缆竖井混凝土墙

悬臂环梁

凿除千斤顶部位300×500墙体
安装千斤顶升装置

+0.400

液压千斤顶

螺旋千斤顶

200

拼式钢管支撑
219×10

1 650

原结构混凝土承台

−1.450

（a）

↑ ××
2

400　400
200 350 350 500

螺旋千斤顶

螺旋千斤顶

2

400　400
200 350 350 200

新建悬臂环梁

新建悬臂环梁

××-×× 区间 DZ10 墩柱
YDK42+230.38

区间墩柱

2

2

液压千斤顶

液压千斤顶

↓ ××

400　400
200 350 200
350

400　400
200 350 200
350

单位：mm

（b）

螺旋千斤顶32T螺旋千斤顶，共计20个
液压千斤顶50T螺旋千斤顶，共计8个

图 13 − 10　顶升纠偏法设计图

3.2.2 基础托换法

（1）技术要求。

设置混凝土地梁，直接将竖井托换至桥墩承台上，重新做竖井将原竖井包裹，外扩的边线不超出原线路与变电站征地红线范围。按照设计说明，新增竖井（连同旧竖井与其基础）总重为113kN，原桥墩钻孔单桩承载力为20 000kN，两竖井荷载转嫁到原桥墩承台上，荷载仅占原荷载的2.7%。原桥墩基础竖向力设计有很大的富余，经设计复核验算，完全可满足此部分增加荷载的要求。

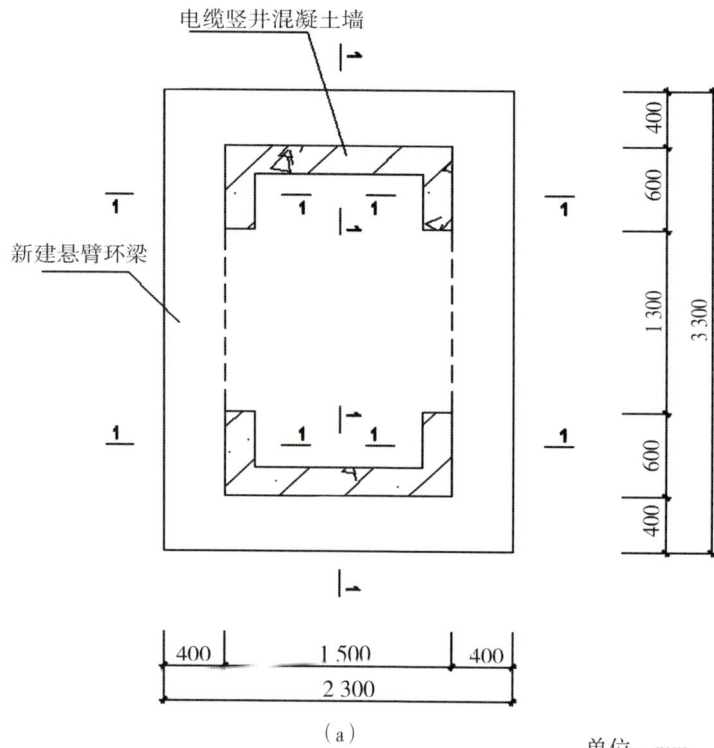

（a）

单位：mm

注：发生倾斜的两个电缆竖井均新建悬臂环梁。

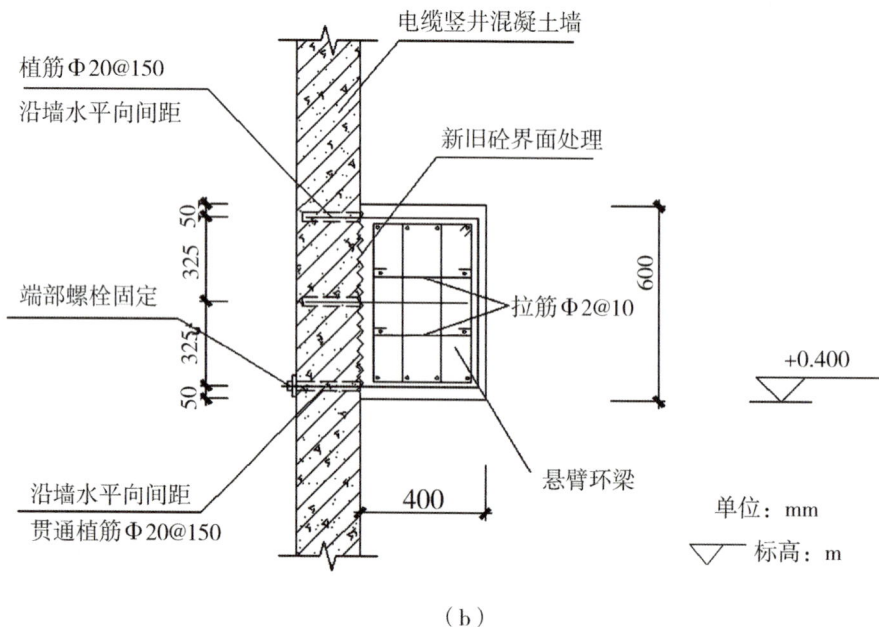

（b）

图13-11 基础托换法设计图

（2）施工步骤。

①挖开施工地梁部分的承台覆土。

②承台面上植筋、竖井植筋。

③施工地梁下短柱及地梁与原竖井结构浇注于一体。

④施工地梁上构造柱与砌砖，将原结构包裹起来。

（3）施工注意事项。

现有的旧竖井目前已用型钢加固，为了保证新竖井施工期间不出意外，这些加固措施必须保持不动，等到新竖井的强度达到100%。砌砖批荡完成后，准备贴外墙砖时，再拆除旧竖井的加固措施，其他不影响施工和正常使用的临时加固措施不进行拆除。

为了减少对地铁运行的干扰，保证地铁的安全运行，新竖井的外排架搭设高度必须低于高架桥桥面的高度，同时派专人看管，严禁将材料、工具、垃圾等物品放到桥面上，派专人监督、检查，确保万无一失。

按照上述安排，考虑到混凝土28天龄期的技术要求，工程全部完工约60天。

3.2.3　确定方案

通过现场分析，电缆竖井在应急临时加固以后，该电缆竖井的变形可控，且在施工前进行的多次监测中发现，竖井倾斜得到了有效控制。同时，考虑到现场的施工难度、后期的维护保养等方面，基础托换法经济可靠，且能有效地控制竖井变形。故后期采用基础托换法实施。

4. 现场实施

4.1　实施方案及施工重点

4.1.1　模板施工

（1）模板采用新的夹板模板，并涂刷脱模剂，保障混凝土表面质量，严禁使用残旧的木模板。

（2）模板拼缝要密实不漏浆，且表面平整，可在拼缝内夹橡胶条，或用透明胶纸封贴拼缝，严禁使用沥青纸封贴拼缝。

（3）模板支撑要牢固可靠，防止在浇筑混凝土时模板变形，垂直度、平整度应控制在设计范围内。

4.1.2　钢筋工程

（1）钢筋加工。

①所有进场的各种规格、各种级别的钢筋，必须有出厂合格证，在监理见证下对其实行随机抽检，试验合格后方能使用。

②钢筋抽料人员要熟悉图纸、会审记录及施工规范，按图纸要求的钢筋的规格、形状、尺寸、数量，合理地填写钢筋抽料表，计算出钢筋的用量。

③钢筋表面应洁净，黏着的油污、泥土、浮锈在使用前必须清理干净。

④钢筋调直，可用机械调直，经调直后的钢筋不得有局部弯曲、死弯、小波浪形等情况，其表面伤痕不应使钢筋截面减少5%。

⑤钢筋切断应根据钢筋号、直径、长度和数量来进行，长度搭接配，先断长料后断短料，尽量减少钢筋接头，以节约钢材。

⑥钢筋弯钩形式有三种，分别为半圆弯钩、直弯钩及斜弯钩。

a. 钢筋弯钩增加长度的理论值，对装半圆弯钩为6.25d，对直弯钩为3.5d，对斜弯钩为4.9d。Ⅱ级钢筋末端需做90°或135°弯折时，应按规范增大弯曲直径。

b. 弯曲钢筋中间部位弯折处的弯曲直径D，应不少于钢筋直径的5倍。

c. 箍筋的末端应作弯钩，弯钩形式应符合设计要求。本工程处于抗震设防区，对结构有抗震要求，因此要求框架柱、框架梁箍筋弯钩直线段长度大于10d，且大于80mm，箍筋末端弯钩弯成135°。

d. 钢筋下料长度应根据构件尺寸，混凝土保护层厚度，钢筋弯曲调整值和弯钩增加长度等规定综合考虑。钢筋制作应满足钢筋保护层要求，梁为25mm，柱为30mm，板为15mm，地梁为40mm。

e. 严禁对Ⅱ级钢筋反复弯曲，只能一次成型。使用的钢筋应该严格控制，严禁有严重锈蚀的钢筋投入使用。凡发现有锈蚀的钢筋应清除锈迹再投入使用。

f. 顶板四角放射筋 Φ8@200，长度取为L1/4。

g. 柱子四角钢筋在承台里的弯钩长度宜为250mm，角柱加密箍。

（2）钢筋安装。

①将基础垫层清扫干净，用石笔和墨斗在上面弹放钢筋位置线。

②按钢筋位置线布放基础钢筋。

③绑扎钢筋。四周两行钢筋交叉点中每个点都要绑扎牢固。中间部分交叉点可相隔交错扎牢，但必须保证受力钢筋不移位。双向主筋的钢筋网，则需将全部钢筋相交点扎牢。相邻绑扎点的钢丝扣成八字形，以免风片歪斜变形。

④采用双层钢筋网时，在上层钢筋网下面应设置钢筋或混凝土撑脚，以保证钢筋位置正确，钢筋撑脚应垫在下层钢筋网上。

⑤钢筋的弯钩应朝上，不要倒向一边；双钢筋网的上层钢筋弯钩应朝下。

⑥独立基础为双向弯曲，其底面短向的钢筋应放在长向钢筋的上面。

⑦现浇柱与基础连用的插筋，其箍筋应比柱的箍筋小一个柱筋直径，以便连接。箍筋的位置一定要绑扎牢靠，以免造成柱轴线偏移。

⑧基础中纵向受力钢筋的混凝土保护层厚度不应小于40mm，当无垫层时不应小于700mm。

（3）钢筋连接。

①钢筋连接的接头宜设置在受力较小处。接头末端至钢筋弯起点的距离不应小于钢筋直径的10倍。

②若采用绑扎搭接接头，则接头纵向受力钢筋的绑扎接头宜相互错开；钢筋绑扎接送连接区段的长度为1.3倍搭接长度；凡搭接接头中点位于该区段的搭接接头均属于同一连接区段；位于同一区段内的受拉钢筋搭接接头面积百分率为25%。

③纵向受力的钢筋采用机械连接接头或焊接接头时，连接区段的长度为35d（d为纵向受力钢筋的较大值）且不小于50mm。同一连接区段内，纵向受力钢筋的接头面积百分率应符合设计规定；当设计无规定时，应符合下列规定：在受拉区不宜大于50%。直接承受动力荷载的基础中，不宜采用焊接接头；当采用机械连接接头时，不应大于50%。

（4）基础钢筋注意事项。

①当条形基础的宽度 B≥1 600mm 时，横向受力钢筋的长度可减至0.9B，交错布置。

②当单独基础的边长 B≥3 000mm 时（除基础支承在桩上外时），受力钢筋的长度可减至0.9B，交错布置。

③基础浇筑完毕后，把基础上预留墙柱插筋扶正理顺，保证插筋位置准确。

④承台钢筋绑扎前，一是要保证桩基伸出钢筋到承台的锚固长度。二是要准确，安装要牢固，承台内部设3个箍筋，承台顶面也应绑扎2个箍筋，柱插筋长度若超过2.5m，应使用长木支撑，以确保纵筋在混凝土浇筑时不变形、不移位。

4.1.3　植筋工程

化学植筋的施工工艺：定位→钻孔→清孔→钢筋除锈→锚固胶配置→植筋→固化、养护→检验。

（1）定位。

按照设计要求进行现场放线定位，标示钻孔位置和型号，如果遇到主筋，钻孔位置可适当调整，但宜植在箍筋内侧（梁、柱）或分布筋内侧（板、剪力墙）。

（2）钻孔。

钻孔宜用电锤或风钻成孔，钻孔直径 > d + 4 ~ 8mm，钻孔深度要根据不同植筋锚固结构胶的使用说明确定钻孔深度。若无使用说明，则植筋最小的锚固长度根据《混凝土结构加固设计规范》（GB 50367—2006）对植筋基本锚固长度的规定：植筋最小锚固长度按10d。如果钻孔部位钢筋太密而无法按照设计和现场放线位置钻孔时，可在其附近钻一附加孔洞，植入钢筋，原钢筋按照正确位置放置，采用焊接方法进行连接。

（3）清孔。

钻孔完毕后，应检查孔深和孔径，合格后将孔内粉尘用压缩空气屑吹出，然后用毛刷、棉布将孔壁刷净，再次压缩空气清孔，反复进行清孔 3 ~ 5 次，直至孔内无灰尘，将孔口用丝绵临时封闭，避免水流入孔内或其他杂物落入其中，保持孔洞干燥。若有废孔，清洁干净后用植筋胶填实。

（4）钢筋除锈。

钢筋在锚固长度范围内的铁锈应清除干净（普通没有严重锈蚀的钢筋，应用钢刷将埋植部分的浮锈清理干净，露出金属光泽；严重锈蚀的钢筋不能作为植筋使用）。如果钢筋沾有油污，应用丙酮进行清洗。

（5）锚固胶配置。

化学植筋的安装应根据锚固胶使用形式（管装式、机械注入式、现场配置式）和方向（向上、向下、水平）的不同采用相应的方法。化学植筋的焊接应考虑焊接高温对胶的不良影响，采取有效的降温措施，离开基面的钢筋预留长度不应小于35d（并且保证预留钢筋长度能与原钢筋有效连接），且不小于200mm。

（6）植筋。

将搅拌均匀的结构胶用手动泵浆机或直接用送胶棒等方法灌入孔内，要求胶量应占孔体积的80%以上。然后将经过除锈的钢筋插入灌有结构胶的孔内，并旋转钢筋反复地插入、拔出，将孔壁的灰尘搅入结构胶内，直至附在钢筋上的结构胶表面不带有灰尘。将钢筋扶正固化，在结构胶固化前不能扰动钢筋，以免影响锚固效果。

（7）固化、养护。

结构胶的初凝时间很快，从拌胶到植筋整个工序应在半个小时以内完成，植筋对于施工温度有一定的要求，由于不同产品对施工温度要求不一致，具体按照使用说明进行施工。在植筋完成24小时以内不得扰动钢筋，若有较大扰动宜重新植筋。结构胶在初凝结硬后，不得用于植筋。

（8）检验。

检验植筋效果，保证钢筋与混凝土连接满足规范及施工、使用的要求。

4.1.4　混凝土施工

（1）混凝土拌和物摊铺前，应对模板、基层、钢筋等进行全面检查。

（2）混凝土按设计或有关规范配制，混凝土坍落度宜控制在 120 ~ 160mm，搅拌均匀，并按规范要求每台班及不大于100m³ 制作一组砼试件。

（3）浇捣混凝土时，使用振动棒时应快插慢拔，振捣密实。

（4）在每一位置振捣的停止标志是拌和物停止下沉、不再冒气泡并泛出水泥砂浆，不宜过振。

（5）混凝土养护。①宜用草袋、草帘等，在混凝土终凝以后覆盖于混凝土板表面，每天应均匀洒水，经常保持潮湿状态。②养护时间应根据混凝土强度增长情况而定，一般宜为 7 ~ 14 天。养护期满方可将覆盖物清除，表面不得留有痕迹。

图 13 – 12　电缆竖井永久加固施工图（地梁施工）

4.2　后续监测、监控

电缆竖井纠偏整治完成后，为验证工程整治效果及掌握后续结构稳固情况，仍需对电缆竖井沉降、倾斜进行监测。监测周期可设置为工程整治完成后半年，每月进行一次，后续视监测数据情况进行调整，如结构无异常变形，可将监测周期固定为每半年一次。

5.　小　结

建筑物倾斜主要是由不均匀沉降引起的，但引起的原因各有不同。在软土地基地区和不良地基发生建筑物倾斜较多，也有一些建筑由于受力不均或外界不可抗力（例如地震）等引起的倾斜。对建筑物不同程度的倾斜，当超过规范允许倾斜值时则应采取纠倾措施，根据具体情况采用相应纠倾方案。

对于建筑物倾斜，我国自 20 世纪 90 年代以来，就浅基础的一般建筑物和多层建筑物开展了研究和讨论，不断总结经验，并颁发和实施了《铁路房屋增层和纠倾技术规范》（TB 10114—97）、《既有建筑地基基础加固技术规范》（JGJ 123—2000），为后续建筑物倾斜分析和处理提供了指导意见，更好地保证建筑物的正常使用。

针对此类事件，建议地铁勘察、设计时，要充分考虑软土地基对独立浅基础建筑的影响，避免在运营期间出现部分附属建筑的不均匀沉降、变形等问题。同时，也要求运营人员在日常检修中，需要重点关注软土地基地区建筑物的变形情况。

案例 **14**　轨行区砌体墙倾斜整治案例

1. 事件概况

某日下午，运营检修人员通过线路登乘检查，发现某站下行出站侧上方隧道活塞风井的一处结构填充墙发生位移（位移情况如图14-1、图14-2所示）。因该墙体靠近轨行区，如不及时处理，将直接威胁运营安全。后在地铁维修人员及多方共同合作下，克服各种困难，及时采取措施，有效保障了运营期间的安全，并于当晚将该位移的墙体进行拆除，消除了该安全隐患。

图14-1　墙面一侧位移情况

图14-2　墙面另一侧位移情况

2. 事件原因

2.1 设计概况

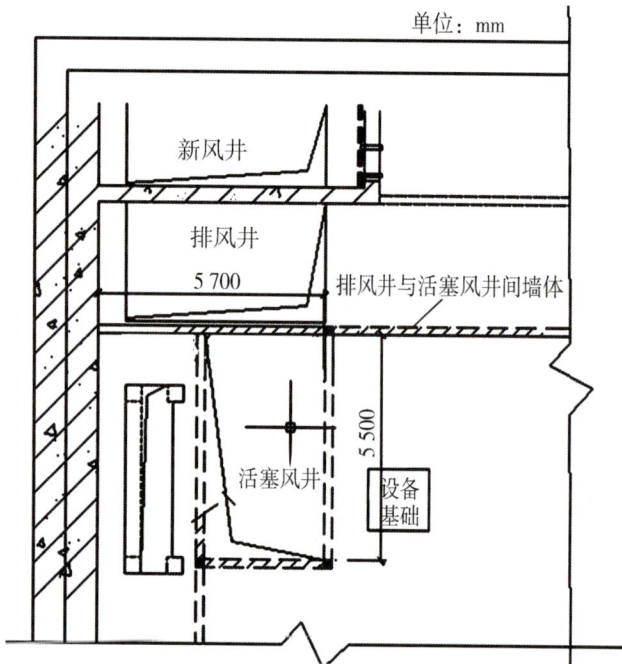

图 14-3　墙体平面位置图

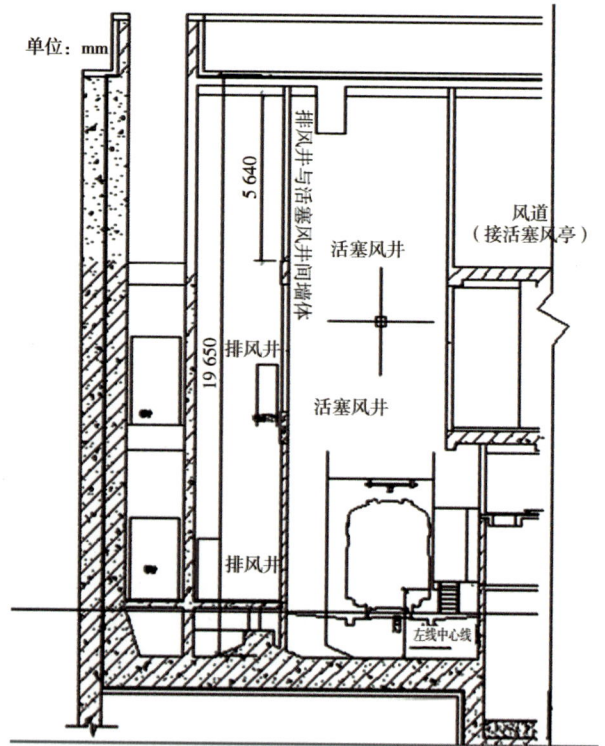

图 14-4　墙体立面位置图

墙体结构说明：站厅层、设备层、站台层（包括折返线和渡线）等楼层的砖墙采用不低于 MU10 灰砂砖、M5 水泥砂浆砌筑。砖墙应加设圈梁，圈梁材料采用 C20 砼，截面宽度同墙宽，高度为 200mm，纵向钢筋为 Φ4×100mm，箍筋为 Φ6.5@200mm，圈梁两端应与构造柱或结构柱连接；圈梁设计高度一般设在层高中间，也可以结合门洞过梁设置。构造柱应与墙体、圈梁有可靠连接。

2.2 内因分析

框架结构施工，一般是先浇捣框架柱混凝土，然后再砌筑填充墙。为保证框架柱与砖墙壁之间的有效连接，提高抗震的整体性，必须在柱与砖墙之间设置拉结钢筋。根据《砌体工程施工质量验收规范》（GB 50203—2011）规定："填充墙砌体留置的拉结钢筋的位置应与块体皮数相符合。拉结钢筋应置于灰缝中，埋置长度应符合设计要求，竖向位置偏差不应超过一皮高度。"填充墙应沿框架柱全高每隔 500mm 设 2Φ6mm 拉结钢筋，拉结钢筋伸入墙内的长度，抗震设防烈度为六七度时不应小于墙长的 1/5 且不小于 700mm，抗震设防烈度为八九度时宜沿墙全长贯通。车站结构是按七度设防的，且该处的墙体位于行车关键位置，需重点进行抗震设计。经现场详细核查发现：①轴位置结构墙有一处已设拉结钢筋，未发现明显的位移情况；②轴柱子未设拉结钢筋，可见最大约 120mm 的墙体水平位移。因此，未按规范要求使用足够的拉结钢筋也是导致该部分墙体产生裂缝位移的直接原因之一。

根据《建筑抗震设计规范》（GB 5001—2010），墙高超过 4m 时，墙体半高宜设置与柱连接且沿墙全长贯通的钢筋混凝土水平系梁。墙面总高度为6m，圈梁位置设置在2.5m处，未设置在半高处，降低了安全系数，也是导致上部3.5m高墙体位移的重要原因。

《砌体结构设计规范》（GB 5003—2001）要求："当混凝土墙（柱）分隔的直段长度，120mm（或100mm）厚墙超过3.6m，180mm（或190mm）厚墙超过5m时，在该区间加混凝土构造柱分隔。"该处混凝土墙（柱）分隔长度为5.7m，180mm厚墙，在该区间应加混凝土构造柱分隔，5.7m范围内未设置混凝土构造柱也是墙体位移的重要原因。

砌体结构中，高度、重量、刚度有较大变化处，往往由于房屋构造处理不当而产生裂缝。该填充墙裂缝发生在四周与不同刚度混凝土结构交接处，该部位混凝土及砌体间刚度变化较大，属于结构薄弱处。现场对该墙面情况观察分析，该墙面采用灰沙砖砌筑，以砂浆拌和粘贴，墙面厚度为180mm，未见有设置拉结钢筋，从横向裂缝（下部梁体上缘部）至顶板距离3.5m，长度为5.7m。另外，现场发现该处的砂浆特别是开裂处的砂浆手捏即碎，应是强度不足。施工工艺及施工质量有所偏差，砌砖前可能没有让砖块充分吸收水分，以致在砌筑时砂浆水分让砖块吸收，砂浆水分不足，以致砂浆黏度不足，这是导致该部分墙体产生裂缝位移的直接原因之一。

2.3　外因分析

对墙体受力进行分析可知，墙体除受结构本身强度、尺寸、自重及外部结构应力影响外，列车震动及风压对其也有一定影响。其中墙体本身强度、几何尺寸等为主要的影响因素，需要严格按照规范设计进行计算控制。墙体建设过程中，可通过相关构造（如加拉结钢筋等）改善墙体与周边建筑结构的整体性，抵抗列车震动及风压的影响。本案例中，墙体受到列车震动及风压长时间持续影响，未见异常情况，因此，可初步排除列车震动及风压对墙体的影响。

外部结构应力突变则无法预判，该处墙体位置所在的结构处在某城市高耸建筑周边且地质情况复杂，可能是突变的应力触发砌体与混凝土结构薄弱处发生破坏。

3.　方案比选

3.1　墙体拆除方案

根据本工程特点，不仅现场环境复杂，而且是高空作业，必须做好充分的施工准备工作，全面规划，合理部署，采取正确的施工方法及施工措施，精心组织施工，确保拆除工程按期、按质完成。结合上述控制目标要求，本砖墙拆除拟采用人工拆除，砖墙圈梁采用人工风镐机破除。

结合现场墙体所处的位置（位置高、靠近轨行区）以及可能对运营所造成的影响（如掉落砖块、倾覆等将可能中断行车），需要做好墙体下方轨行区的保护工作，利用行车间隔在靠近轨行区的活塞风井上方铺设木板，防止运营期间墙体散落影响运营，具体的施工情况如图14-5、图14-6所示。

图 14 – 5　铺设木板 1　　　　　　　　　　　　图 14 – 6　铺设木板 2

　　运营结束后的当晚需对存在隐患的墙体进行拆除，因时间、空间有限，采用了钢管撞击墙体的破坏式拆除方式，而没有采用一般的搭脚手架拆墙方式，拆除前做好洞口的围蔽工作，防止碎块掉落轨道影响设备的正常运营。拆除墙体的情况如图 14 – 7、图 14 – 8 所示。

图 14 – 7　钢管撞击墙体的拆除方式　　　　　　图 14 – 8　破坏式拆除墙体的情况

3.2　墙体的恢复方案比选

　　墙体恢复的方案有三种：一是采用砖墙恢复；二是采用混凝土墙进行恢复；三是采用板材对墙体进行恢复。

3.2.1 控制目标

（1）控制施工范围，确保轨行区设备的安全。

（2）控制施工时间，不影响运营。

（3）控制粉尘、飞石，确保人员安全。

（4）控制阶段性的工序，对恢复质量不会造成影响。

（5）恢复的墙体能满足抗震、风压、防火等各方面的功能要求。

3.2.2 方案选取

方案一：采用砖墙的方式进行恢复。一是要考虑墙体与混凝土结构的有效连接，因原有结构未预留钢筋，需要做植筋处理。二是由于新砌墙及相关构造给予的施工时间不足（一晚上3小时左右），阶段性地完成砌筑不多，预留大量的施工缝，对墙体的整体性及施工质量容易造成影响。三是新浇筑墙体完成后不到1小时就需投入运营，列车震动、风压对新浇筑墙体有较大的影响，降低墙体砂浆的黏结强度。一定程度上破坏墙体的整体性。四是砌体结构在不利的施工条件及列车长期震动、反复的风压作用下，有可能会导致部分掉块问题，进而影响运营。在满足控制目标要求的前提下，不建议采用砖墙恢复的方式。

方案二：采用混凝土结构墙体的方式进行恢复。一是要考虑墙体与混凝土结构的有效连接，因原有结构未预留钢筋，需要做植筋处理。二是混凝土的浇筑需要分阶段人工进行，不能使用大型机械，同时也会预留较多的施工缝，对墙体的整体性及施工质量容易造成影响。三是商品混凝土不能直接送到现场，若采用人工拌制，对混凝土质量很难把控。四是新浇筑墙体完成后不到1小时就需投入运营，列车震动、风压对新浇筑墙体有较大的影响，同时也不利于混凝土的前期养护，可能达不到相应的强度要求。在满足控制目标要求的前提下，不建议采用混凝土结构墙体的恢复方式。

方案三：采用板材进行恢复。能够满足控制目标的要求，后经专家论证，选用水泥纤维防火板进行恢复。水泥纤维防火板除了强度满足要求外，还具有以下特点：

防火绝缘：不燃A级，火灾发生时板材不会燃烧，不会产生有毒烟雾；导电系数低，是理想的绝缘材料。

防水防潮：在半露天和高湿度环境下，仍能保持性能的稳定，不会下陷或变形。

隔热隔音：导热系数低，有良好的隔热、保温性能，产品密度高，隔音好。

质轻高强：经5 000t平板油压机加压的板材，不仅强度高，而且不易变形、翘曲；重量轻，适宜应用于屋面吊顶等方面。

施工简易：干作业方式，龙骨与板材的安装施工简单，速度快。深加工的产品也具有施工简便及性能更优的特点。

经济美观：轻质板材与龙骨的配合，有效降低工程和装修成本；外观颜色均匀、表面平整，直接使用可使建筑表面色彩统一。

安全无害：低于国家"建筑材料放射卫生防护标准"，实测指标与距周围建筑物20m外草坪值相等。

寿命超长：耐酸碱、耐腐蚀，也不会遭潮气或虫蚁等损害，而且强度和硬度随时间而增强，保证有超长的使用寿命。

可加工及二次装修性能好：可根据实际情况进行锯切、钻孔、雕刻、钻钉、涂饰及粘贴瓷砖、墙布等材料。

结合上述分析，确定采用方案三进行墙体恢复。

4. 现场处理

4.1 施工准备计划

技术准备方面，首先必须认真做好实地勘察工作，对所拆除的构筑物结构情况有较为详细的了解。

在对所拆除的构筑物结构情况进行细致了解的基础上，制定切实可行的拆除措施；对临近建（构）筑物、洞口，根据现场情况做好各项保护措施。

做好技术交底工作。本工程每一道工序开工前，均需进行技术交底。技术交底作为技术管理的一个重要制度，是保证工程质量的重要因素，其目的是通过技术交底使参加施工的所有人员对工程技术要求做到心中有数，以便更科学地组织施工，并按合理的工序、工艺进行施工。

4.2 主要施工防护技术措施及方法

4.2.1 轨道顶风道洞口防护

洞口防护施工方法为：架铺 10cm×8cm 方钢→安装 15mm 厚胶合模板→加盖钢板→铺盖彩条布。如图 14-9、图 14-10 所示。

（1）方钢支架间距为 800mm。方钢架设完成后，用钢筋将方钢烧焊连接。

（2）方钢固定后，上铺 15mm 厚胶合模板。

（3）模板安装后，加盖钢板，每块钢板烧焊连接固定。

（4）钢板施工完成后，在钢板上铺盖彩条布，防止废渣、灰尘掉落轨道风道。

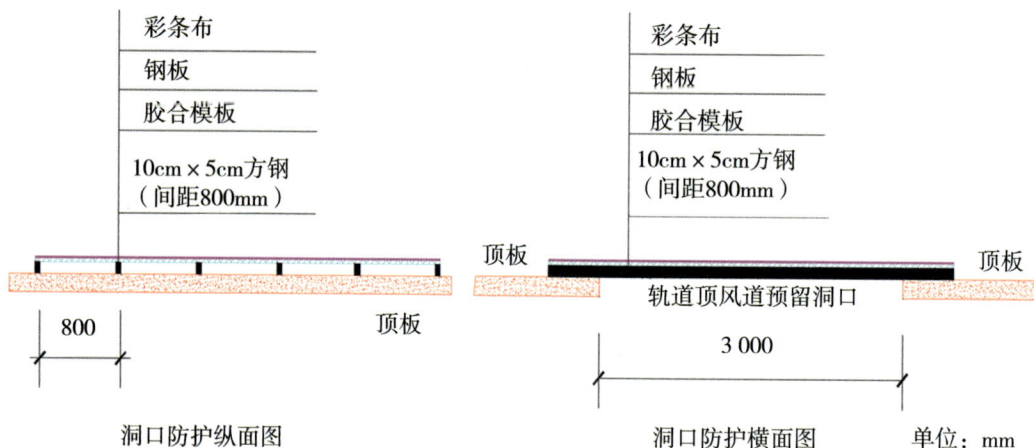

图 14-9　轨道顶风道预留洞口防护剖面图

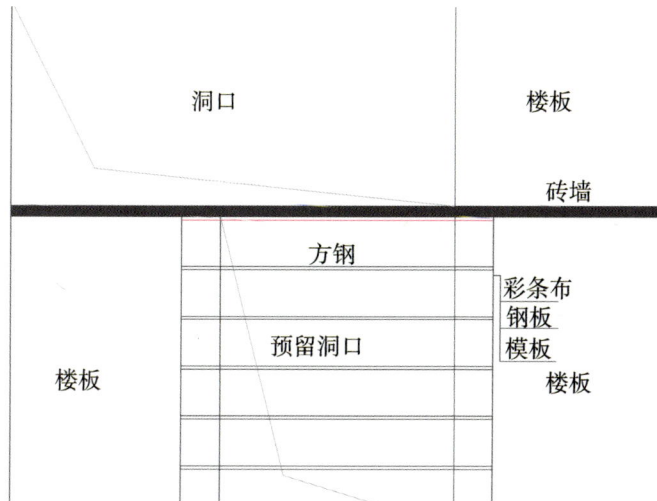

图 14－10 轨道顶风道预留洞口防护平面图

4.2.2 脚手架搭设

（1）考虑到现场施工条件，采取在隔墙排风井一侧搭设脚手架，从最低层底板向上搭设，如图 14－11 所示。

（2）脚手架搭设使用扣件式双排脚手架，距隔墙为 300mm，两排竖向脚手架间距为 1 000mm，横向间距为 2 000mm。

（3）在各层楼板预留洞口板面打膨胀螺丝，加强钢管与脚手架的连接、固定。

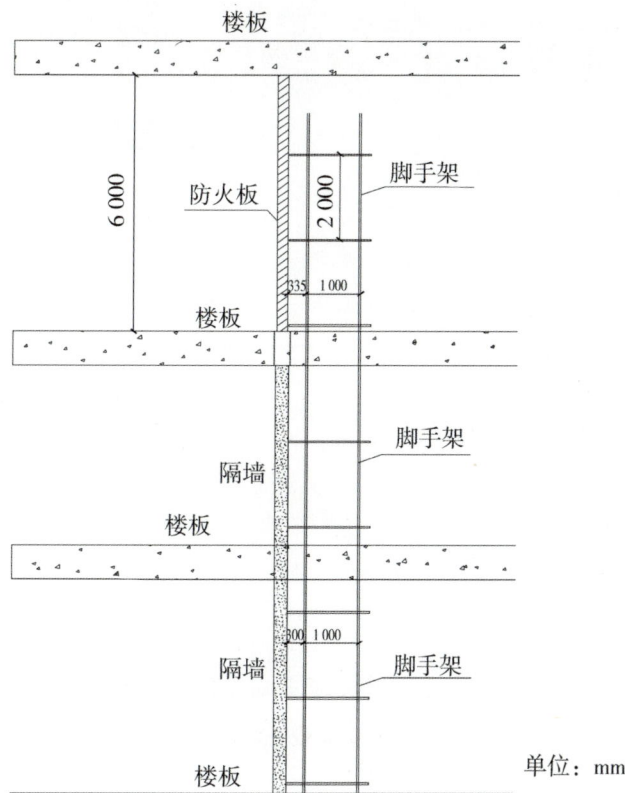

图 14－11 脚手架搭设示意图

4.2.3　剩余墙体的拆除

（1）结合现场的实际情况，在砖墙拆除之前，应在行车轨道顶风道预留洞口，做好防护措施。

（2）拆除砖墙采取从上到下、先拆除圈梁后排除砖墙的方式进行。

（3）圈梁采用人工风镐机破除，砖墙采取人工拆除方式，废渣装袋运走。

4.2.4　型钢龙骨安装与固定

（1）对需安装龙骨的地面、顶板底面不平处予以修整。

（2）按施工图纸在地面及顶板底面弹线，标出沿顶（地）龙骨的位置。

（3）用膨胀螺栓在顶（地）板面固定钢板，纵龙骨（工字钢）与钢板烧焊连接。

（4）将横龙骨（角铁）插入纵龙骨（工字钢），烧焊连接固定。

（5）骨架固定安装好后，检查骨框架的尺寸和垂直度，以及整体性和牢固程度。满足要求后方可进行水泥纤维防火板安装。

型钢龙骨安装与固定情况如图 14－12 所示。

图 14－12　型钢龙骨安装与固定情况

4.2.5　水泥纤维防火板的安装与固定

（1）根据施工图纸和实际施工情况，对板材进行切割。水泥纤维防火板的两边都要做好倒角处理，但当墙体高于 2 440mm 时，水泥纤维防火板水平接缝的短边必须现场倒角，以便更好地处理接缝。

（2）水泥纤维防火板面上弹线并标出自攻螺丝固定点，同时预钻凹孔。自攻螺丝距板边 15mm，距板角 50mm，自攻螺丝间距为 200mm。

（3）施工时，采取纵向铺设，即防火板的长边固定在竖龙骨上。

（4）防火板的边缘分别固定在纵（横）龙骨上，板材对接时要自然靠近。

（5）水泥纤维防火板用自攻螺丝固定，固定时应从板的中间向周边固定，水泥纤维防火板图样如图 14 – 13 所示。

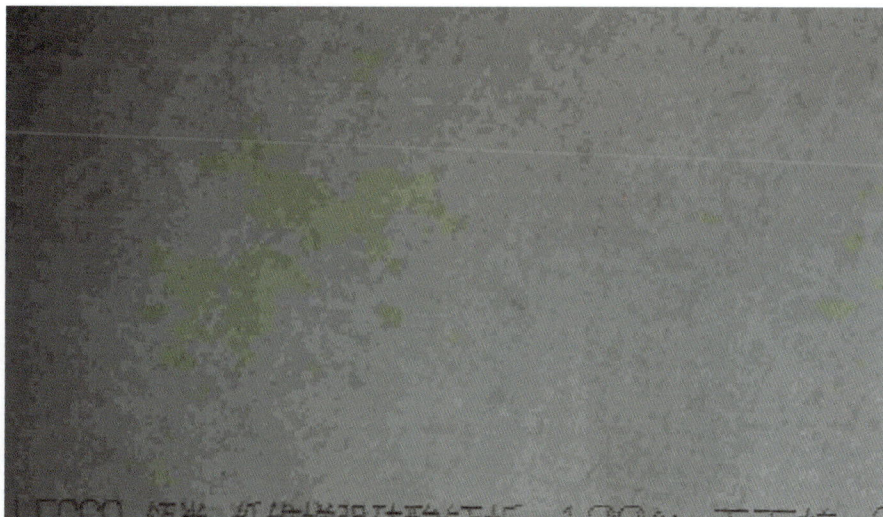

图 14 – 13 水泥纤维防火板图样

5. 小 结

该事件表面看起来是一个墙体施工质量问题的处理，但若提升至保障运营安全要求的高度，则是一件极其谨慎、复杂的事件。因此，在设计、建设、运营各阶段均需高度重视。

设计阶段，靠近轨行区的墙体需充分考虑列车震动、风压方面的影响，做好墙体抗震工作。如条件允许，建议将靠近轨行区受风压、震动影响比较大的墙体结构形式设为钢筋混凝土结构。

建设阶段，受列车震动、风压等影响比较大的墙体，应严格按照设计要求实施，同时需安排监理到场，做好隐蔽工程等各方面的质量把控工作。

运营阶段，结合现场的复杂环境，对于运营的影响，需有充分准确的预判。发现有轨行区的掉块事件，务必核查清楚原因，做到及早发现、及时处理。处理时必须做好充分准备工作，全面规划，合理部署，采取正确的方法、措施，精心组织施工，确保运营安全。

本案例中，重新安装的墙体结构经过一年多的使用，目前尚未出现明显问题，该项整治工作较有成效。

案例 **15** 区间泵房入水管缺陷整治案例

1. 事件概况

城市轨道交通运营线路常存在区间泵房排水不畅问题。现场问题主要表现为排水管埋设过高、曲线段水沟反坡、横截沟坡度不顺等，造成区间水沟内水不能通过排水管正常排入区间泵房。水沟内积水最深处达15cm，造成水淹道床，钢轨、接触轨等设备被水浸泡，对设备安全性、耐久性产生较大的影响。如遇隧道冲洗、钢轨打磨等作业，或者其他突发性排水情况，将直接导致水淹道床，造成列车停运等重大行车安全隐患。

图 15-1　排水管埋设过高　　　　　图 15-2　曲线处轨道下股侧水沟积水 14.5cm，道床面积水 5cm

2. 事故原因

2.1　地质资料

区间隧道地质信息如下：

表 15-1　区间隧道地质信息

区间	里程	联络通道号	排水管长度（m）	地质情况
盾构隧道	YDK6 + 270.510 ZDK6 + 268.187	3#	7.95	隧道埋深27.7m，位于〈7〉强风化泥质粉砂岩。上部主要为〈2-2〉淤泥质粉砂层，综合为三类围岩

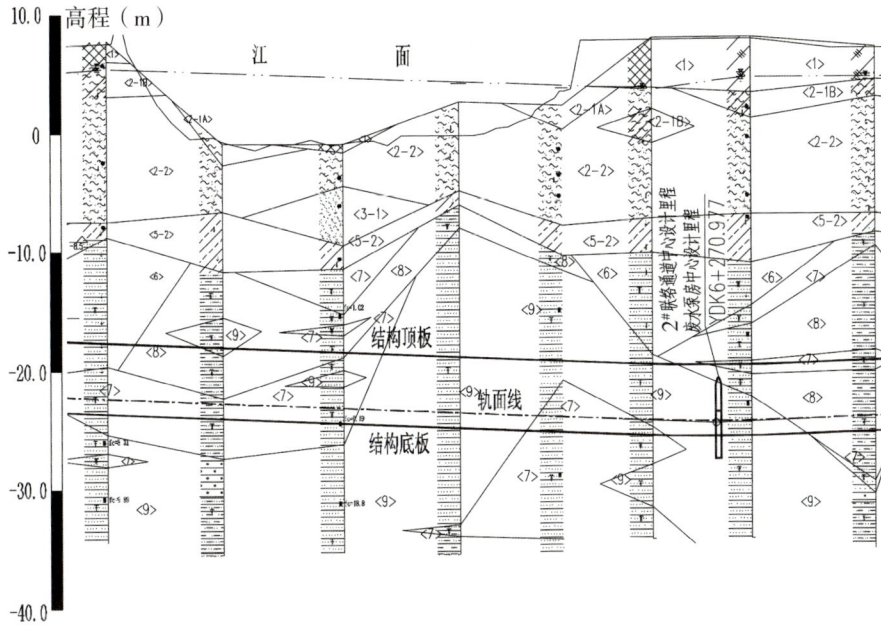

图 15 - 3　区间联络通道地质图

2.2　联络通道及排水设计

（1）a 初支。上部隧道：250mm 厚 C25 网喷混凝土，拱部 Φ42 超前小导管注浆 + 格栅钢架。下部废水池：250mm 厚 C25 网喷混凝土支护 + Φ22 砂浆锚杆。

（2）b 二衬。上部隧道：300mm 厚 C30 模板钢筋混凝土。下部废水池：500mm 厚 C30 模板钢筋混凝土。

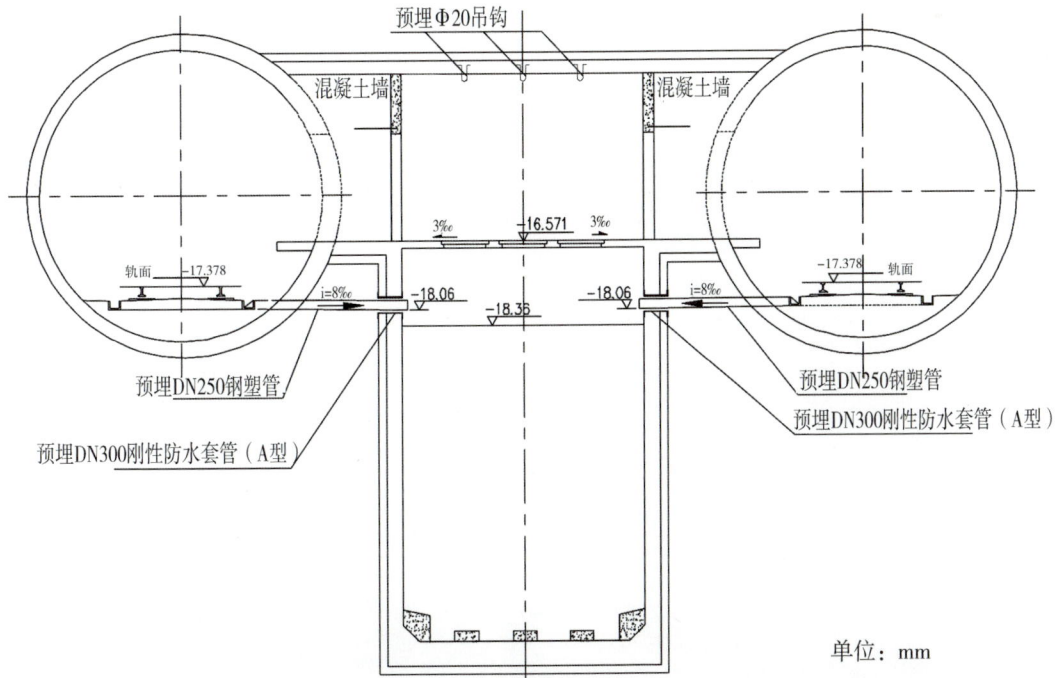

图 15 - 4　联络通道泵房排水设计图

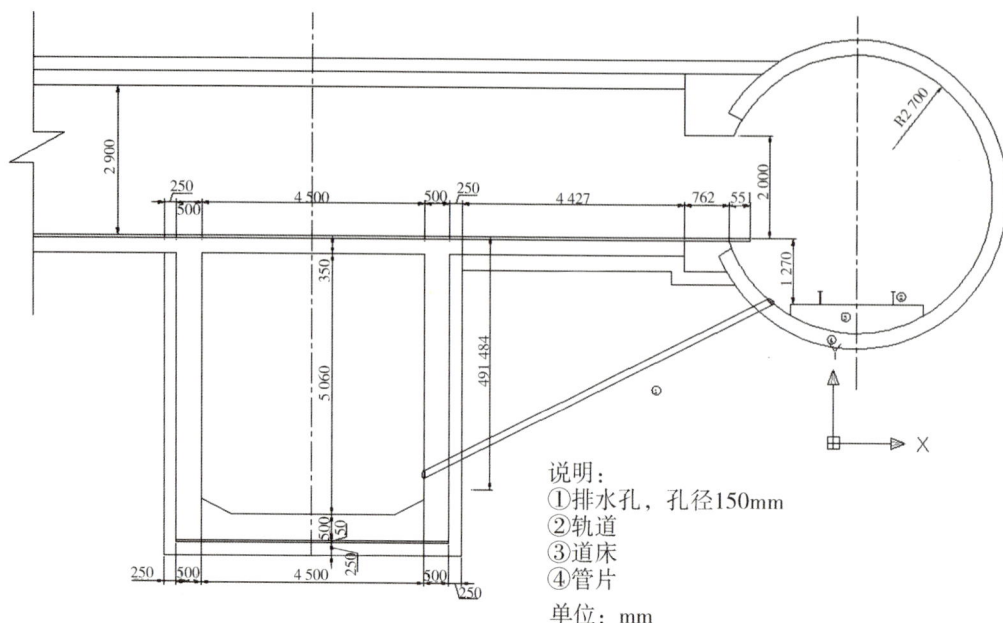

说明：
①排水孔，孔径150mm
②轨道
③道床
④管片

单位：mm

图 15 - 5　联络通道实际排水示意图

2.3　原因分析

技术人员首先将各处泵房排水不畅问题分类分析，通过监测测量排水管标高，利用可视化仪器探测等多种手段，分析原因如下：

（1）施工问题：土建单位施工的排水管口埋设过高。

（2）施工问题：土建单位的排水管坡度不畅，排水管本身存在反坡。

（3）施工问题：轨道单位的曲线段水沟坡度不畅，不能将水排入泵房侧（部分区间泵房设置在曲线段外股侧，曲线段钢轨内、外股横沟坡度不畅，内股低于外股，内股水无法通过横沟排入泵房，形成积水）。

（4）设计问题：土建单位的排水管口设计标高与轨道单位的水沟设计不一致。例如，土建设计单位更改过设计，但是与轨道单位沟通不足，轨道单位仍然是按原设计标高进行水沟铺设。

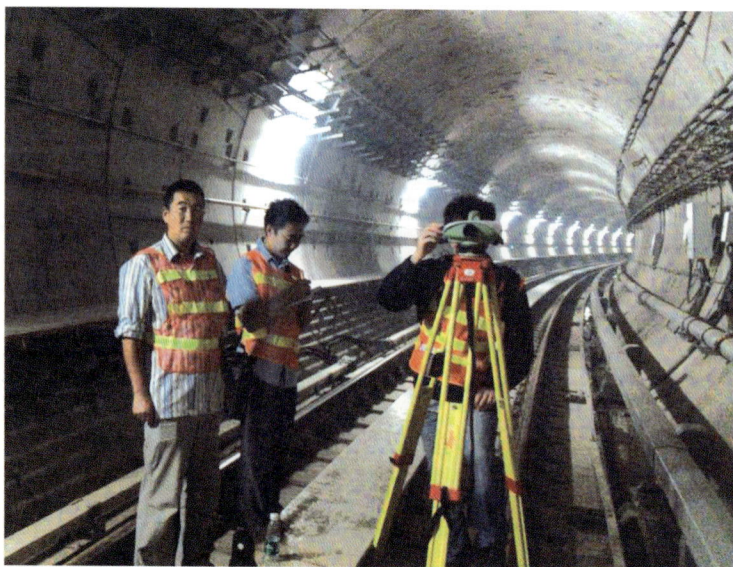

图 15 - 6　泵房排水口标高复测

3. 处理情况

3.1　处理方案分析、比选

综上原因分析可知，排水不畅的原因有排水管口埋设过高（高于轨道排水沟）、排水管本身存在反坡、曲线段道床排水沟（纵向、横向）坡度不畅。部分位置可能几种情况同时存在。对应的处理方案简述如下：

（1）对于道床排水沟坡度不畅，整治方式相对比较简单，可直接在水沟反坡部位进行凿除或填补。

（2）由于排水管的设置是在泵房结构主体完成之后通过钻孔、插管、封堵制作，排水管施工成型后无法更换或调整坡度，为减少对主体结构的二次破坏，对于排水管口埋设过高（高于轨道排水沟）、排水管本身存在反坡原因造成的排水不畅，可采用增设排水管的方式解决排水不畅问题（钻孔前需视地质状况确定是否需要进行土体加固，可通过在拟钻孔部位先施钻同心小孔确定是否需进行土体加固）。

本处理方案中，增设排水管钻孔时，钻机架设的部位可设置在道床上或泵房集水井内，即钻孔时可选择从隧道道床侧往集水井方向施钻或从泵房集水井侧往隧道道床方向施钻，两种方案对比如下：

①从隧道道床侧开孔。

优点：方便定机具定位、定角度，排水孔定位准确；向下钻孔更便于钻孔机摆设以及钻孔操作。

缺点：受制于道床、钢轨以及其他设备，不容易将排水管口控制在最低点；不方便掌握泵房集水井内情况；对作业时间要求较高，只能在空窗期进行；作业过程中如遇突发喷水，可能造成水淹道床的情况。

②从泵房集水井侧开孔。

优点：在精度控制到位情况下，可将排水孔设置在最低点；方便掌握集水井内情况；受作业时间影响小；钻孔作业空间较大。

缺点：精度控制要求高，不容易准确地将钻孔出口位置定位在道床排水沟底部；不适宜长距离排水孔钻孔。

综上所述，为准确把控钻孔精度，本次整治采用从隧道道床侧开孔方案。

3.2　概况

由于既有排水管已施工成型，无法更换和重建，为保障区间泵房正常排水、确保地铁的安全运行，需在上述联络通道洞门位置已有排水管旁边增设排水管，以满足排水要求。××区间本次增设排水管主要工程量如下：

表15-2　打孔工程量统计表

区间	里程	联络通道号	预加固钻孔数（个）	单孔深度（m）	预注浆（kg）	增设排水管（m）
××区间	YDK6+270	3#	10	6	620	7.95

主要材料及工器具有：425#普通硅酸盐水泥、早强剂、水溶性聚氨酯、孔口套管、钢管、环氧树脂、冲击钻、抽芯机、手压注浆泵等。

3.3　施工方法及要求

根据各联络通道的地质环境及原施工对该地质环境产生的影响，特别是强风化泥质粉砂岩、强风化花岗岩、花岗岩残积土的不良土体特性，在钻孔前应对需打排水孔的土体先进行固结灌浆处理，以防钻孔中出现突发的大的冒水、涌沙、冒泥，导致水淹道床、难以控制的不均匀沉降或其他结构变形等次生病害。

施工总体步骤如下：

（1）对钻孔的土体进行水泥灌浆固结（画线定管位、布注浆孔、灌浆）。

（2）排水管钻孔（定机具定位、定角度、钻孔、下套管、水泵排水），搭设脚手架。

（3）安装排水管（顺钻孔安装排水管、管口周边空隙封闭、灌浆封闭）。

3.3.1 对钻孔的土体进行水泥灌浆固结

（1）在联络通道口道床进水口位置，依管片的情况选定钻孔点，依点位口沿联络通道至集水井画定排水管钻孔标线位。

（2）沿标线两侧依排水管长度进行布孔，钻孔孔径 Φ40mm。因各排水管长度不同，各通道水泥的固结灌浆布孔图也不同，详见图 15-7、图 15-8 所示。稳定性水泥浆液的物理及力学性能如表 15-3 所示。

表 15-3　稳定性水泥浆液的物理及力学性能表（水灰比为0.6:1）

项目	析水率（%）	漏斗黏度（s）	流变参数值		凝胶时间		结石强度（MPa）		结石湿容重（g/cm³）	结石干容重（g/cm³）	备注
			Tcn（m²）	N（cp）	初凝	终凝	7天	8天			
指标	1.80	26.7	0.75	12.3	11:31	14:24	11.1	16.5	1.82	1.31	未加早强剂

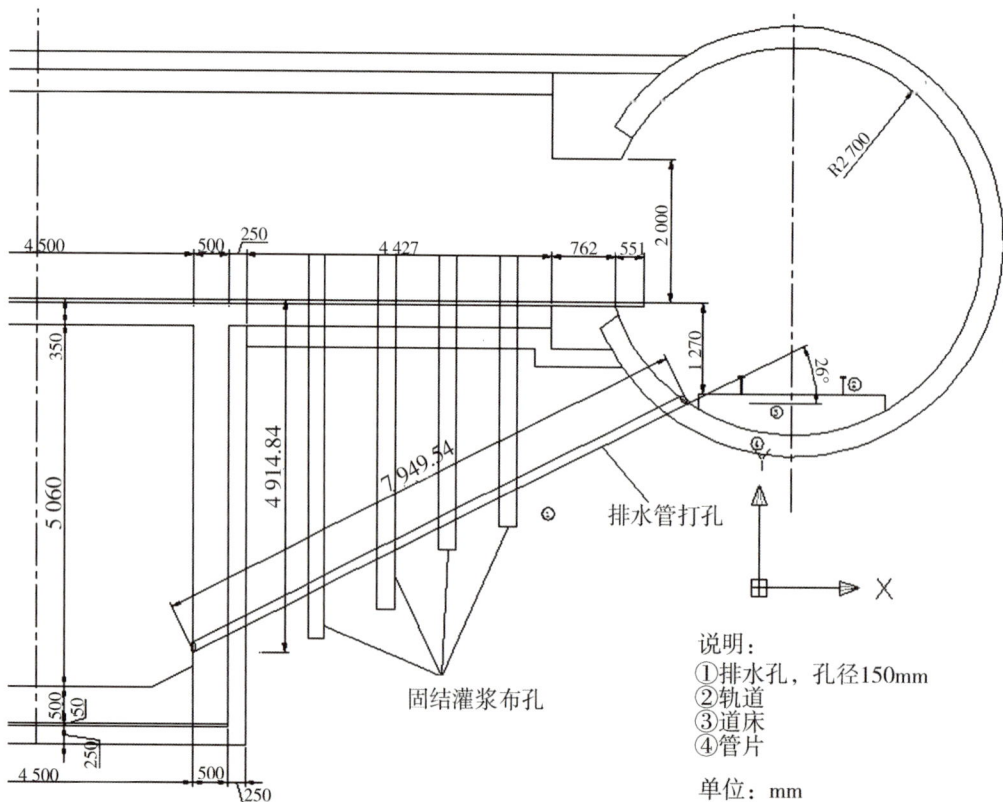

说明：
①排水孔，孔径150mm
②轨道
③道床
④管片

单位：mm

图 15-7　土体加固布孔立面图

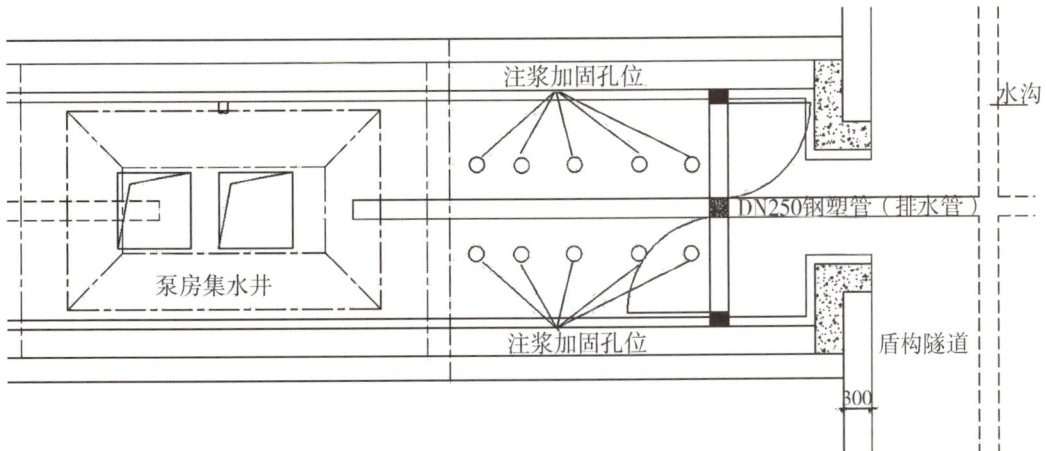

图 15 - 8 沿设计埋设排水管两侧进行固结灌浆布孔平面图

（3）施灌压力 0.2 ~ 0.3MPa。

（4）钻孔中突发涌水、涌砂时，应采取应急措施，及时填充水泥浆或水溶性聚氨酯，控制因涌水、涌砂产生的不良影响。

（5）布孔时应注意不要损坏原排水管，如图 15 - 9、图 15 - 10 所示。

图 15 - 9 联络通道内部进行钻孔

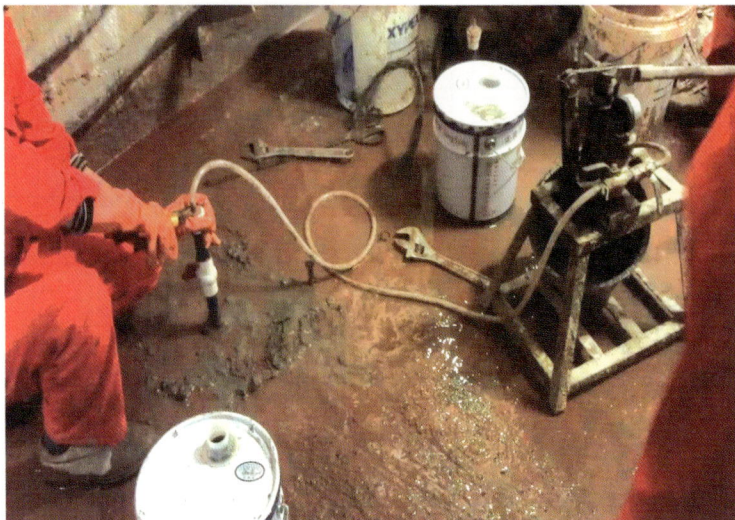

图 15 – 10   施工人员对结构周围土体进行灌浆预加固

3.3.2   排水管钻孔

根据比选方案，为了准确把控钻孔精度，本次整治采用从隧道道床侧开孔的方案，如图 15 – 11 所示。

图 15 – 11   重新打孔、安装排水管

3.3.3　安装排水钢管及封闭

抽芯钻孔在隧道内进行，主要要求如下：

（1）做好钻孔的角度控制，固定板、支架等。

（2）钻孔在 1.5～2.0m 时做好套管，增加正确进尺控制。钻孔长度＜4.0m，下套管为 1.5m；钻孔长度＞4.0m，下套管为 2.0m。钻头为 Φ150mm，套管为 Φ145mm。

（3）钻孔过程中应严格控制：

①钻孔进尺不宜过快，以便能及时纠偏。

②钻孔时要勤抽回钻头以便减轻钻头内岩芯重量，有效控制钻孔中由于钻头下沉而产生的偏离。

③钻孔时要注意土体的软硬偏差，避免钻孔偏位。

④严格控制钻孔用水和孔口出水量，发现出水量有变化时应立刻停钻进行填充止水注浆（多发生在钻孔偏差位，特别是强风化泥质粉砂岩层和强风化花岗岩层，极易遇水失稳；需配备钻头为 Φ150mm 的防冒水装置。

（4）根据现场环境空间及集水井的情况来看，本次钻孔不适合用大的设备，只能用小的设备，且要严格控制钻孔角度，出现偏差时要进行深孔注浆填充。

3.4　处理效果

新增排水管整改后，各处泵房排水处理工程均有明显的成效，排水不畅问题从根本上得到了解决，如图 15-12 所示。

图 15-12　某泵房位置排水问题整改后的照片

4. 小　结

只要在施工期间各单位对区间排水问题给予重点关注，该问题就完全可以避免。运营接管后，由于作业空间、时间受限，处理难度非常大。为避免及有效处理此类问题，建议如下：

（1）建设期间设计注意事项。

设计阶段，土建设计单位与轨道设计单位进行充分沟通，土建排水管口设计标高与轨道水沟设计标高应保持一致，尤其在曲线段，排水管口设计标高应与最低侧水沟高度保持一致。在设计过程中，应考虑精度，控制施工，在联络通道位置预埋排水管口。

（2）建设期间施工注意事项。

土建单位施工时，排水管口标高应与图纸一致，不能埋设偏高，排水管内需保证坡度顺畅。铺轨单位曲线段的水沟在进行调线、调坡时，需保持水沟坡度顺畅，应重点关注下股水沟和横截沟的坡度。

（3）运营期间处理注意事项。

在运营阶段进行打孔改造，前期进行土体固结处理时，可按照夜间作业时间，合理排期；灌浆固结过程中，注意控制速度；发生涌水、涌砂情况时，及时填充水泥浆或水溶性聚氨酯。此项工作可利用平时夜班作业点进行。

待土体固结完成后，进行钻孔埋管作业时，要考虑留足时间，一次完成，避免钻孔后造成塌孔。在进行钻孔埋管施工时，要做好预案。

第三部分

外部影响类病害

　　城市轨道交通在加快城市建设、发展的同时，也常受到运营线路周边工程建设活动的影响。如高层建筑深基坑开挖，造成周围土体的扰动、基坑水土流失等，对结构稳定性影响重大。另外，城市轨道交通线路建设由于受到征地、交通疏导等方面的影响，常采用修建地下隧道的建设方式。隧道对应的地面情况错综复杂，尽管轨道交通运营及建设单位均会有地铁保护方面的定期巡查及相关保护机制，但违规地质钻探或其他工程建设活动难以彻底避免。国内城市轨道交通运营至今，隧道结构因外部地质钻探被钻穿而影响正常运营的事件屡见不鲜。

　　本部分将结合国内城市轨道交通运营线路中发生的外部影响类案例进行研究，探讨外部影响类病害的应对处置方案。

外部工程活动对结构的影响

随着城市轨道交通线网的快速扩展，沿线高强度的物业开发、工程建设活动〔建造、拆卸建（构）筑物，取土、地面堆载、基坑开挖、爆破、桩基础、隧道及桥梁施工、顶进、灌浆、锚杆、钻探作业，修建塘堰、开挖河道水渠、采石挖砂、打井取水，敷设管线或者设置跨线等架空作业，在过江隧道段疏浚河道，以及其他可能危害城市轨道交通设施的作业等〕给城市轨道交通结构和运营安全带来一定的隐患，因此城市轨道交通结构的安全保护工作日益严峻，一旦出现城市轨道交通结构安全事件，将严重影响城市轨道交通的正常运营。

一、外部影响类事件产生原因及其影响

在物业开发、工程建设活动中，由于未经审批违规施工、工程施工影响评估不准确、监控保护措施未严格执行等方面的原因，运营线路土建结构会受到外部工程建设活动的不利影响。轻则造成结构的局部破损、渗漏水，影响结构耐久性；重则造成结构的严重变形，影响结构使用安全。

二、整治措施分析

对于外部影响类事件的整治措施，主要从对结构的影响和程度来定。如引起土建结构异常沉降、结构裂损、变形等，可参照本书第一部分第二节（隧道衬砌裂损整治）、第四节（结构异常沉降整治）采取相应的整治措施；针对外部影响类事件中发生概率相对较高的钻探作业导致隧道被钻穿的，根据钻杆的状态（钻杆在隧道结构中可能会出现侵入限界、被撞弯、悬吊在隧道壁上、掉至道床上）和钻杆周边或钻孔内漏水、漏泥等，采取临时应急及结构补强措施，具体参照案例 16 中的表 16 - 1 隧道钻穿处理方案分析。

三、有效预防措施

1. 制定保护规章，规范管理

为有效预防外部工程建设活动对于运营线路的影响，各城市轨道交通管理单位应结合本城市轨道交通设施保护的实践经验和特点，制定轨道交通保护标准，规范本城市轨道交通结构安全保护的技术标准和控制保护区外部作业的控制标准，规定控制保护区外部作业报送轨道交通管理单位审查的流程和要求。

对于在城市轨道交通结构设施周边进行外部作业，应制定安全可靠的作业方案和保护措施，外部作业不得影响城市轨道交通结构的正常使用功能、承载能力、耐久性和其他特殊功能以及城市轨道交通的正常运营。安全控制应包括：外部作业影响等级、外部作业净距控制管理指标、结构安全控制指标。其中，外部作业影响等级，是指外部作业对城市轨道交通结构安全影响程度的分级，可根据城市轨道交通结构（既有）与外部作业的接近程度及其工程影响分区两个条件确定。对可能受影响的区域土建结构进行监测、监控，结构安全控制指标可参考如下：

安全控制指标	隧道水平位移	隧道竖向位移	隧道径向收敛	隧道轴线变形曲率半径	隧道变形相对曲率	隧道变形相对曲率	隧道结构外壁附加荷载
预警值	＜10mm	＜10mm	＜10mm				
控制值	＜15mm	＜15mm	＜15mm	＞15 000m	＜1/2 500	＜1/2 500	≤20kPa
安全控制指标	轨道横向高差	轨向高差（矢度值）	轨间距	道床脱空量	振动速度	振动速度	结构裂缝宽度
预警值	＜2mm	＜2mm	＞－2mm ＜＋3mm	≤3mm			迎水面＜0.1mm 背水面＜0.15mm
控制值	＜4mm	＜4mm	＞－4mm ＜＋6mm	≤5mm	≤2.0cm/s	≤2.0cm/s	迎水面＜0.2mm 背水面＜0.3mm

2. 增强与城市建设主管单位的沟通、联系

对于工程建设活动，政府建设主管部门进行用地规划及施工许可证办理时均须关注拟建工程与周边地下管线、结构的关系。城市轨道交通管理单位可提供各线路平面图、纵断面图（也可不提供）至建设主管部门进行备案，作为作业审批的参考资料，如涉及地铁结构安全保护范围，则报城市轨道交通管理单位审批。

3. 建立沿线地铁保护巡查机制，及时发现消除隐患

根据地铁外部环境、地铁隧道位置和埋深等因素将运营线路分为两类：一类是高安全风险区域，是指地处城乡接合部、城中村和郊区的地下隧道，过江段区域的地下隧道，结构埋深小于10m的隧道，地铁保护区内已有具体的施工工点或其他存在高风险的区域隧道；二类是安全风险区域，是指一类高安全风险区域以外的运营线路。各城市轨道交通管理单位可结合自身情况约定两类风险区域的巡查周期（对一类高安全风险线路可每日一巡，对于二类安全风险线路可每周一巡）。

4. 设立、完善地下隧道地面警示标志、隧道内里程标牌

工程建设前期可能进行地质钻探，或工程规模较小无须报批则可进行施工，此类建设活动往往不清楚地下是否有隧道通行，且具有进场快、施工快的特点，难以及时发现并制止，如管线开挖、钻探等。为减少类似施工活动引起隧道钻穿事件的发生，城市轨道交通管理单位可考虑在隧道结构对应地面，沿线路中心线或结构边线50～100m设置地下隧道地面警示标志。

目前，隧道内里程标牌通常以百米标牌为主，由于标牌距离相对较长且存在曲线段通视情况较差，钻穿事件发生后，为快速获取准确位置里程，可以每10～20m距离设置里程标牌。

5. 增强地铁保护巡视部门技术装备配备

城市轨道交通管理单位地铁保护巡视部门，日常巡视中应配备精确定位装置，能第一时间准确判断工程建设活动区域与地下隧道的位置关系。定位装置应为便携式轻便设备，或可以APP软件形式植入手机使用，便于专职地铁保护人员及其他相关人员使用。软件具备查询、定位、记录、更新、共享等方面的功能。

6. 资料收集、工器具准备

各车站需完善应急资料（如车站平面布置图、隧道结构地质图、线路地面走向图等）的配备。故障发生后，第一时间将相关地质信息上报故障应急指挥小组进行处理方案的决策；工器具准备方面做好充分的预想，确保带入故障现场处理的工器具、材料性能良好。提前熟知车站配置的抢险工器具情况，合理调配工器具。

四、外部工程活动对结构影响类病害整治应用案例

案例16　外部施工钻穿隧道结构整治案例

案例 16　外部施工钻穿隧道结构整治案例

1. 事件概况

运营期间，某城市轨道交通运营线路隧道上方违规钻探，盾构隧道管片被钻穿，钻头卡在结构内，伸入地铁行车限界内1.4m，造成个别列车不同程度的刮伤。经查找违规施工地点、处理钻机、切除钻杆，致使该运营线路局部中断两个小时。

图 16-1　隧道结构被钻穿情况

2. 事件原因

经运营维修人员查实，本次发生隧道钻穿、吊杆悬吊的原因为对应地面某单位违规进行地质钻探。该单位虽就此钻探项目报送城市轨道交通公司审核通过，但其在实施过程中，由于受到施工场地的影响，未严格按照送审方案在距离隧道10m位置钻探，未经同意擅自调整钻探部位，造成本次事件的发生。

图 16 – 2　钻探施工部位地面施工情况

3. 处理方案分析

3.1　水文地质状况

经查相关图纸资料显示，该区间上行线 YDK4 + 108 至 YDK4 + 380 隧道顶部通过岩石强风化带和微风化带，隧道中部通过岩石强风化带、中风化带和微风化带，隧道底部通过岩石中风化带和微风化带，为综合Ⅲ类围岩。

隧道钻穿点对应区间里程处为盾构结构隧道，地面高程为 7.49m，隧道顶板标高为 – 8.48m，隧道底板标高为 – 15.00m，埋深 15.97m。

该段土层地质情况较为复杂，隧道详细岩土分层自上而下依次为人工填土〈1〉，淤泥、淤泥质土层〈2 - 1〉，淤泥质砂层〈2 - 2〉，冲积—洪积粉细砂层〈3 - 1〉，冲积—洪积中粗砂层〈3 - 2〉，冲积土层〈4 - 1〉，残积层〈5〉，岩石全风化带〈6〉，岩石强风化带〈7〉，岩石中风化带〈8〉，岩石微风化带〈9〉。

区间纵断面如图 16 - 3 所示：

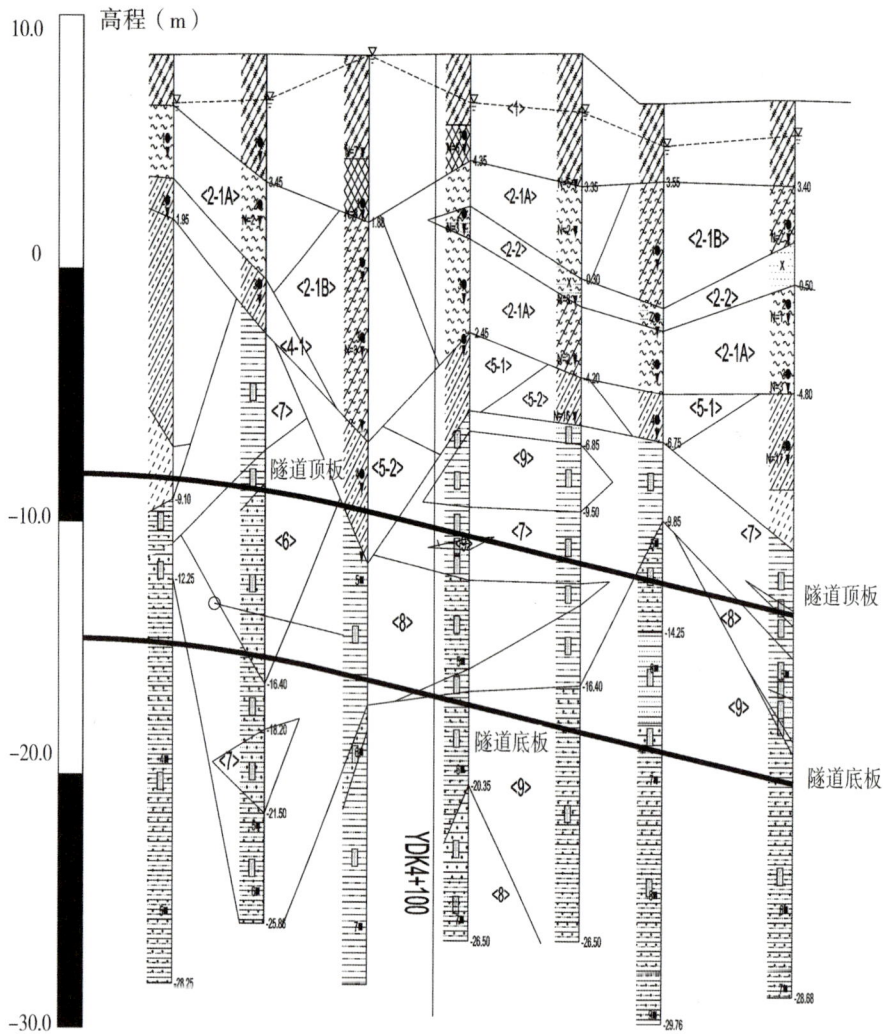

图 16 - 3   钻穿部位水文地质情况

3.2   现场结构状况

该处隧道结构类型为盾构，钻穿部位的管片型号属于衔接块，钻穿孔正好在隧道顶部 12 点钟位置。钻杆直径约为 100mm，侵入隧道长度约为 1.4m。正下方道床面有少量泥浆痕迹，钻杆内、钻杆周边均无水、泥沙流出，杆被列车撞弯，盾构管片钻穿部位周边未发现裂纹、破损、渗漏水等情况，相邻管片间未出现错台、变形等异常状况。如表 16 - 1 所示：

表 16 - 1　隧道钻穿处理方案分析

序号	故障状态		列车运营状态	初步处理方式		最终处理	
	异物状态	水或泥浆情况		钻杆被撞弯	未被撞弯	钻穿部位处理	后续监测
1	异物（如钢管、钻杆等）悬吊在隧道结构上，侵入行车限界	因钻孔内钻杆起到护筒作用，一般不会有持续的水或泥浆喷出	中断行车	通知地面将钻杆稍微下放 5～10 cm，地下人员尝试能否将钻杆拧下来，如果不能则通知地面立即对钻杆进行稳固，地下人员对钻杆进行切割，确保不侵入行车限界，固定地面钻机，防止钻杆继续下降	通知地面对钻杆钻机进行稳固，如果不能则通知地面逐步提升钻杆至外露约 10cm，确保不侵入行车限界，固定地面钻机，防止钻杆继续下降	（1）拔出钻杆；（2）地面注浆，加固土层；（3）隧道内封堵、结构注浆	钻穿位置前后 25m 范围内进行隧道结构沉降、水平位移、收敛和断面扫描监测
2	异物（如钢管、钻杆等）悬吊在隧道结构上，未侵入行车限界	因钻孔内钻杆起到护筒作用，一般不会有持续的水或泥浆喷出	限速运行，登乘检查	固定地面钻机，防止钻杆继续下降		（1）地面注浆，加固土层；（2）隧道内封堵、结构注浆	钻穿位置前后 25m 范围进行隧道结构沉降、水平位移、收敛和断面扫描监测
3	异物（如钢管、钻杆等）掉落在道床上（现场无异物）	有持续泥浆喷出	中断行车	（1）地下人员、工器具、材料全部准备到位后，通知地面人员逐步提升钻杆至结构面以内 10～15cm（不能全部抽出结构），采用封堵木塞或水泥进行临时封堵；（2）若遗留钻杆本来就在结构面以内可不进行提升，地面人员稳固钻杆后，地下人员直接进行封堵			
4		无持续泥浆喷出	限速或正常运营	固定地面钻机，防止钻杆继续下降			

　　该段隧道埋深超过 23m，位于地下水位以下。此时，钻杆正好卡在隧道管片内，钻孔本身阻隔了土层及地下水涌入隧道内，因此在选用处理方案时，要注意抽杆与下方结构的封堵协调性，以免砂石、泥土、地下水在外部压力下涌入隧道。比照隧道钻穿处理方案分析表，决定采取方案 1 进行处理（临时处理）。

　　按照方案 1 进行临时处理时，需准备的工器具如表 16 - 2 所示。

表 16 - 2　隧道结构钻穿应急处置工器具

工器具名称	用途	需求数量
木塞：长度 40cm，细端直径 90mm，粗端直径 140mm	塞堵	1 个
线盘（50M）	电源牵引线	2 个
电源拖线板	电源牵引线	5m
角磨机（含锯片）	切割	1 台
铝合金人字梯	高空辅助	1 把
Φ2mm 铁线	固定设备	3kg
Φ4mm 铁线	固定设备	5kg
帆布	地面孔洞覆盖	2 张
锤子		1 把
钢锯弓	切割	1 把
钢卷尺	现场测量用	1 把
引水材料	临时引流	若干

另外，钻穿管片所处地段，隧道上方主要土层有冲积土层〈4 - 1〉、残积层〈5〉和岩石全风化带〈6〉，上述地层结构不是很稳定，岩层透水性较强；围岩类别为Ⅲ类，围岩特点为：岩石微风化或弱风化，受地质构造影响严重，节理裂隙发育，属于稳定性较差的围岩。完成临时处理后，必须对钻穿部位结构、土层进行注浆加固，另对受影响区段隧道结构进行监测，掌握结构变形情况。

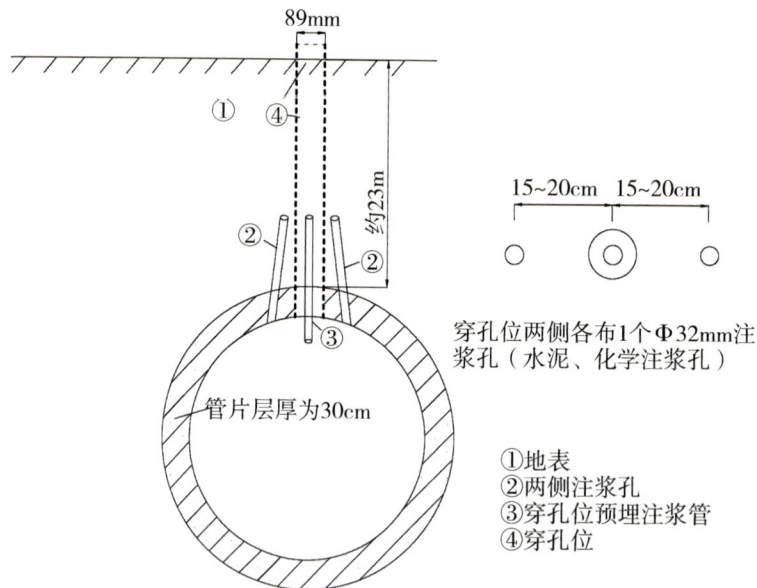

图 16 - 4　注浆孔孔位布置示意图

4. 现场实施

4.1　临时处理措施

4.1.1　固定地面钻杆

运营维修人员找到地面违规施工钻探点后，为避免钻杆继续下降，对地面钻杆进行了固定处理。

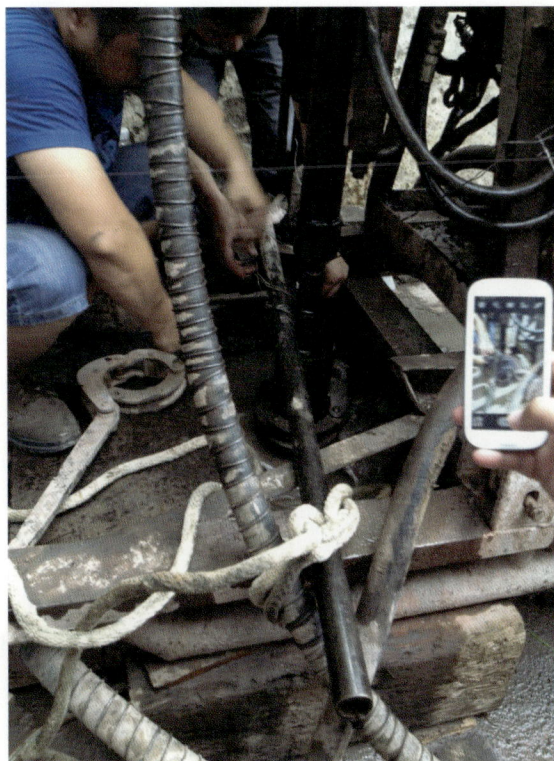

图 16 - 5　固定地面钻杆

4.1.2　切除隧道内侵限钻杆

地面处理完成后，隧道内抢险人员紧急对钻弯部分的钻杆进行了切除，为快速完成处理，在确保不侵入行车限界的前提下，切断钻头长约 1.2m，直径约为 110mm，隧道顶部突出约 400mm 长的钻头未切断。列车恢复运营。

图 16 - 6　钻杆切除后

图 16 - 7　切除掉的钻杆

4.2　运营结束后的处理措施

4.2.1　钻杆切除

当晚运营结束后，为将变形弯曲部分的钻杆完全切除，将钻杆抽离隧道结构，运营维修人员先采用砂轮机进行切割，因操作空间限制，切割效果不佳，立即改用备用气割方案进行切割。

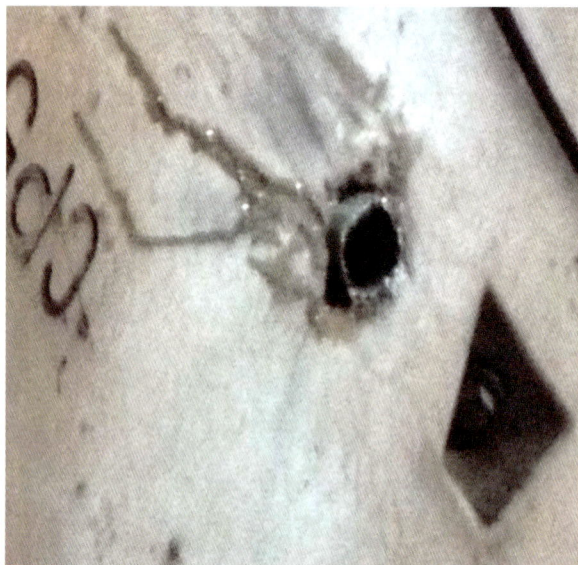

图 16 - 8　钻杆残留部分切除

4.2.2　钻杆提升

钻杆切除完毕后，通知地面控制人员将钻杆缓慢提升，至 250mm 后将其固定牢固，不得将钻杆抽离隧道结构。

4.2.3　钻孔封堵

隧道内施工人员开始使用快干水泥对管片钻穿孔位进行封堵，深度约为 50mm。孔位封堵完成后，采用双层三元乙丙卷材（厚 4mm）及钢板（厚 10mm）固封处理，钢板（300mm×300mm）四周使用 4 颗直径为 10mm 的膨胀螺栓固定（实际操作中，因其中一个孔位遇到钢筋，无法固定膨胀螺栓，其中一颗螺栓固定在钢板外侧，如图 16 - 9 所示）。

图 16 - 9　安装固定钢板

4.2.4　地面土层灌浆加固

隧道内钻孔封堵及钢板安装完成后，地面人员逐段拔除钻杆，并利用原钻孔对穿孔位进行地表面回填灌浆，灌浆至地表下 21～22m。加固段灌浆水灰比为 0.6～1∶1，采用稳定性水泥浆回填灌浆，灌浆压力为 0.1～0.2MPa，达到压力后稳压 10～15min。

4.2.5　隧道内钻孔修复

地表水泥回填灌浆完成后，待凝 5～8h，对隧道内穿孔位进行修复。拆除临时封固板和孔内止水材料，对孔内进行清理，要求无尘、无浮浆。对穿孔位钻孔，孔径为 Φ32mm，孔深至管片外 550mm 处（孔深为 850mm），并预埋水泥和化学注浆管。对孔内壁涂刷环氧界面剂，并涂刷均匀。孔内充填环氧树脂砂浆，要求捣制密实，距孔口 2～3cm 位采用早强水泥封闭埋管，压贴密实。

另外，在距穿孔位两侧 15～20cm 处各钻 1 个孔至管片外 0.5m 处，孔径为 Φ32mm，作为水泥注浆孔和环氧树脂注浆孔，如图 16-10 所示。

图 16-10　水泥注浆孔和环氧树脂注浆孔

4.2.6　注浆修复

先对两侧孔进行水泥注浆，水灰比为 0.6～1∶1，注浆压力为 0.2～0.3MPa，达到压力后进行环氧树脂注浆，注浆压力为 0.4～0.5MPa。然后对穿孔位的预埋注浆管进行环氧树脂注浆，施灌压力为 0.6～0.8MPa。

注浆完成后，采用压板对孔口再次临时固封，待凝后 7～8 天拆除压板，清除孔口临时封闭早强水泥，涂刷环氧界面剂后，采用环氧树脂砂浆进行饰面封闭。

4.2.7　变形监测、监控

为掌握结构被钻穿后，钻穿部位及周边结构是否产生不良形变，需在工程整治前、后对可能受影响的区段进行监测。

监测范围选取为管片钻穿位置前、后 25m（共 50m）隧道。监测内容：隧道结构沉降、水平位移、收敛和断面扫描；监测频率：沉降、水平、收敛按照一天 1 次，持续监测 3 周，如数据无异常后更改为一周 1 次，持续监测 3 个月，如监测数据无异常则按两周 1 次、一个月 1 次逐级调整检测频率，并最终稳定在一个月 1 次，监测周期为 1 年。

收敛监测：钻穿位置及前、后各一环，共三环。

断面扫描：钻穿位置及前、后各一环，共三环。频率：一个季度1次，周期可定为1年。

5. 小　结

本次隧道钻穿事件，从发生至完成故障处理恢复通车耗时两个小时，故障的应对处理时间过长，为避免或减少后续类似隧道钻穿事件的发生和提高该类事件处理效率，可从以下方面进行研究、提升。

5.1　建立、完善作业许可审批机制

对于工程建设活动，政府建设主管部门进行用地规划及施工许可证办理时均须关注拟建工程与周边地下管线、结构的关系。城市轨道交通管理单位可提供各线路平面图、纵断面图（可不提供）到建设主管部门进行备案，作为作业审批的参考资料，如涉及地铁结构安全保护范围，则报城市轨道交通管理单位审批。

5.2　设立、完善地下隧道地面警示标志、隧道内里程标牌

工程建设前期可能进行地质钻探，或工程规模较小无须报批则可进行施工，此类建设活动往往不清楚地下是否有隧道通行，且具有进场快、施工快的特点，难以及时发现并制止，如管线开挖、钻探等。为减少类似施工活动引起隧道钻穿事件的发生，城市轨道交通管理单位可考虑在隧道结构对应地面，沿线路中心线或结构边线50～100m设置地下隧道地面警示标志。

目前，隧道内里程标牌通常以百米标牌为主，由于标牌距离相对较长且存在曲线段通视情况较差，钻穿事件发生后，为快速获取准确位置里程，可以每10～20m距离设置里程标牌。

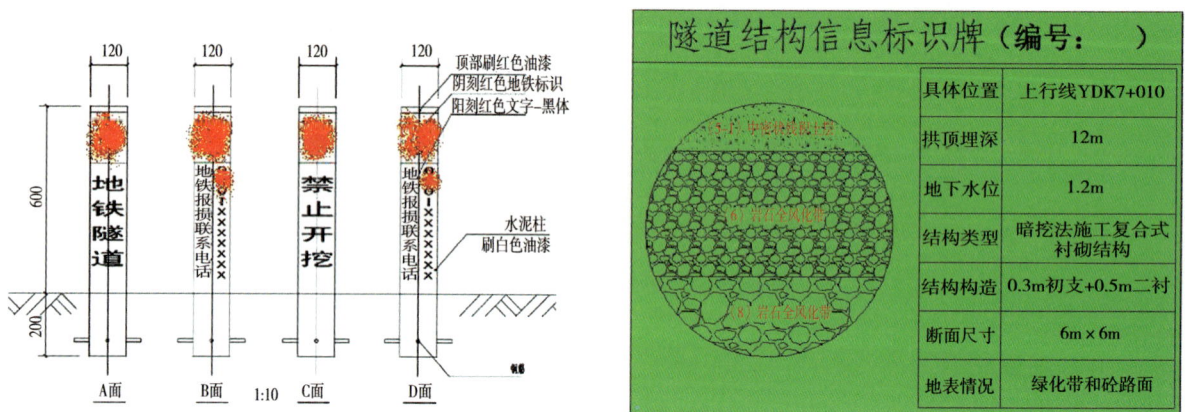

图16－11　隧道结构信息标识牌

5.3　增强地铁保护巡视部门技术装备配备

城市轨道交通管理单位地铁保护巡视部门，日常巡视中应配备精确定位装置，能第一时间准确判断工程建设活动区域与地下隧道的位置关系。定位装置应为便携式轻便设备，或可以APP形式植入手机使用，便于专职地铁保护人员及其他相关人员使用。软件应具备查询、定位、记录、更新、共享等方面的功能。

5.4　现场应对

现场人员到位后，应第一时间登乘列车进入隧道检查，确认现场情况后（或通过现场照片判断故障为隧道钻穿引起）须立即组织人员、工器具到现场，并安排人员到地面进行检查，并将相关的工作安排及时上报指挥中心。

图 16-12　地铁设施安全保护巡线系统

5.5　资料收集、工器具准备

各车站须完善应急资料（如车站平面布置图、隧道结构地质图、线路地面走向图等）的配备。故障发生后，第一时间将相关地质信息上报故障应急指挥小组进行处理方案的决策；工器具准备方面做好充分的预想，确保带入故障现场处理的工器具、材料性能良好。提前熟知车站配置的抢险工器具情况，合理调配工器具。

另外，本次用于应急抢险的核心工具为切割设备。带入隧道准备进行钻杆切割的工具应保证切割效果（可备用中型气割设备）。此外，由于大型设备到位较慢，为提高隧道结构钻穿应对效率，建议各个车站抢险工具箱中增加配置木塞、角磨机、液压工具、水泵等封堵、切割、抽水等设备，木塞尺寸可根据常用钻杆直径配置。

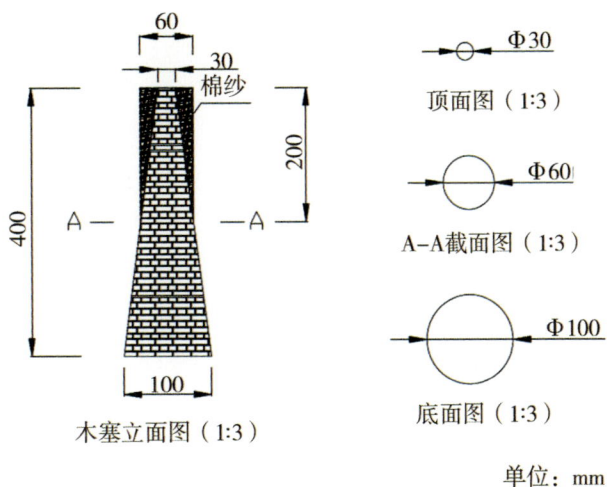

单位：mm

图 16-13　隧道钻穿封堵专用木塞设计参考图

注：木塞木质使用软木。

参考文献

［1］《混凝土结构设计规范》GB 50010—2002。

［2］《混凝土结构工程施工质量验收规范》GB 50204—2002。

［3］《地铁设计规范》GB 50157—2003。

［4］《地下防水工程质量验收规范》GB 50208—2011。

［5］《地下工程防水技术规范》GB 50108—2008。

［6］《建筑工程施工质量验收统一标准》GB 50300—2001。

［7］《混凝土强度检验评定标准》GB 50107—2010。

［8］《盾构法隧道施工与验收规范》GB 50446—2008。

［9］《地下铁道工程施工及验收规范》（2003年版）GB 50299—1999。

［10］程文瀼、王铁成、颜德恒：《混凝土结构：混凝土结构设计原理》（上册），北京：中国建筑工业出版社2012年版。

［11］《铁路桥涵钢筋混凝土和预应力混凝土结构设计规范》TB 10002.3—2005。

［12］《建筑地基基础设计规范》GB 50007—2011。

［13］《既有建筑地基基础加固技术规范》JG J123—2000。

［14］《铁路房屋增层和纠倾技术规范》TB 10114—97。

［15］《砌体结构工程施工质量验收规范》GB 50203—2011。

［16］《建筑抗震设计规范》GB 50011—2010。

［17］《砌体结构设计规范》GB 50003—2001。

［18］《广州市城市轨道交通结构安全保护技术标准及规定》Q/GZMTR-ZH-AQ-001-2013。

［19］王建宇、严金秀：《隧道和地下工程》（第一版），成都：西南交通大学出版社2000年版。

［20］安关峰：《城市桥梁加固技术指南》，北京：中国建筑工业出版社2015年版。